本辑焦点：心理测量与文化 (Psychological Measurement and Culture)

中国
社会心理学
评论

第11辑

Chinese Social Psychological Review

(Vol.11)

○ 杨宜音 / 主编
　　童辉杰 / 本辑特约主编
　　刘力　王俊秀 / 副主编

社会科学文献出版社　SOCIAL SCIENCES ACADEMIC PRESS (CHINA)

中国社会心理学评论
编辑委员会

主编简介

　　杨宜音　博士，中国社会科学院社会学研究所社会心理学研究中心主任、研究员、博士生导师，中国社会心理学学会理事长（2010～2014），《中国社会心理学评论》主编。2016年起任哈尔滨工程大学人文与社会科学学院教授、博士生导师，中国传媒大学新闻传播学院传播心理研究所教授、博士生导师。主要研究领域为社会心理学，包括人际关系、群己关系与群际关系、社会心态、价值观及其变迁等。在学术期刊和论文集中发表论文100余篇。代表作有：《"自己人"：一项有关中国人关系分类的个案研究》[（台北）《本土心理学研究》2001年总第13期]、《个人与宏观社会的心理联系：社会心态概念的界定》（《社会学研究》2006年第4期）、《关系化与类别化：中国人我们概念形成的社会心理机制》（《中国社会科学》2008年第4期）。

　　电子信箱：cassyiyinyang@126.com。

本辑特约主编简介

童辉杰 心理学博士，教授，博士生导师。浙江衢州人，苏州大学人才测评研究所副所长、苏州大学教育学院应用心理学研究所副所长、苏南地区大学生心理健康教育研究中心研究部主任。发表学术论著逾百篇（部），编制心理测验量表多种，从评估中国人心理障碍的《心理障碍评定量表》（PHS，包括中学生版、大学生版、成人版），到测量中国人积极取向心理健康的《心理健康风格问卷》（中学生版、大学生版、成人版），再到检测中国人婚姻恋爱质量与健康的《婚姻健康测验》，以及被广泛使用的《应对效能问卷》，致力于发展适合中国人文化的心理测验。自主开发一系列心理学应用电脑软件，从常用心理测验软件，到富有特色的投射测验软件以及婚姻恋爱测评软件，所开发的一系列软件为一些公司、学校及医院应用，取得了良好的社会效益。研究方向涉及人格与社会心理学、心理咨询与心理测量等方面。

中国社会心理学评论　第 11 辑
2016 年 12 月出版

目　录
CONTENTS

Table of Contents

中国社会心理学评论　第 11 辑
第 1~8 页
© SSAP, 2016

心理测量与文化：回顾与反思

（卷首语）

童辉杰

　　按照主编杨宜音女士的设想，这一辑本来是想以与中国文化相关的测量研究以及在文化的视角下重审测量中一些问题作为焦点来会集华人学者原创的论文，然而，这并不是非常不容易之事。历时几年，经过不懈的努力，最终获得了可喜的结果。这一辑的论文，至少可以引起我们对相关研究现状的反思与讨论。

　　心理测量从来就不仅仅是一系列数学模型与算法，它与文化如影相随，如胶似漆。心理测量不同于物理测量，物理测量多为直接测量，其对象多可直接观测；心理测量的对象则多为难以直接观测的心理现象，所以只能是间接测量。作为一种间接测量，心理测量从一开始就要建构概念、抽取行为样本、建立常模等，所有这些历程都将与文化发生"纠缠"。当对所要测量的对象建构概念时，必然涉及文化价值与文化背景。例如，中国人自我的概念就与美国人不同。抽取行为样本，同样涉及文化。例如，有人批评白人编制的智力测验只适合于白人，不适合于黑人。建立常模，则更有文化差异。对中国人施测一项心理测验，肯定不能用美国常模来解释，只能用中国人的常模来解释。

　　心理测量引起的最大争论，就是文化公平性问题。19 世纪之初，由比奈、西蒙发明儿童智力测验，进而揭开全球心理测验运动的序幕，这一全球化的运动实质上可以视作一种文化运动。在这一测量推展几十年后，人们就开始注意到智力测验的文化公平性问题。20 世纪 70 年代在全球华人社会出现的心理学本土化运动中，心理测量也成为一大焦点：研究者们意识到移植外国的测验量表可能带来大量问题甚至危机（杨国枢，1982；杨中芳，1996）。

有意思的是下面的命题：当然我们探索文化心理时，我们离不开心理测量；当我们讨论心理测量时，我们也离不开文化。

一　一种奇特的文化现象

一种奇特的文化现象是：世界上最早的心理测验出现在中国，但如今中国是最缺乏原创心理测验的国度。中国心理学和社会心理学，甚至文化心理学的研究领域充斥着国外移植来的心理测验，给人的错觉是：心理测量完全是"舶来品"。

在心理测量史上，世界心理学家公认人类最早的心理测验出现在中国。有史料可循的中国汉朝出现的文官选拔考试，就是世界上最早的心理测验，因此中国被认为"世界心理学最早的故乡"（DoBois，1970）。汉武帝时，兴办太学，并开科取士，及至隋、唐成为科举制度。而在欧洲，大学里出现正式考试是公元1219年的事，文官考试则更是要到1833年后，相差一千多年。

中国古代对心理测量的贡献不在于它是世界上最早提出这一方法的国度，也不在于它发明了测量的数学模型、算法或程序，而在于它最早建构了测量的概念、内容与方法，并且通过国家行为阐释了测量作为一种公平客观的评估与选拔机制，可以推动国家与社会的进步。开科取士的创举使用了测验的方法和心理选拔的策略，从而能够真正公平地选拔合适的人才，寒门子弟也有出头之日，国力由此得到开发。汉武帝时中国走向强盛，历史检验了这种创举的"实证效度"。世界心理测量史确认的是，其实，在汉代之前，诸如汉代的文官考试实例还有很多。例如，《资治通鉴》中记载的三个史实表明中国古代很早就有了心理测量和选拔的概念与思想：公元前403年，晋国的赵姓家族使用心理测量的方式选拔继承人，历史证明了这一决策的成功；而智姓家族用人唯亲，不听智果根据"领袖心理学"分析做出的劝告，招致全族屠灭的后果；以及孙武从田制、赋税、人心向背等社会心理学的角度，预测了智姓家族的灭亡。

然而今天的中国与以前相比，却形成了一个极大的反差。中国大陆、香港和台湾主要的心理测验量表几乎全部来自西方。在20世纪80年代末期90年代初期，研究者修订国外量表的热情格外高涨，国外量表培训班曾经遍及全国。倘若国内有人自己编制测验，也都是不入主流、少有人认可的。这种现象曾经引起港台及大陆学者的反思与批判，以杨国枢教授为代表的一大批学者发起了心理学的中国化运动，倡导心理学必须切实研究中国人自己的心理与行为，认为只有这样才有出路。因此，他们开始了各种原创的、本土的心理测验的编制：从孝道、面子、人情、成就动机、家族主义，再到传统价值观、个人传统性与现代性等，一时间风起云涌，蔚为壮观。

但是近些年来，似乎复又跌入低谷。尤其在大陆，由于心理学刊物要求自编的测验必须经过省级以上的"鉴定"，使自编的心理测验更为稀少。使用自编测验量表的论文难以发表，国外的测验量表通常被称为"成熟量表"，使用这些量表的研究论文似乎成为"免检产品"而轻松通过审查。这样一来，研究者们只有倾向于放弃自编测验，转而寻求国外的测验，如此，过分依赖国外量表的现象重新抬头。这是令人担忧的现状。

一个在全世界最早出现心理测验的国家，本应该出现原创心理测验繁荣昌盛的局面，才合乎发展的逻辑，然而今天的景象，是我们都不愿意看到的。

二 心理测量建构了心理学的话语与文化

心理的研究是不可能没有测量的。能够看到其中深意者，当推朱滢教授。朱滢教授在《实验心理研究基础》一书中，反复强调安德逊（Anderson）说过的话，即心理测验连接与沟通了外在事物、外在行为与内在心理之间的联系，使心理研究成为可能（朱滢，2006）。众所周知，朱滢教授并不是研究心理测量的专家，而是研究实验心理学的专家，那么他为什么在同一本书中，反复强调心理测量的意义呢？原来他和安德逊一样，看到了心理测量的深刻含义——如果没有心理测量连接与沟通外在事物、外在行为与内在心理之间的联系，心理研究甚至不可能。班都拉发现了自我效能，但自我效能是一个什么东西？班都拉唯有通过编制问卷来测量它，然后通过实验，在前测与后测中比较它。如果班都拉不通过测量，他能用什么方法确认自我效能这个"怪物"的存在（Bandura, Adams, and Beyer, 1977）？心理压力又是怎样一个"怪物"？我们有什么仪器可以测量心理压力吗？我们可以测量血压、呼吸、心跳等，但是我们还没有办法通过仪器直接测量心理压力。然而，美国华盛顿大学医学院的霍姆斯等通过心理测量的手段，却可以间接测量心理压力。他们将人们遭遇的应激事件一一罗列，从配偶亡故到过圣诞节和度假的劳累，计算出相应的心理压力值，并以此来预测人们今明年内的健康变化。若一个人的压力总值超过 300 分，表明有重大生活危机，即可断定今明年内健康必有巨大变化，感染重病的概率极高；200～299 分有中度生活危机；150～199 分有轻度生活危机；150 分以下正常。可见，类似"自我效能""心理压力"这些已经深入人心、广为流传的东西，原来都是心理测量带给我们的话语与文化。

心理测量是要赋值的，只有赋值后才可计量。正是赋值将心理与行为转换为一种符号系统，使心理与行为的东西转换为科学语言，从而架起了心理学研究的"桥梁"。如果没有这种赋值，没有这种符号系统，心理与行为的东西大都"看不见，摸不着"，我们将无从直接观测，无从着手研究。智力、人格、自我、动机、心理弹性、心理契约等全是心理测验的建构。没有心理测验，这些东西是不能成立、出现和产生的。

心理测量还是心理的"尺度"和"标准"。人的身高、体重可以通过直接观察，大致判断无误，然而人类心理往往难以直接观察。我们可以判断张三比李四高很多，重很多；但是，我们难以判断张三的成就动机高于李四，张三的自我效能低于李四；甚至连张三本人都不能确切地判断自己的智力有多高，自己的自我效能有多高。因此，这就决定了心理学与心理测量的命运。心理学更多需要一种间接观察的方法，这种间接观察的方法之一就是心理测量。心理测量通过间接观察的途径，为人类复杂的心理活动制定了一种尺度，这种尺度便是对人类心理进行比较评价的量具与单位；这种尺度更成为一种标准，即通过这一尺度，可提供有效、合适、真实、客观、有用、可靠的关于心理的判断的证据与依据。

心理测量更是科学心理学的"基石"。心理测量是心理学的实证研究不可或缺的方法与工具。心理学的实证研究首先要将心理与行为量化，而要量化则不可能不用心理测量。Kimbel 认为有两种科学的心理学，一是传统的实验心理学，二是心理测量学（psychometric psychology）（Kimbel，1994）。因此，心理测验与实验同为科学心理学的两大基石。而更值得重视的一点是，在心理学的实验中，一般都要进行两次心理测量，即前测与后测。这就是说，甚至心理学的实验也离不开心理测量。波林认为："没有费希纳或类似费希纳的人物，仍可以有实验心理学，仍可以有冯特和赫尔姆霍茨。但是实验里头，可绝没有科学的气息，因为一个学科，若没有测量以为其工具之一，则必不能成为科学的。费希纳因为他的研究及其为此研究的实践，使他建立了数量的实验心理学。"（波林，1981：333）

心理测量不仅建构了心理学的话语与文化，更进而建构了人类的文化。在论及全球性的人类文化运动之时，我们能够对席卷全球的"IQ"测验避而不谈吗？论及现代工业文明之时，能够忽略促进人力资源合理配置的选聘测验吗？心理测量发展出来的概念和理论，例如信度、效度等，更是深刻地影响了科学研究，尤其是人文科学领域的研究。值得注意的是，后现代主义者要消解一切、颠覆一切，然而却不能消解和颠覆心理测量。他们挑战客观、真理、科学，甚至认为心理测量占据了"统治地位"，意欲颠覆而后快。但是，他们面对效度等理论和概念，却十分头痛。他们不得不承认效度是一个令人头疼的建构，既不能被轻易地忽视，也不可被轻易定型（邓津等，2007：193～194）。

三　否定与取消心理测量的文化灾难

历史上有几次灾难，是我们应该反思的。一次是苏联 20 世纪 30 年代所谓"心理学大批判运动"，另一次就是我们中国的"文化大革命"。这些灾难对心理学造成了严重的冲击，甚至导致心理学生态的全面破坏。这些灾难不仅是研究领域的，更是文化范畴的。

苏联的这场大批判运动起源于当时的政治运动。斯大林在 1930 年 12 月 9 日与苏联哲学与自然科学红色教授学院党支部进行过一次谈话，谈话在 1931 年 1 月 25 日由联共（布）中央以决议形式发表，谈话的主要内容是号召开展反对唯心论和机械论的斗争。于是，在 1930 年上半年，由莫斯科心理学研究所联共（布）党支部倡议，掀起了反对反射学、反应学、文化历史论，反对西方的心理学流派（弗洛伊德主义、行为主义、格式塔学派等），反对儿童学、心理测验和心理技术学的运动。1936 年 7 月 4 日，苏联联共（布）中央充分肯定了这场运动，并发布《关于批判教育人民委员会系统中儿童学的谬论》决议，此后，在全苏联兴起了更大的波澜，运动主要波及心理学、教育学等学科，使心理学、教育学等领域从此成了无人问津的禁区。

这场大批判运动中的一个焦点就是心理测验。当时批判的矛头指向儿童学、心理技术学和心理测验。其实，儿童学与心理技术学中也有心理测验。所以，心理测验就成了一个重叠的焦点，由此心理测验也就成了重灾区。批判主要集中在两点上，一是对儿童发展的动力的解释，认为西方的观点将遗传与环境的作用当作儿童发展的动力，是唯心主义与机械主义的观点；另一点就是使用心理测验来评价儿童，认为西方的心理测验是一种伪科学。对心理技术学的批判也包含对心理测验的批判。心理技术学由苏联心理学家维果茨基提出来，但是仅仅因为德国心理学家芒斯特伯格也提出过这一设想，就被扣上了拜倒在外国资产阶级学者膝下的罪名加以批判。对心理测验更是集中了全部火力，认为心理测验是西方资产阶级心理学的产物，是资产阶级心理学家所热衷的东西；心理测验只知道从量的方面去考虑问题，忽视了质的分析；信度和效度是短视的观点，因为并没有考虑到发展的可能性；没有考查被试的社会环境、教育的影响；等等（杨鑫辉，2000：454~459）。

这场大批判运动将学术问题与政治问题纠缠在一起，盲目、极端地排斥西方心理学，从而使心理测验这样一个领域成为无人问津的禁区。直到20 世纪 60 年代，苏联心理学界才幡然醒悟，开始进行"马克思主义心理测验"的研究，20 世纪 70 年代，才出现了心理诊断学。但是，对苏联心理学来说，一切都已经晚了。

首先，我们所看到的 20 世纪 30 年代苏联心理学大师辈出的局面再也不复出现。在这之前，苏联心理学界曾经出了几个世界大师级的心理学家，如维果茨基、鲁利亚都是世界公认的著名心理学家。但是，20 世纪 30年代发起的"心理学大批判运动"使苏联心理学元气大伤，从此以后，苏联心理学一蹶不振，再也难见大师辈出的旧时盛景。再者，苏联心理学因此失去了它原来已经形成的潜力，直到今天，俄罗斯心理学在统计测量等相关领域，在全世界再也没有多大的竞争力。没有了心理测量这个探照灯，心理学世界一片黑暗与混沌，至今，整个俄罗斯的心理学风光不再。

这种惨痛的历史教训是不应该忘记的。然而后来中国竟然重蹈其旧辙，甚至犯下比其更严重的错误。

1956 年，康生跑到北京师范大学，煽动学生对心理学展开了批判。后来，姚文元发表了论文，将心理学正式定性为唯心主义的"伪科学"。以这两件事件为标志，全国开始了彻底否定、取缔心理学的大批判运动。接着，从事心理学工作的人员全被"解雇"，有的改行当起了语文老师、英语老师，有的下放到农村劳动改造。那些有名望的教授，则接受更加严厉的惩罚，集中在一些农场劳动改造，即所谓"关牛棚"。心理学成为禁区，图书馆再也不能外借心理学的图书，所有藏书一律封存（有的地方甚至销毁），心理学在这十多年的历史中成为空白。

中国心理学由于十多年根本没有人才、原创理论、文化与传承，因此其生态遭到严重破坏。直到今天，可以说中国心理学界还是没有大师，没有学派，没有原生概念，缺乏原创理论。加之过度引进外国心理学的理论与方法，特别是大量移植国外的心理测验，中国心理学就像过度开发后的开发区一样，生态环境非常糟糕。这些应该引起我们的警醒与深思。

四　没有原创的心理测量，难有原创的心理学研究

无论从心理测量的释义上，还是在心理测量的历史教训中，我们都不难发现一个原理：没有原创的心理测量，难有原创的心理学研究，当然更难有因此带来的文化现象与文化运动。

如果设置禁忌性条例，不允许或使比奈、西蒙的儿童智力测验难以发表甚至不发表，那么就不可能出现19~20世纪全球性的智力测验运动，以及由此带来的全球性的心理测验运动。同样，班都拉的"自我效能"也将流产，遍及全球的浩如烟海的相关文献亦将不可能出现，与此相关的心理咨询、教育培训、学校及企业文化亦将不会出现。我们所熟悉的"心理压力"文化当然也不会出现，智力、人格、自我、动机等文化现象都将不会出现，试想，我们的心理学还有些什么？会不会如同沙漠一般的寂寞？

由于中国文化与西方文化殊异，我们在研究中国人的心理与行为时，更需要使用心理测量这盏探照灯，去探索并开辟新的研究领域。就像班都拉使用问卷测验，发现并推广了"自我效能"这个重要变量，霍姆斯使用心理测验，测量了"心理压力"一样，我们需要使用心理测量探索、发现、开辟更多的中国人心理与行为的新变量、新概念、新理论。如果不用这盏探照灯，我们就会像潜入深海一样，眼前一片黑暗，难有发现。再说，心理测量并不是什么洪水猛兽，不可能给心理学或我们带来什么可怕的危险，历史上的争议虽然很多，但是它并没有带来什么损害与危险。智力测验带来了什么危害吗？以前人们担心它的文化不公平性会带来伤害，但是美国心理学会的总结性研究结果表明：这种担心被夸大了（Kevin R. Murphy and Charles O. Davidshofer, 2006：288~301）。正像安娜斯塔西（A. Anastasi）所说的那样，智商（IQ）成了一个被人用得太多的概念，不如给它换个名字，叫作"认知能力"。于是，今天的认知能力测验仍旧在被人们广泛使用（安娜斯塔西等，2001）。也就是说，智力测验并没有消亡。还是安娜斯塔西说得好，测验本身无所谓好与坏，关键在于人们怎样去使用。心理测量给人们带来的"忧虑"也是它的工具化功能：一项心理测验编成的结果除了探索新的研究领域之外，还可能形成一个研究工具即量表，而这一工具可能会被出售。问题在于，出售心理测量的成果可怕吗？这种出售行为会给心理学及相关学科带来繁荣昌盛的局面，还是灭顶之灾？

所以，我们必须汲取历史的经验教训，对心理测量保持一种开放的心

怀，抱有一种足够的宽容，并予以更多的鼓励。只有这样，更多的原创的心理测验才有可能出现，从而引出更多的原创的心理学理论；只有这样，我们在探索文化与心理时才能有原创的成果，并且才会带来我们自己的研究的话本与文化。

参考文献

Kevin R. Murphy and Charles O. Davidshofer，2006，《心理测验：原理与应用》（第6版），张娜等译，上海社会科学院出版社。

安娜斯塔西等，2001，《心理测验》，缪小春等译，浙江教育出版社。

波林，1981，《实验心理学史》，商务印书馆。

R. K. 邓津，Y. S. 林肯，《定性研究：方法论基础》，风笑天等译，重庆大学出版社。

杨鑫辉，2000，《心理学通史》，山东教育出版社。

杨国枢，1982，《心理学研究的中国化：层次与方向》，载杨国枢、文崇一主编《社会及行为科学研究的中国化》，台北中研院民族学研究所。

杨中芳，1996，《如何研究中国人》，台湾桂冠图书股份有限公司。

朱滢，2006，《心理实验研究基础》，北京大学出版社。

Bandura, A., Adams, N. E. and Beyer, J., （1977），Congnitive processes mediating beha-viroal change. *Journal of Personality and Social Psychology*，35，125 – 139.

DoBois, P. H., （1970），*A History of Psychological Testing.* Boston：Allyn and Bacon.

G. A. Kimbel, （1994），A frame of reference for psychology. *American Psychologist*，49（6），510 – 519.

（责任编辑：佟英磊）

中国社会心理学评论　第 11 辑

第 9~23 页

© SSAP, 2016

中国人心理症状的诠释：多限制特征假说

童辉杰*

摘　要：对中国人的心理症状进行了探索与诠释。对 3 个不同的样本（1890 人的 SCL‒90 测验的成人样本，951 人的 PDRS 测验的成人样本，2654 人的 PDRS 测验的大学生样本）进行因素分析，并与国外研究进行比较。研究发现，中国人样本因素分析呈现比较稳定的结果，其中人际困扰、躯体化、自杀风险和网络成瘾为贡献率最大的因素。对为何中国人样本四大症状成为最重要的因子进行了讨论和诠释，提出中国及东方的金字塔文化假说，认为其特征是多限制与超稳态，与西方的球体文化明显不同。多限制特征假说可以贴切地解释中国人的心理症状的文化意义。

关键词：心理症状　因素分析　人际困扰　躯体化　自杀风险　网络成瘾　多限制特征假说

一　引言

美国精神障碍统计诊断标准（DSM）总结和概括了人类（至少是美国人）的心理症状，并制定了诊断的标准。DSM 显然与美国文化背景有关，

---

* 通信作者：童辉杰，苏州大学应用心理学研究所，教授，博士生导师，e-mail：tonehg@ 163. com。

而联合国卫生组织制定的诊断标准（ICD）也未必在全世界具有普适性，因此，各国都会考虑本国的文化，致力于发展适合自己文化的诊断标准，如中国大陆便有诊断标准 CCMD。在今天，心理症状与各国文化相关的文化精神病理学观点为我们普遍接受。但是，社会建构主义似有不同观点，认为所谓"心理障碍"估计其类型有300多种，其实是被心理学家和精神病学家集体"发明""建构"出来的，因为这些"心理障碍"在20世纪30年代以前并不"存在"，而且也并没有因为今天心理咨询与治疗的快速发展而减少，相反却呈现增长的迹象（Gergen，1999）。

心理学家更是发展了大量临床心理测验，用来测量心理症状。影响最大的无疑是"明尼苏达多相人格调查"（MMPI）。《美国心理学年鉴》（第9版）（MMY－9，1986）中，其使用率就排行第一。不同的研究者分析了MMPI 的因素结构。Welsh（1952）对美国退伍军人医院中的男性精神病人的因素分析提取了4个主因子，其中第一、第二个主因子就是焦虑（A）和压抑因子（R）。Welsh 以后，Block（1965）、Eickman（1961）、Kassebaum 等（1959）都对 MMPI 进行了因素分析，多数结果与 Welsh 的一致，但也存在差异。20世纪70年代以后，提取的因子数多为4～6个，对因子意义的解释也趋向一致。如 Pancheri 等（1972）和 Butcher 等（1976）在MMPI 的因素分析中提取出的因子十分接近，第一个都是精神质因子，并且都有神经质、装好－装坏、内向－外向、男子气－女子气这几个因子。James（1984）对11138名被试进行因素分析，被试年龄为13～89岁，平均年龄为45岁，得出21个因子。

MMPI 在中国修订后，有人研究了它在中国人中的因素结构。邹义壮等（1989）用因子分析的方法，对 MMPI 在北京地区两大精神病院和部分正常人中进行的研究，结果得出了6个因子，能解释总变异的86.6%。这6个因子分别是精神质因子（P）、神经质因子（N）、内向－外向因子（I）、装好－装坏因子（F）、反社会因子（A）、男子气－女子气因子。这与美国等国家介绍的因子结构近似。Butcher 等（1976）在9个文化差异很大的国家（智利、墨西哥、澳大利亚、南非、意大利、波兰、巴基斯坦、科威特和日本）的14个跨文化研究组发现，存在四个共同因子：精神质、装好－装坏、内向－外向、男子气－女子气。

MMPI 似乎具有跨文化的因素结构，但是另一个著名的临床量表即Derogatis 等编制的 SCL－90，却在不同文化中呈现复杂的因素结构。SCL－90的因子结构一直是许多学者关注的焦点。原量表作者 Derogatis 提出SCL－90由9个因子组成，但后来许多学者难以重复，发现不同的人群因子结构也不相同。芬兰学者 Holi 等（1998）对 337 名（男性 = 136，女性 = 201）小区样本进行主成分因素分析，发现一个大的因子能解释总变异的 39.7%，对 249 名患者进行主成分因素分析，也发现了一个大的因子。第一因子的贡献率都是第二因子的 5 倍多，且比其他所有因子的总和还要多。Norman 等（1978）对 358 名有精神疾病的被试进行 SCL - 90 的测验，结果显示，第一因子的贡献率是第二因子的 6.45 倍，是另外 6 个因子贡献率总和的两倍多。第一因子命名为抑郁，第二因子命名为躯体化。William（1983）对 451 名有精神疾病的被试进行 SCL - 90 的测试，结果显示，第一因子的特征根是第二因子的 10 倍左右，第一因子命名为抑郁，第二因子命名为躯体化。这些研究结果都显示 SCL - 90 呈现一个大的因子或维度。Miguel A. Vallejo（2006）对西班牙马德里的 185 名心理学大学生进行 SCL - 90 的测试，对两种测试方法（测试包括纸笔版的传统测试和网上测试）进行因素分析，都得出一个大的因子，能解释变量总变异的 25%，这个大的因子可以称为心理痛苦（psychological distress）。N. Schmitz 等（2000）对德国 2425 名心身疾病门诊的样本进行因素分析，发现一个大的因子能解释总变异的 28.7%，对德国 447 名保健门诊的样本进行因素分析，发现一个大的因子能解释总变异的 31.9%。

在中国大陆，金华等于 1986 年建立了全国 13 个地区包括 1388 名正常成人的常模，结果表明，各因子分均在 1.23～1.65 的范围。此后，国内的研究者把该量表作为评价人们心理健康水平的工具在心理卫生的临床及科研中广泛应用，但所得结果相去甚远。1999 年唐秋萍等对 14 年来 SCL - 90 在我国的应用做了总结分析，综合了 169 篇文章中 86 组正常人群（47354 人）SCL - 90 各因子的平均数和标准差，结果发现这些正常人群 SCL - 90 各因子分明显地高于 1986 年的常模。

冯正直等（2001）发现单个因素能代表 SCL - 90 大多数的因子。从正常人样本（N = 624）9 个因子的相关研究中可以看出，SCL - 90 的 9 个因子之间存在高相关，说明各因子所测量的内容有互相重合的现象，有些因子可能并非必要，或者说，整个测验的因子覆盖面不够宽。从因素分析的结果看，正常人样本第一个因素（悲伤情绪）特征值和贡献率（34.6%）特别高，是第二个因素的 5 倍，比所有其他因素的总和还多。病人样本第一个因素贡献率为 26.8%，是第二个因素的 3 倍。结果显示单个的悲伤因素可以代替 9 个因子。许明智等（2004）探索了 SCL - 90 在大学生样本中的因子结构，发现第一和第二因子的特征根分别为 27.05 和 3.91，且有 23 个特征根 > 1.0。两个未旋转因子分别解释 30.06% 和 4.34% 的总变异，第一因子解释的总变异约是第二因子的 7 倍，变异的大部分贡献来自第一因子。结果显示 SCL‒90 呈现一个大的、总的症状痛苦因子或维度。

不少研究发现中国人心理症状有不同特点。例如，大量研究发现中国人往往将心理问题躯体化，中国人不习惯于表达心理症状，却更多表达躯体症状（Kleinman，1977，1980；Cheung，Lau，and Waldman，1980‒81）。研究还讨论了中国被试的抑郁主诉多为躯体反应，不同于西方被试多见情绪反应（Kleinman，1980；曾文星，1998；Cheung，1982）。然而，为什么中国人出现这些特殊症状？这是一个更值得探索的课题。跨文化心理学用"集体主义"和"个人主义"区分东西方文化，好像还是难以解释两种文化的诸多不同。例如，用"集体主义"就很难解释"躯体化"的意义。黄光国等从儒家伦理的角度提出了一个很有意思的理论框架，可以帮助我们理解中国患者的躯体化倾向，即儒家伦理从平衡、和谐的世界观出发，帮助人们在亲密社会关系中维持心理社会和谐。一旦个体在道德或事业上无法达到他人的期望，个体及其家人就会体验到各种消极的情绪。在生活中，如果晚辈误入歧途或遭遇失败，长辈有责任也有权利对其进行责备，而这样做的后果就是使晚辈在他的亲戚好友面前丧失脸面。于是在高角色期待的压力下，个体不得不学会"忍"，学会压抑自己的情绪，而作为个体的家人，他们的责任就是尽力维护个体的脸面，不在外人面前提他的丑事，由此，躯体化的意义便得到说明（Hwang，Liu，Han，& Chen，2003）。

除了躯体化症状，中国人的心理症状与西方人相比还有什么不同？如何深入理解和诠释中国人的心理症状？基于我们长期应用和发展临床心理测验的工作，特别是我们拥有中国大陆较大的临床测验的样本，我们设想，对一些临床量表的因素结构的分析，或许可以帮助我们深入理解这些问题。然后我们再试图在前人研究的基础上，发展一些理论假说，进一步诠释这些实证研究的资料，以求增进我们在这方面的知识。

二 研究方法与过程

（一）样本

1. 成人样本：在江苏、山东、浙江、江西、福建、安徽、湖北、湖南、陕西、甘肃、宁夏、北京、上海、天津等十多个省份抽取成人样本951 人，男 467 人，女 478 人（缺失 6 人）；文化程度从小学到博士；年龄从 16 岁到 77 岁，平均为 34 岁。

2. 大学生样本：不同类型（国家重点综合大学、国家重点其他类型大学、省属大学）10 所高校按文理科、年级分层整群取样 2645 人，男 1325 人，女 1320 人；年龄最低 16 岁，最高 26 岁，平均为 20 岁。文理科及年级比例基本均衡。

3. 另一成人样本：从江苏、安徽、浙江、江西、山东、福建、广东、海南、河北、河南、湖北、湖南、内蒙古、甘肃、山西、陕西、四川、北京、上海、天津、重庆 21 个省份抽取 1890 人，其中男 945 人，女 945 人。职业涉及工人、公司职员、教师、自由职业者、公务员、工程师、干部、医生、公司管理人员、农民、会计师、技术员、学生、金融人员、警察、厨师、军人、法律人员、记者编辑、大学教师、退休人员、待业者、家庭妇女。

（二）量表

1. 自编的心理障碍评定量表（psychological disorder rating scale，PDRS），共 354 题，43 个分量表，信度、效度良好。对 113 人前后间隔两个月时间的重测信度最低为 0.47，最高为 0.81，平均为 0.70；α 系数最低为 0.66，最高为 0.88，平均为 0.78；分半信度最低为 0.60，最高为 0.87，平均为 0.74。与 MMPI、SCL－90 等临床测验以及与 CPI、大五人格等的聚合效度和区分效度良好。探索性因素分析对分量表进行一阶因素分析，各分量表所能解释的总变异从最低 53%（暴力文化）到最高 72%（愤怒管理）；再对分量表进行二阶因素分析，抽出三个因素，解释总变异的 70.18%。三因子可命名为：临床障碍、特殊障碍、效能。验证性因素分析的三因素模型拟合理想：χ^2 为 59.69，df 为 50，p 为 0.164，χ^2/df 为 1.194，GFI 为 0.991，NFI 为 0.995，RFI 为 0.984，IFI 为 0.999，CFI 为 0.999，RMSEA 为 0.016。

2. SCL－90 为王征宇的翻译版本。

（三）研究步骤

使用 PDRS 调查了 951 位成人，以及 2645 位大学生，并用 SCL－90 调查了 1890 位成人，比较 3 个人群的因素结构，以求有所发现。

三　研究结果

（一）不同样本不同量表的因素结构比较

对 951 个成人和 2645 个大学生样本的 PDRS 测验分数以及 1890 个成

人样本SCL－90测验分数进行因素分析，根据碎石图，3个样本的拐点相似，其影响最大的前4个因子大体相似，可见其因素结构大致呈现相同的状况。PDRS中增加了自杀风险和网络成瘾的内容，导致其与SCL－90所得结果有所不同。值得注意的是，躯体化和人际困扰因子在3个样本中都出现了（见表1）。这可以作为不同量表与不同样本之间的一种交叉验证。

表1　不同样本不同心理症状量表因素结构比较

PDRS 成人（951人）	贡献率（%）	PDRS 大学生（2645人）	贡献率（%）	SCL－90 成人（1890人）	贡献率（%）
人际困扰	16.12	**人际困扰**	15.21	**躯体化**	25.64
躯体化	4.16	**躯体化**	3.55	低效能	3.60
自杀风险	2.62	自杀风险	2.45	惊恐	2.89
网络成瘾	2.22	网络成瘾	1.84	**人际困扰**	2.17

我们觉得好奇的是，人际困扰与躯体化在中国人的心理症状中如此重要，它们究竟是怎样的因子？为探讨这一问题，用PDRS人际困扰的41题做因素分析，抽出6个因子，这6个因子命名为焦虑紧张、社交窘迫、依赖他人、回避交往、害怕交往、不愿交往。各自解释的变异状况见表2。可见，所有这些在人际交往中出现的问题，都已成为中国人值得注意的心理症状。

表2　人际困扰的因素分析

因素	特征值	贡献率（%）
焦虑紧张	4.78	11.66
社交窘迫	3.54	8.63
依赖他人	3.06	7.47
回避交往	2.88	7.02
害怕交往	2.77	6.76
不愿交往	2.64	6.45

用临床分量表来预测人际困扰，多元逐步回归分析结果发现，有11项变量进入模型，且预测效度很高，$R = 0.913$，$R^2 = 0.834$，$\triangle R^2 = 0.831$，$F = 347.832$，$p < 0.0001$。可见人际困扰与这些临床障碍的关系密切（见表3）。

表3　人际困扰的回归分析

模型	未标准化系数		标准化系数	t	p
	B	Std. Error	Beta		
（Constant）	－1.510	2.261		－.668	.504
人格障碍	.622	.055	.330	11.275	.000
抑郁	.543	.054	.290	10.111	.000
恐怖	.387	.040	.203	9.621	.000
强迫障碍	.298	.042	.160	7.157	.000
物质滥用	－.194	.032	－.102	－6.155	.000
睡眠障碍	－.193	.042	－.101	－4.580	.000
焦虑	.213	.064	.112	3.311	.001
躁狂	－.116	.038	－.060	－3.053	.002
精神病性	.155	.060	.082	2.601	.009
冲动障碍	－.086	.035	－.046	－2.458	.014
创伤后应激	.099	.049	.052	2.012	.045

再对PDRS躯体化的29题进行因素分析，抽出5个因子。5因子分别是胸闷气促、多梦疲乏、头昏眼花、身体不适、强迫失控（见表4）。

表4　躯体化的因素分析

因素	特征值	贡献率（%）
胸闷气促	3.52	12.15
多梦疲乏	3.08	10.62
头昏眼花	2.95	10.18
身体不适	2.94	10.15
强迫失控	2.14	7.38

（二）与其他国家的比较

搜索了美国、芬兰和西班牙关于SCL-90的因素分析研究文献，发现与中国人样本的因素结构有明显的不同。西方人样本的第一个因子（大于25%以上）乃是抑郁或心理痛苦（见表5）。

表 5 美国、芬兰和西班牙关于 SCL – 90 的因素分析

Christopher J. Brophy（1988）N = 368（美国心理门诊样本）		Norman G.（1978）N = 358（美国精神科门诊样本）		Holi M. M.（1998）N = 337（芬兰小区样本）		Miguel A. Vallejo（2006）N = 185（西班牙大学生样本）	
抑郁	27%	抑郁	30%	心理痛苦	39.70%	心理痛苦	25%
躯体化	5.10%	躯体化	4.65%	人际关系	7.60%	躯体化	/
愤怒 – 敌意	/	恐惧焦虑	/			精神病性症状	/
妄想症	/	功能损伤	/				
恐惧焦虑	/	敌意怀疑	/				
强迫	/						

注："/"表示文献中未曾介绍具体资料。

四 讨论与结论

（一）关于中国人的心理症状

回答这样一个问题是很有意义的：今天中国人最主要或最重要的心理症状是什么？通过临床心理测验，并通过较大样本的调查，才能回答这一问题。但是，MMPI 的 10 个临床分量表、SCL – 90 的 10 个分量表并不能涵盖所有的心理症状。心理障碍评定量表（PDRS）根据 DSM – 4、ICD – 10、CCMD – 3 来发展分量表，力求涵盖主要的常见障碍，共有 43 个分量表，与多数临床量表相比，能更全面评估心理症状。依据此量表对 951 个成人和 2645 个大学生进行因素分析的结果提示：对今天的中国人来说，最重要的心理症状可能就是人际困扰、躯体化、自杀风险和网络成瘾。换句话说，今天的中国人，最普遍的心理症状就是在人际关系中遭遇麻烦，最深刻的心理症状是用躯体症状来表达复杂的心理困扰，最严重的心理症状是陷于绝境而有自杀风险，最"时尚"的心理症状是网络成瘾带来严重的生活功能破坏甚至犯罪。细究之，这四大症状有着深刻的文化意义。

本研究结果值得讨论的一点在于：除了躯体化外，发现了中国人最重要的其他三种症状。学界对中国人躯体化症状有过很多研究与讨论，但是，对中国人的人际困扰症状，还有自杀风险以及网络成瘾，却鲜有关注。尤其是网络成瘾是近些年来才出现的现象，为何一跃而居前列？不可不查。

"心理障碍评定量表"（PDRS）（951 名中国成人与 2645 名中国大学

生）与 SCL – 90（1890 名中国成人）的交叉验证发现，对中国人来说，至少可以这样说：躯体化和人际困扰肯定是很重要的症状。

（二）解释的理论框架

如何理解中国人的心理症状？使用黄光国等的理论框架，可以解释中国人的躯体化倾向，也能解释中国人人际困扰的文化意义（Hwang et al.，2003）。但是，在中国大陆，经历过对儒家伦理的半个多世纪的批判，特别是"文化大革命"的彻底清除，儒家伦理至少受到极大的压制，如何看待儒家伦理在今天大陆民间的影响，还真是个问题。并且，大陆经历过半个多世纪的集体主义教育，但仅仅用"集体主义"又很难解释这四大症状的文化意义。因此，我们试图提出一个理论假说，来解释中国人特殊的心理症状。

我们认为用"集体主义"与"个人主义"这一简单的维度不足以区分东西方文化。东西方文化之不同，在于基本价值的不同，即东方重权力，西方重契约；东方重等级，西方重平等。对中国来说，由于长期的农业经济、封建统治、高密度人口负担、长期对人口流动的禁锢（封建时代的户口连坐制度），以及儒家伦理的影响（儒家思想就是为了整顿混乱的社会秩序而生的），社会文化形成一种像金字塔一样有序稳固的结构（见图1）。在这种社会文化结构中，权力至上，等级分明，不同层级的人士不容易上下变动。为了保障稳定与和谐，还发展出大量来自习俗、伦理乃至于制度的限制——从人情、面子、礼节、潜规则到忠、孝、仁、义、礼、智、信，再到不同于西方法治的人治、长官意志等。因此，这样的金字塔型的社会文化具有两个显著特征，这就是多限制特征与超稳态特征。中国文化中从习俗、伦理到制度的限制比西方文化甚多，也正是限制很多，保

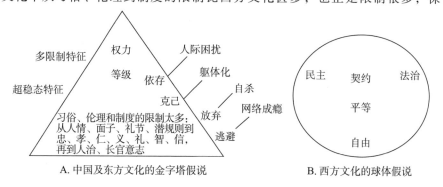

A. 中国及东方文化的金字塔假说　　　B. 西方文化的球体假说

图 1　东方文化的金字塔假说及西方文化的球体假说

证了社会文化结构的相对稳态。而西方文化是一种球体结构，不同层级的人士由于民主政治容易上下自由变动，就像球体的滚动一样。人民具有契约精神、平等思想，社会实行法治。

中国人主要的心理症状正是与中国文化中多限制的特征有关，或者说多限制特征可以贴切地解释中国人主要的心理症状。正是来自习俗、伦理和制度的诸多限制造成了中国人对家庭、单位、领导，乃至他人的与西方人明显不同的高度依存，而过度的依存就是形成人际困扰症状的原因。人际困扰涉及与他人关系和交往中的麻烦，诸如人际交往中的窘迫、焦虑、回避、恐惧等。本研究认为有两点值得重视：其一，人际困扰因子是首要因子，显得非常重要，它能解释16.12%的总变异，是后面一些因子的3～7倍，说明中国人的心理症状最值得重视的就是人际困扰因子。其二，如果用其他临床分量表来预测人际困扰这一因子，可以解释91%的变异，可见对中国被试来说，人际困扰与诸种心理障碍有相当密切的关系。换句话说，中国人很多种心理障碍都可能从人际困扰上表现出来。本土心理学的研究也证实：中国人更重人情、面子、关系（黄光国，1998；朱瑞玲，2005）。因此，中国被试对心理障碍的感受与人际关系紧密相连就不难理解。对中国人来说，心理障碍的重要症状就在于人际关系的破坏、人际困扰的出现。

社会文化的过多限制必然对个体提出克制自己的要求。因此，无论习俗、伦理还是制度都要求个人"克己"（从最早孔子的"克己复礼"，到理学的"存天理，灭人欲"，再到后来的"斗私批修"，发展出很多关于"忍让"的处世哲学）。"克己"是导致躯体化症状（解释4.16%的总变异）的重要原因。黄光国等认为正是在高角色期待的压力下，中国人不得不学会"忍"、学会压抑自己的情绪（Hwang et al.，2003）。我们认为，（1）在要求克己的文化中，自由表达自己的心理感受显然是不太合适的，这与克己的要求相悖，而表达躯体症状，则是无妨的，因此，中国人"发明"了躯体化的心理症状。（2）中国人于是变得不习惯、不敢、不善于坦率表达自己的心理感受，表达心理感受会有许多的禁忌与压力；而表达躯体反应则比较轻松、自然，没有什么禁忌与压力。例如，说"我觉得孤独"，不如说"我觉得头疼"来得自然。长此以往，中国语言中表达感情的词汇也就多与躯体有关，如用"肝肠寸断"表示悲痛，用"心惊肉跳"表示恐惧，用"垂头丧气"和"痛心疾首"表示沮丧和痛苦（Kleinman，1980；汪新建等，2010）。语言则又进一步约制与固化了中国人的表达方式。

自杀风险（解释 2.62％ 的总变异）是中国被试又一值得注意的症状。中国人并不是自杀率最高的国家，并且中国文化中强调"好死不如歹活"，对中国人来说，如果到了不想活的地步，那是莫大的痛苦。对西方人来说，自杀可能是个人的一种解脱，是个人主义彻底解决的途径；但是，对中国人来说，远没有那么简单，中国人不仅是为自己活着，还要为家人、家族活着，所以，非得到"万不得已""万念俱灰""万般无奈"的地步，才会考虑自杀。所以，自杀风险是另一个值得重视的中国人的心理症状。如果一个中国人感到无法承受习俗、伦理、制度的压力，"依存"无望，"克己无奈"，便只有选择放弃，这就是自杀。

网络成瘾（解释 2.22％ 的总变异）成为第四大症状，也是非常有意思的。以前的研究可能没有将网络成瘾放进问卷与所有的心理障碍一道进行讨论，因而未能发现它的影响。我们的发现，一方面说明今天互联网发展的速度惊人，已经普及所有的民众；另一方面也说明网络成瘾对一个人的影响实在太大。它不仅导致一个人沉溺网络，更使其时间管理混乱，区分不了虚拟世界与现实世界，进而导致生活功能破坏，严重则导致恶性犯罪，诸如杀人、抢劫等。将网络成瘾看作对多限制特征文化的逃避，是有理由的。在超稳态、多限制的社会文化结构中，存在不少压力，而在虚拟的网络世界中，则可以获得相对更多的自由和放松，这估计是网络成瘾一跃成为四大心理症状之一的重要原因。

（三）跨文化的比较

比较美国、芬兰和西班牙关于 SCL - 90 的因素分析研究文献，发现西方人与中国人的因素结构有明显的不同。西方人样本的第一个因子（贡献率大于 25％ 以上）都是抑郁或心理痛苦。这表明西方人个人更自由，因而导致人们更关注自我，能够自由表达自己的内心感受，因此对内心感受的反省更多。而中国人个人并不自由，有更多的禁忌、压抑，需要含蓄、克制，这样就不能（不习惯、不善于）自由表达自己的内心感受，所以对内心感受的反省更少。这从跨文化的角度印证了前面的发现，即中国人主要的心理症状为人际困扰、躯体化、自杀风险和网络成瘾。

本研究的主要结论为：（1）多方面的证据表明，今天中国人最主要的心理症状就是高度的人际依存导致的人际关系中的困扰；由于克己的文化要求形成了一种用躯体症状表达复杂的心理困扰的特性；难以承受压力、选择放弃而有自杀风险；逃避现实寻求自由与放松而导致网络成瘾。（2）中国人的这些主要的心理症状与中国社会文化结构的多限制特征有关。中国类似金字塔型的文化与西方球体文化不同，为了保持稳态，发展了很多习俗的、伦理的、制度的限制，这些限制加强了个人对家庭、单位、领导与他人的高度依存，这种高度依存导致最普遍的人际困扰的心理症状。这些文化限制提出了很多克己的要求，又形成了中国人不方便自由表达心理感受而只好通过躯体症状来诉求的特点。在严重的情况下，中国人则会选择放弃依存与克己的努力，导致自杀风险。觉得限制太多则有可能逃避现实，寻求虚拟世界的自由与放松，从而导致网络成瘾。可见，多限制特征假说可以较贴切地解释中国人的心理症状。

参考文献

陈树林、李凌江，2003，《SCL-90 信度效度检验和常模的再比较》，《中国神经精神疾病杂志》第 29 期，第 323～327 页。

戴郑生、焦志安、纪术茂，2000，《明尼苏达多相个性调查表（MMPI）在国内的应用与发展》，《中国临床心理学杂志》第 8 期，第 189～191 页。

冯正直、张大均，2001，《中国版 SCL-90 的效度研究》，《第三军医大学学报》第 23 期，第 481～483 页。

胡海燕、苗丹民、肖玮等，2006，《MMPI-215 临床量表的相关因素分析》，《中国临床心理学杂志》第 14 期，第 450～457 页。

胡胜利，2006，《中学生 SCL-90 评定结果分析及其常模的建立》，《心理与行为研究》第 4 期，第 114～119 页。

黄光国，1998，《人情与面子：中国人的权力游戏》，（台北）巨流图书公司。

纪术茂、陈佩璋、纪亚平等，1996，《MMPI 中文版的结果效度研究》，《中国临床心理学杂志》第 4 期，第 20～23 页。

金华、吴文源、张明园，1986，《中国正常人 SCL-90 评定结果的初步分析》，《中国神经精神疾病杂志》第 12 期，第 260～263 页。

凯博文，2009，《苦痛和疾病的社会根源：现代中国的抑郁、神经衰弱和病痛》，上海三联书店。

骆文炎，2009，《浙江省高职学生 SCL-90 常模的建立》，《心理健康教育》第 2 期，第 104～106 页。

MMPI 全国协作组，1982，《明尼苏达多相个性调查表在我国修订经过及使用评价》，《心理学报》第 4 期，第 449～458 页。

宋维真，1985，《中国人使用明尼苏达多相个性测验表的结果分析》，《心理学报》第 4 期，第 346～354 页。

唐秋萍、程灶火、袁爱华等，1999，《SCL-90 在中国的应用与分析》，《中国临床心理学杂志》第 7 期，第 16～20 页。

汪新建、吕小康，2010，《躯体与心理疾病：躯体化问题的跨文化视角》，《南京师大报》（社会科学版）第 6 期，第 95 ~ 100 页。

许明智、李恒芬、赵惠芳等，2004，《症状校核表（SCL - 90）的因素结构研究》，《中国临床心理学杂志》第 12 期，第 348 ~ 349 页。

岳鹏、宋其良、汤红亚，2010，《SCL - 90 的因子合理性的分析》，《西藏科技》第 9 期，第 45 ~ 47 页。

曾文星，1998，《华人的心理与治疗》，北京医科大学中国协和医科大学联合出版社。

张建新、宋维真、张妙清，1999，《简介新版明尼苏达多相个性调查表（MMPI - 2）及其在中国大陆和香港地区的标准化过程》，《中国心理卫生杂志》第 13 期，第 20 ~ 23 页。

朱瑞玲，2005，《中国人的社会互动：论面子的问题》，载杨国枢主编《中国人的心理》，台湾桂冠图书股份有限公司。

邹义壮、赵传绎、姜长青，1989，《明尼苏达多相人格调查表的因子分析研究》，《心理学报》第 3 期，第 266 ~ 273 页。

邹义壮、赵传绎，1992，《MMPI 临床诊断效度的研究》，《中国临床心理学杂志》第 6 期，第 211 ~ 213 页。

Bernard, T. L. et al., (2000). Interpretation of a full – information item – level factor analysis of the mMPI – 2: Normative sampling and nonpathognomonic. *Journal of Personality Assessment*, 74, 400 – 422.

Block, J., (1965). *The Challenge of Response Sets: Unconfounding Meaning, Acquiescence, and Social Desirability in the MMPI*. New York: Appleton – Century – Crofts.

Butcher, J. N., (1985). *Advances in Personality Assessment*. Florida: Spreiberg ni of South Florida.

Butcher, J. N. et al., (1976). *Handbook of Cross – national MMPI Research*. Minneapolis: University of Minnesota Press.

Cheung F. M., (1982). Psychological symptoms among chinese in urban HongKong. *Social Science and Medicine*, 16, 415 – 422.

Cheung, F. M., Lau, B. W. K. and Waldmann, E., (1980 – 81). Somatization among Chinese depressives in general practice. *International Journal of Psychiatry in Medicine*, 10 (4), 361 – 374.

Dahlstrom, W. G. et al., (1975). *An MMPI handbook*. Minneapolis: University of Minnesota Press.

Dahlstrom, W. G. et al., (1980). *Basic Reading on the MMPI*. Minneapolis: University of Minnesota Press.

Eickman. W. J., (1961). Replicated factors on the MMPI with female NP patient. *Journal of Consulting Psychology*, 25, 55 – 60.

Gergen, K. J., (1999). *An Invitation to Social Construction*. London: Sage.

Hobi, Viktor & Gerhard, (1983). The results of factor and cluster analyses of the MMPI, 16 – PF and FPI questionnaires. *Experimental and Applied Psychology*, 30, 588 – 609.

Holi M. M., Sammallahti P. R. and Aalberg V. A., (1998). A finnish validation study of the SCL – 90. *Acta Psychiatr Scand*, 97, 42 – 46.

Hwang, K. K. , Liu, T. W. , Han, D. Y. , & Chen, S. H. , (2003) . Somatization, emotional expression, and confucian ethics in Chinese culture. In WO Phoon & I. Macindoe (Eds.), *Untangling the Threads: Perspectives on Mental Health in Chinese Communities* (pp. 47 – 78) . Syndey: Transcultural Mental Health Center.

James H. J. , (1984) . Replicated item level factor analysis of the full MMPI. *Journal of Personality and Social Psychology*, 47, 105 – 114.

Kassebaum, G. G. , Couch, A. S. and Slster, P. E. , (1959) . The factorial dimensions of the MMPI. *Journal of Consulting Psychology*, 23, 226 – 236.

Kleinman, A. , (1977) . Depression, somatization and the new cross – cultural psychiatry. *Social Science and Medicine*, II, 3 – 10.

Kleinman, A. , (1980) . *Patients and Healers in the Context of Culture.* Los Angeles, Ca: University of California Press.

Miguel A. Vallejo. , (2006) . Somatic symptoms and physiologic responses in generalize psychological distress. *Psychosomatic medicine*, 42, 102 – 111.

Norman G. H. & Peggy B. O. , (1978) . Factor structure of the SCL – 90 in a psychiatric population. *Journal of Consulting and Clinical Psychology*, 46, 1187 – 1191.

Pancheri & Butcher, J. N. , (1972) . *A Handbook of Cross – national MMPI Research.* Minneapolis: University of Minnesota Press.

Redford B. , (1985) . Content and comprehensiveness in the MMPI: An item factor analysis in a normal adult sample. *Journal of Personality and Social Psychology*, 48, 925 – 933.

Schmitz N. , Hartkamp N. , Kiuse J. , Franke G. H. , Reisterl G. and Tress W. , (2000) . The Symptom Check – List – 90 – R (SCL – 90 – R): A german validation study. *Quality of Life Research*, 9, 185 – 193.

Welsh, G. S. , (1952) . A factor study of the MMPI using scales with item overlap eliminated. *American Psychologist*, 7, 341 – 342.

William R. H. , (1983) . Factor structure of the symptom checklist – 90 with acute psychiatric inpatients. *Journal of Consulting and Clinical Psychology*, 51, 535 – 538.

Annotation of Chinese Psychological Symptoms: Multi-constraint Characteristic Hypothesis

Tone Huijie

Abstract: To explore and annotate Chinese psychological symptoms, three different samples (1890 adults were tested by SCL −90, 951 adults and 2654 undergraduates were tested by PDRS) were analyzed by Exploratory Factor Analysis (EFA) . Comparing with the overseas studies, the EFA outcomes of Chinese samples presented a stable state. Interpersonal relationship problem, body symptom, suicidal risk and internet addiction made the primary contribution. The reason why these four symptoms became the most important factors was discussed and interpreted. Chinese and oriental pyramid culture hypothesis was further proposed too. According to this hypothesis, Chinese and oriental culture was multi − constraint and ultra − steady − state, which was significantly different from the western spheroid culture. Multi − constraint characteristic hypothesis could be appropriately explained the cultural significance of Chinese psychological symptoms.

Key Words: psychological symptoms; factor analysis; interpersonal relationship problem; body symptom; suicidal risk; internet addiction; multi-constraint characteristic hypothesis

中国社会心理学评论　第 11 辑

第 24～44 页

© SSAP, 2016

道家人格量表题项版的编制与反思[*]

涂阳军　郭永玉[**]

摘　要： 基于文化影响人格的视角，结合对道家人性论的分析，建构道家人格结构理论模型，本文将道家人格操作化界定为：道家人格指在道家思想文化的影响下，与道家人性论之"自然本真"的内涵一致并表现在知－情－意－行层面的典型的人格特质。以此为基础，从道家经典著作中选取 486 个描述人的词语，经由多次意义分析和初测，保留了 37 个，并最终形成了道家人格量表题项（初测）版，包括自然、本真、柔韧、谦退、超脱和寡欲 6 个因子。验证性因素分析（样本 2）支持了该六维结构。道家人格量表题项版内部一致性系数和重测信度系数分别介于 0.430～0.704 和 0.528～0.721，各题项与其所属维度间的相关（绝对值）及各维度间的相关（绝对值）分别介于 0.389～0.795 和 0.157～0.444。研究反思认为，特质因素论与（道家）人性整合观间的矛盾影响了道家人格量表题项版的效度，这使得任何对道家人格量表题项版有效性的考查，都不能以因素分析得到的单一因子为单位，而应以整合道家人性观及道家知－情－意－行心理行为特征的层级模式为单位。情境（判断）测验能够有效契合

* 教育部人文社会科学规划基金项目（07JAXLX013），湖南省哲学社会科学规划项目（12YBA065），湖南大学青年教师成长基金项目（HNU20100031）。感谢张建新老师、侯玉波老师、陈建文老师、郑剑虹老师和景怀斌老师在研究中提供的帮助和支持。

** 涂阳军，湖南大学教育科学研究院副研究员、硕士生导师；郭永玉，华中师范大学心理学暨青少年网络心理与行为教育部重点实验室，人的发展与心理健康湖北省重点实验室教授、博士生导师。

针对中国人文化心理行为特征的测量，但情境（判断）测验的效度以及中西情境（判断）测验的比较等问题仍有待进一步探究。未来研究需要立足现时中国社会的实际、收集更多质性资料、深入探究道家人格各维度的丰富内涵并编制具有针对性的道家认知思维方式量表。

关键词：传统文化　道　道家　人格　道家人格　测量

中国根柢全在道教。

——鲁迅（1918）

"老猾俏皮"导源于道家之人生观……此种老子的精神，以种种形式，时时流露于吾国的文、词、诗、俗语中……此等应付人生之态度，渗透了中国思想的整个机构……这是中国文化的特征。……孔子之对待人生的眼光是积极的，而道学家的眼光则是消极的，由于这两种根本不同的元素的煅冶，产生一种永生不灭的所谓中国民族德性。……道家精神和孔子精神是中国思想的阴阳两极，中国的民族生命所赖以活动。

——林语堂（1935）

所有的人格理论，都会探讨应如何看待人性这个基本的哲学问题……因为人格心理学的研究对象是人，试图对人的行为进行解释和预测的理论不可能不涉及人的本性。

——黄希庭（2002）

前　言

就文化学视角而论，人格其实就是个体在特定文化状态下的生存样态。文化人格是指个体在接受特定文化熏陶时，通过对特定文化的内化及个体社会化后所形成的稳定的心理结构和行为方式，具体表现在气质性格、个性特征、价值观念、思维方式等多个方面（杨秀莲，2007）。

就中国人的文化人格而论，道家思想以其独特的思辨视角和哲学底蕴，对中国文化和哲学思想产生了深远影响，并形塑了中国人心理行为层面的核心内容（如天人合一、和谐、亲近山水等）（吕锡琛，1999）以及潜在的价值预设（如不好争端、不崇尚武力等）（汪凤炎，2003）。在文化大变革及文化间不断冲突、融合的当代，在改革开放和国家现代化建设不断深入的变革背景下，围绕道家思想文化沉淀于中国人人性心理行为层面的特征——道家人格——促进了还是妨碍了、适应了还是未能适应国家现代化的经济运行方式这一核心主旨，我们展开了深入的但也只是尝试性的初步研究，这些研究包括如下几个方面。道家思想文化是如何影响中国人之人性心理行为特征的形成的？此种影响反映在人性心理行为层面，会具有怎样的特征？具体体现在哪些方面？这些不同方面的特征该如何测量？有哪些功能？其产生作用的内部机制又如何？从道家人格的研究中，可否自然推衍出儒家人格，或者儒道互补人格？……但究竟该如何研究道家人格？研究道家人格首先面临的是如何界定道家人格的问题，它是回答后续有关道家人格的测量和功能的基础，因此自然也就成了本研究的逻辑起点和理论基础。

在人格心理学的视域下，研究沿着两条思考路径对道家人格进行了操作性界定。第一条思考路径从道家思想文化影响人格的视角出发，对道家思想文化之核心特征进行了论述，并进一步阐释了道家思想文化对中国人心理行为产生影响的理论解释模型及具体的过程和机制。该思考路线回答了道家人格是否存在及道家人格为什么存在的问题，系对道家人格如何形成的阐释。第二条思考路径从人格心理学中各人格理论内含人性论的基本预设出发，通过对道家人性论的分析，得到了道家人格结构的理论模型（见图1）。该思考路线回答了道家人格是什么的问题，系对道家人格的内容如何的回答。

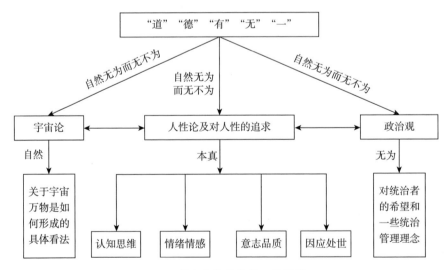

图 1　道家人格结构的理论模型

图1中，"道""一"等是道家宇宙论和哲学本体论及人生与政治观的核心，它们处于道家人格结构理论模型的最顶层，其包含了"道"之"自然本真"的核心要义，并一以贯之地将道家宇宙论、人性论及对人性的追求和政治观联系在了一起，由此共同构成了一个具有内在一致性的有机整体。就宇宙论而言，其侧重"道"之"自然"的一面。就政治观而论，其侧重"无为"。但从人性论及对人性的追求来看，其核心则为"复归于朴"，复归于"自然本真"，这一人性层面的特征反过来也内含了"道"之"自然本真"的本质。而道家人性论中"自然本真"的内核又渗透进了人之作为整体的各个方面中，并最终浸透到了知－情－意－行心理行为特征的各个层面中。

综合上述两条思考路径，研究将道家人格初步操作化界定为：道家人格是指在道家思想文化的影响下，与道家人性论之"自然本真"的内涵一致并表现在知－情－意－行层面的典型的人格特质。道家人格在心理行为层面的特征必须"在道家思想文化的影响下"，这也就从根本上排除了那些或者与儒家、或者与佛家、或者与西方思想文化内涵一致的、一些不属于道家人格的心理行为特征，这也就从根本上将道家人格与中国人人格和西方人人格区别了开来。"与道家人性论之'自然本真'的内涵一致"，一方面，表明道家人格在知－情－意－行领域的人格特质与道家的"自然本真"内核一以贯之，知－情－意－行各个层面的心理行为特征系"自然本真"的自然延伸，都打上了"自然本真"的烙印。而知－情－意－行各个层面从本质上来看，却又都是"自然本真"的，带有"自然本真"的色彩，这就从根本上保证了道家人格是一个有机的体系和整体的系统。另一方面，也从根本上保证了道家人格研究的效度，确保了我们研究的是道家人格，而且也从理论上保证了道家人格研究的简洁性、可行性、实证性和可操作性。将道家人格理解为"人格特质"是因为身处道家思想文化中的每个人，其心理行为都必定直接或间接、显在或潜在地受到该思想文化的影响，因此只可能表现出量的差异。可能有些人具有的道家人格特征会更典型些，因而在道家人格测量上得分会更高些，有些人具有的道家人格特征可能并不那么典型，因而在道家人格测量上得分会低些，但不会有只受道家思想文化或只受儒家思想文化影响，而表现出"纯粹"道家人格或"纯粹"儒家人格的中国人。"表现在知－情－意－行层面"指与道家思想文化内涵一致且典型的这些人格特质具有知－情－意－行领域的特定性。表现为在思维方式上明"道"，懂得万事万物相互联系、相互对立和不断变化的规律，其核心是能够以"联系、矛盾和变化"的观点来辩证地看待

万事万物；情绪情感上能够保持内心的"静"而不"躁"，其核心是
"静"而不"躁"；在意志品质上表现为"柔韧"胜刚强，以柔克刚，其
核心为"柔韧"；在因应处世上，接人"谦退"，待物"寡欲"，对己"超
脱"。但就整体而言，各个层面的这些特征又都是"自然本真"的，带有
道家人性论之"自然本真"的强烈色彩。这些人格特质之所以是"典型
的"，是因为处同一经济生产方式及文化中的中国人，其心理行为方面的
特征往往是许多不同思想文化交互影响的结果，只是有些特征受某一思想
文化的影响而表现得更为典型些，有些特征则不那么典型。如中国人喜和
谐、思维辩证不极端、行事谦退而不好争斗，就明显受到了道家思想文化
的影响，而爱面子、讲人情、重道德、讲中庸之法、顺从权威、守旧并崇
尚祖先和过去等，就明显受到了儒家思想文化的影响。在当代中国人人格
研究领域中，也发现了许多明显受到"道家思想文化"影响的典型人格特
征。如，杨波（2005）对古代中国人人格结构的研究就发现，由《史记》
中得到的人格形容词经因素分析得到第四个因子就包括超然避世、清静无
为、笃学等特质词，蕴含着超然避世、清静无为的人生态度，研究者认为
"它们共同刻画了古代隐者的人格形象"，并且在很大程度上是"受道家思
想的熏染而逐渐形成"的。在王登峰等（2005）的七大人格中，外向性之
乐观、善良之诚信、行事风格之自制、才干之坚韧、情绪性之耐性以及处
世态度之淡泊，也打上了"道"的烙印。

一　道家人格量表题项版的编制

（一）道家人格量表题项版编制的过程

　　本文以道家人格结构理论模型及操作化界定为基础，根据词汇假设，
通过对道家经典著作中描述人的词语进行分析，最后形成典型代表性的心
理行为特征句，再采用因素分析的方法，编制形成道家人格量表题项版。
具体过程如下：收集道家经典著作①中描述人的词汇，由本文第一作者、
一名人格心理学方向二年级研究生及两名中文专业三年级大学生各自独立
完成，共得到了 486 个描述人的词语。对这些词语按下述标准进行筛选：
①描述人的词语；②体现老庄思想的核心；③意义明晰且完整；④非生僻
难懂词；⑤非同义词。筛选后得到 104 个词语，接着在 83 名大学生中进行

---

　　①　陈鼓应注译，2007，《老子今注今译》，商务印书馆。

初步试测，试测中被试反映有些词语或者用来形容人的某一方面不恰当，或者容易引起歧义。据此共删除 24 个词语。除此之外，被试还反映有些词语虽然意义比较熟悉易懂，但在现代却不是特别常见的，所以建议用现代常用词来加以替代。这样的词语共有 8 对，譬如，"喜显山露水的"被替换为"喜炫耀的"。将上述词表呈现给四位人格心理学专家[①]，两位专家根据道家思想文化的要义，认为还应补充以下三个词语：有韧性的、外柔内刚的、忘我的。

在形成正式试测量表之前，研究者就上述 83 个词语在以下几个因素上进行了平衡：褒贬义；围绕某一核心大意的各相似词汇组中的各个词语的顺序；词语的长短（该词为两字、三字或四字词）。按七点自评由 1（完全不符合）到 7（完全符合）的形式，在 398 名大学生中进行了试测，在限定因素数目为 7 的条件下，按方差极大的主成分分析法，进行正交探索性因素分析，按共同度大于 0.35，因素负荷无双高（都高于 0.35）和双低（都低于 0.30）的标准，重复多次进行探索性因素分析，最终得到 45 个描述人的词语。在试测中一些被试反映描述人情绪情感的词汇与其他词语比较起来，感觉很突兀，因而影响了评定。鉴于此，遂将此 8 个描述人的情绪情感状态的词语改为了题项。

就余下的 37 个描述人的形容词[②]，按下述过程形成道家人格量表题项版。①请四名中文专业大三学生、两名心理学方向二年级研究生及一名心理学方向博士生，针对上述词汇及各组词汇的核心内涵，寻找能够表现、并与其实质内涵相一致的在现实生活中具有典型代表性的心理行为特征，并以句子的形式写下来，每个词形成两到三个最具典型性的句子。在形成句子中，既可以用日常生活中的典型心理行为特征造句（但句子中应尽量保证不出现该词），也可以查字典、词典，甚至还可以通过网络寻找恰当释义来形成描述人心理行为特征的句子。②研究者与另一名人格心理学方向博士生就所形成的题项进行讨论后，删除了其中一些只是简单复述该形容词的句子，如"我是一个比较谦退的人"。意义重复的句子，如"退一步海阔天空"与"面对竞争或无理的冲撞时，我通常会选择退让"。删除

---

① 对词表进行修改的人格心理学相关专家一共有四位：华中师范大学心理学院郭永玉教授、华中科技大学心理所陈建文教授、湛江师范学院郑剑虹老师及景怀斌老师。

② 因道家经典著作中体现或反映人之认知思维方式的内容，并非描述人的词汇，而是一些形象的故事、谚语或一整段话和句子，如"高下相倾""福祸相依"等。道家人格认知思维领域的联系、矛盾和变化并不能通过上述那些描述人的词汇得到反映。因此，道家人格量表题项版的编制中并未包含道家人格思维方式的（题项）内容。

明显带有评价色彩并极易引起社会期许的句子，如"大家都说我这个人待人处事谦让有礼"。以及一些明显带有争议，并可能引起评定者特定反应偏差的句子，如"我觉得枪打出头鸟还是挺有道理的"。③研究最终得到一个由43道题项（9道负向题，34道正向题）构成的道家人格量表题项（初测）版。

（二）项目分析

项目分析所用样本为102名大二、大三年级学生，其中男41名，女61名。共有32道题的区分度均大于0.30（占到74.4%），仅11道题的区分度低于0.30（占25.6%），但也大于0.20，这表明道家人格量表题项版各题项具有可接受的区分度。

（三）探索及验证性因素分析

样本1：用于探索性因素分析。本科生，共发放问卷205份，最终得到有效问卷196份，有效回收率为95.6%。被试的平均年龄为20.86周岁，标准差为1.22，其中男生101名（51.5%），女生95名（48.5%）；二年级104名（53.1%），三年级92名（46.9%）；管理类专业41名（20.9%），文科类专业52名（26.5%），工科类专业103名（52.6%）。

样本2：用于验证性因素分析。四所大学本科生，共发放问卷718份，最终得到有效问卷657份，有效回收率为91.5%。被试的平均年龄为20.80周岁，标准差为1.46。其中男生320名（48.7%），女生337名（51.3%）；一年级100名（15.2%），二年级323名（49.2%），三年级234名（35.6%）；管理类专业88名（13.4%），文科类专业115名（17.5%），医科类专业57名（8.7%），工科类专业351名（53.4%），农科类专业46名（7.0%）。

按照原始六维（谦退、超脱、寡欲、柔韧、自然和本真）构想①，将抽取因子数限定为6，以方差极大的主成分分析法，进行正交探索性因素

---

① 原始构想的维度包括自然、本真、静、躁、联系、矛盾、变化、柔韧、谦退、超脱和寡欲［详见涂阳军、郭永玉，2011，《道家人格结构的构建》，《西南大学学报》（人文社会科学版）第1期，第18~24页］。而在针对词汇部分的测量研究中（详见涂阳军、郭永玉，2014，《道家人格的测量》，《心理学探新》第4期），在限定因子数目为10的条件下，重复进行探索性因素分析。结果发现："静""躁"两个维度聚合为一个维度，除此之外，原始构想的维度结构都得到了比较清晰的复现。然而，道家人格思维特征的联系、矛盾和变化维度以及反映情绪情感特征的"静"和"躁"维度并未纳入题项版的测量研究中。

分析。删除共同度小于 0.30 的 4 道题（题 5、题 8、题 34 和题 40）以及在两个维度上的因素负荷都超过 0.35 的 9 道题（题 7、题 12、题 13、题 23、题 28、题 29、题 33、题 42 和题 43）。随后按同样方法，再次进行探索性因素分析，仍有 3 道题（题 2、题 16 和题 41）有双高负荷，予以删除，最终形成一个六维度、共 27 道题的道家人格量表题项版。探索性因素分析结果见表 1。

表 1　道家人格量表题项形式的探索性因素分析

题项	因素名/因素负荷						共同度
	柔韧	超脱	自然	寡欲	本真	谦退	
题 1	− 0.100	− 0.199	0.243	**0.712**	0.125	− 0.088	**0.640**
题 3	− 0.116	− 0.140	0.050	0.189	**0.698**	− 0.050	**0.561**
题 4	− 0.284	− 0.032	− 0.134	− 0.176	0.073	**0.545**	**0.433**
题 6	**− 0.674**	− 0.031	− 0.004	0.225	0.081	0.014	**0.513**
题 9	0.243	**0.533**	− 0.107	− 0.041	0.007	− 0.173	**0.386**
题 10	0.237	0.081	**0.554**	0.101	0.057	0.176	**0.414**
题 11	**0.673**	0.147	0.167	0.068	− 0.075	0.052	**0.515**
题 14	0.061	− 0.021	0.146	**0.668**	− 0.024	0.300	**0.563**
题 15	− 0.082	0.008	− 0.337	**0.547**	− 0.104	0.298	**0.519**
题 17	0.121	**0.613**	0.192	0.020	− 0.056	0.148	**0.452**
题 18	**− 0.448**	0.173	− 0.041	0.054	0.084	0.354	**0.368**
题 19	− 0.126	0.093	**− 0.772**	0.084	0.098	0.112	**0.650**
题 20	− 0.068	**0.534**	0.011	− 0.065	0.028	− 0.410	**0.462**
题 21	0.080	**0.623**	− 0.187	− 0.007	− 0.113	− 0.146	**0.463**
题 22	**0.502**	0.253	0.265	0.113	0.023	− 0.019	**0.401**
题 24	− 0.037	0.022	− 0.147	**0.633**	0.017	− 0.131	**0.441**
题 25	0.133	0.168	**0.772**	− 0.009	− 0.104	0.073	**0.658**
题 26	− 0.011	− 0.118	0.041	0.152	0.072	**0.642**	**0.457**
题 27	− 0.003	− 0.107	− 0.129	0.144	**0.563**	0.273	**0.441**
题 30	0.106	− 0.113	0.156	0.021	0.122	**0.563**	**0.381**
题 31	− 0.018	**0.605**	0.250	− 0.056	0.085	0.058	**0.443**
题 32	**0.754**	0.203	0.090	0.096	0.038	0.091	**0.637**
题 35	− 0.050	**0.692**	0.039	− 0.046	− 0.073	− 0.089	**0.498**
题 36	**− 0.591**	0.178	− 0.096	0.157	0.026	0.093	**0.424**

续表

题项	因素名/因素负荷						共同度
	柔韧	超脱	自然	寡欲	本真	谦退	
题 37	0.041	0.155	0.105	−0.177	**0.524**	−0.002	**0.342**
题 38	−0.222	−0.083	−0.177	−0.069	**0.403**	0.111	**0.267**
题 39	0.034	0.003	−0.053	−0.005	**0.745**	0.062	**0.563**
特征值	3.744	2.534	2.021	1.757	1.502	1.332	
解释率	13.867	9.385	7.486	6.509	5.564	4.935	47.745

注：黑体数字为原始构想属于对应维度下的题项的因素负荷。

从表 1 探索性因素分析的结果来看，其结构与原始构想大体一致。柔韧、自然和谦退维所属题项与假设完全一致，但仍然有少数几道题在维度归属上发生了变更，谦退维的"题 20：别人说我锋芒毕露"以及自然维的"题 15：纵使新环境不如从前，我也安于处之"分别变更到了超脱维和寡欲维。从题项 20 的内涵来看，"别人说我锋芒毕露"本身就表示自己喜欢彰显自己，有骄傲自满和炫耀之意，这也是超脱维应有之意，所以予以保留。而寡欲维的核心是人与外物的关系，题 15 中所指的"新环境"，在大学生被试看来，可能被理解为了物质生活环境，所以该题在探索性因素分析中负载到了寡欲维，然而考虑到寡欲维所属题项数量比较少，因此仍将题 15 予以保留。题项变更最大的是本真维，其维度下的 5 道题，仅有两道与原始构想一致，而"题 27：我讨厌将事物毫无根据地夸大"变更到了超脱维，"题 37：我非常在意别人的表扬或批评"变更到了自然维，而"题 38：我时常省思自己"则变更到了谦退维。从题项内容来看，题 27 表示对事物的虚夸，题 37 表示对真实自我因外界评价而产生的背离，题 38 表示对自己真实自我的探求。因此都是对物、人和己背离本真原始面貌的一种描述。其与本真维的内涵也比较一致，因此予以保留。

就上述六个维度，在样本 2 中进行了验证性因素分析，分析结果表明：$\chi^2/df = 3.74$，RMSEA $= 0.065$，GFI $= 0.91$，CFI $= 0.93$，IFI $= 0.93$，NNFI $= 0.92$，各拟合指数均在 0.90 以上，RMSEA 小于 0.08，卡方自由度比小于 5，表示模型拟合良好。

（四）道家人格量表题项形式各题项与其所属维度间及各维度间的相关

道家人格量表各题项与其所属维度间的相关（绝对值）界于 0.389 ~

0.795，且绝大多数均在0.60以上，各题项与其无归属关系的维度间相关（绝对值）均较低，这表明各题项与其所属维度间关系紧密，共同反映了该维度的内涵。从道家人格量表题项版各维度间的相关（绝对值）来看，各维度间均具有中等略偏低的相关（绝对值），相关（绝对值）界于0.157～0.444，高于0.30的相关系数的个数为4，占到总相关系数个数的26.7%，而介于0.20～0.30的相关系数的个数为9，占到60.0%，这表明各个维度间既有适度的关联，有着内在的联系，为一个统计整体，又有适度的区别，并非可以相互替代或意义重合或统计上不独立的维度，这样既保证了道家人格量表题项版内部各维度间有一定程度的联系，也保证了各维度间有一定的区别。

（五）道家人格量表题项版的信度

道家人格量表题项版内部一致性系数及间隔一月后的重测信度系数见表2。柔韧、超脱、自然、寡欲和本真维的信度系数均高于0.60，但谦退维内部一致性 α 系数仅为0.430，重测信度系数也仅为0.528。

表 2　道家人格量表题项版的信度系数

	柔韧（6）	超脱（6）	自然（3）	寡欲（4）	本真（5）	谦退（3）
α	0.704	0.690	0.654	0.593	0.576	0.430
重测信度	0.685	0.721	0.643	0.622	0.647	0.528

注：所用样本为54名大二学生，其中男生21名，女生33名。括号内数字为该维度下的题项数。

（六）道家人格量表题项版与词汇版的关系

研究将道家人格量表题项版与词汇版进行了相关分析，并分别以题项和维度为单位进行了探索性因素分析。道家人格量表题项版与词汇版对应维度的相关关系研究中，样本为76名二年级大学生被试，平均年龄为19.84周岁，标准差为0.87。其中男生23名（30.3%），女生53名（69.7%）；管理类专业21名（27.6%），文科类专业41名（53.9%），工科类专业14名（18.4%）。研究结果表明，道家人格量表题项版与词汇版超脱、自然、柔韧和寡欲维间相关（绝对值）较高，分别为0.629、0.569、0.560和0.504，然而道家人格词汇版与题项版谦退维与本真维间的相关（绝对值）较低，分别为0.343和0.245。

研究将道家人格量表词汇版与题项版各题标准化后，在题项水平进行探索性因素分析，以考查题项版与词汇版各题是否负载于原始理论构想的维度上。样本为471名大学生，平均年龄与标准差20.89±1.68，其中男生284，女生187名。按原始理论构想，在限定因素数目为6的条件下，以方差极大的主成分分析法进行正交探索性因素分析，KMO值为0.859，Bartlett球形检验显著（$p<0.001$），这表明适合进行探索性因素分析。因素分析的结果表明：道家人格量表题项版柔韧、超脱、自然、寡欲、谦退维各题项均负载于原始构想的各维度上，然而原始构想负载于本真维的题27和题38负载到了谦退维，而题37负载到了寡欲维。

研究又在维度层面进行了进一步的探索性因素分析，以考查道家人格量表题项版与词汇版在维度水平的聚合形式。所用被试为68名大学生，其中男生24名，女生44名。所用方法与上面相同，KMO值为0.672，Bartlett球形检验显著（$p<0.001$），这表明适合进行探索性因素分析。研究结果表明：道家人格量表题项版各维度均只在各自对应维度上有高负荷。

总的来看，在道家人格量表题项版的编制过程中，研究首先基于文化影响人格的相关理论，就道家文化影响中国人人格特征形成的视角，再结合人格心理学领域中有关人性论是人格理论之出发点的基本观点，通过对道家人性论的分析以及老庄经典著作中有关理想人物的描述，得到了道家人格结构理论模型。结合对道家人格的概念界定，研究进一步对老庄经典著作中描述人的形容词进行了内容分析，并在多次反复归纳、梳理、分析整理中得到了道家人格量表词汇（初测）版，在此基础上，最终形成了道家人格量表题项版，它仅包括了意、行和自然本真三大部分，以及柔韧、谦退、超脱、寡欲、自然和本真六个维度。由形成理论、建构模型再到形成正式的量表，保证了道家人格量表具有良好的内容效度。从各题项与其所属维度的关系以及各维度间的关系来看，道家人格量表题项版有着可接受的结构效度，验证性因素分析也表明道家人格结构理论模型中原始构想的结构模型在样本中得到了初步证实，这也为道家人格量表的结构效度提供了支持。

二 反思

从表1的结果来看，谦退和本真维发生了较大变动。这一变动可能与基于词汇假设（按道家经典－道家人格词汇－道家人格题项的路径）的量表编制过程有关，表现为在量表编制的整个过程中，道家人格原真整体意义的支离破碎与信息流失。在《老子》书中，"真"字出现了三次，分别包含了"物之实在为真""质之纯朴为真"两层不同的含义（陈静，1998）。究其本质而言，真即为"自然"，其包含了"'自然而然'、'本性使然'和'自然界的'几层含义"（郑开，2007）。庄子则认为，本真之人是依乎道顺乎天之人："真者，所以受于天也"（《庄子·渔父》），描述古之真人能够"不逆寡，不雄成，不谟士"（《庄子·大宗师》）。庄子眼中的本真之人，不会用心智去谋划一切，不会以人涉天，能做到齐生死，忘是非，其核心品格为恬淡而虚静、安时而处顺、无情又无己、逍遥以自适（若水，1999）。在道家人格量表词汇版中，本真维的词汇包括率真的、率性的和真挚的。而在道家人格量表题项版中，本真维的典型题项包括"我做事往往随着自己的性子，不在意别人的眼光和看法"以及"别人说我这个人待人真挚诚恳"。然而，尽管老子所言本真包含了率真、率性和真挚之意，但也包括了"合道""顺道"的内涵，而人格形容词几乎无法捕捉到此内涵，而庄子神话般对"真人"的描述就更难用人格形容词来加以描述了。因此，由道家经典至道家人格词汇的过程中流失了道家人格的部分内涵，而由道家人格经典至道家人格题项的过程中，其内涵流失就更明显了，具体表现为：尽管随性行事和真挚诚恳内涵于老庄本真之意中，但前提是"自己的性子"合乎"道"，乃本真之性，如果没有合"道"之性、得"道"之心，仍不能称为本真。

　　另外，就谦退维而言，老子所讲谦退之人，表现为不但不争，正所谓"水善利万物，又不争"（《老子·八章》），还"不敢为天下先"（《老子·六十七章》）。在心理行为层面，表现为处事谦退有礼并懂得谦退之道，"后其身而身先，外其身而身存"（《老子·七章》），所以"圣人"终能做到"自见不明；自是不彰；自伐无功；自矜不长"（《老子·二十四章》）。因此，老子所言之谦退显现了十分丰富复杂的内涵，其受到了各个不同层次的环境特征及个体独有特征的共同影响，表现为同为谦退行为，在不同的环境与情形下，却表现出了不同的价值取向和意蕴。"谦退"既有可能反映了对人之社会性的背离以及与社会的疏离，也有可能反映了在行为上谦退的同时，其目的实为"以退为进"的急进之举。就道家人格谦退维代表性词汇"能忍让的"和"辞让的"（谦逊推让）而言，很显然，经由道家经典至道家人格词汇选择的过程，这些词汇也仅体现了老子谦退的基本行为特征，部分损失了老子谦退的前提：对"道"的体认和敬畏。而道家人格量表代表性题项"我会有意掩藏自己的才能和抱负，以免引起别人的注意""面对竞争或无理地冲撞时，我通常会选择退让"更是如此，因为凡属"有意"而为之事，往往很容易违反"本真"之性，而违背"本真"之性的谦退并非真正的"谦退"。

总的来看，编制道家人格量表题项版的过程，也是道家人格整个原意逐渐流失的过程，其结果一方面会在一定程度上影响量表的效度，就本研究而言，主要是谦退维和本真维；另一方面，这一结果也从根本上体现了试图将因素分析方法用于对文化（心理行为特征）人格进行测量的尴尬和缺陷，其突出体现在特质因素（方法）论与整体人性观的矛盾方面。

因素分析是一种通过对某项综合指标的变动原因按其内在的组成因素进行顺次逐个分析的分析方法（汪慧玲、顾玲琍，2006），过去十几年里，探索性因素分析在国内心理学研究中开始得到广泛应用（范津砚等，2003），使用该方法能够使研究者把一组反映事物性质、状态、特点等的变量简化为少数几个能够决定事物本质特征的因素，能够对可观测的事物在发展中所表现出的外部特征和联系进行去伪存真的处理，能够使复杂的研究课题大为简化，并保持基本的信息量（王晓钧，1997）。因素分析法的这一优势与人格特质论几乎不谋而合。在特质论者看来，人格特质具有跨时间的稳定性和跨情境的一致性，其作为描述人格基本结构的单元，所标识的是那些一致的、相互关联的行为模式和可辨别的、稳定的个体差异（杨子云、郭永玉，2005）。特质论自诞生以来已经引发了大量的研究，人格心理学的有关期刊充满了各种关于人格特质的调查，每年都有新的人格特质量表被编制出来并投入实际应用（郭永玉，2005），而其中用得最多、最有效的方法就是因素分析法。况且自特质论之始，因素分析法就与之相伴，如卡特尔将因素分析法应用于建构人格理论并编制人格测量量表（16PF），艾森克利用因素分析法编制的艾森克人格问卷，奥斯古德等编制的语意分析测验等都受益于因素分析法。甚至可以这样讲，一份人格量表发展史几乎可以简化为因素分析方法史。近些年来，我国张建新等学者编制的中国人个性测量量表以及王登峰等学者在编制中国人人格量表中也都采用了因素分析法，人格差异研究的标志性研究成果"大五"也采用了此方法。尽管特质描述具有非情境性和可比较性的优势，但它本身所关注的都只是些现存、静止的东西，只是描述而非解释人格，只是提示内容而非探讨过程，只是分析结果而非寻找原因（郭永玉，2005），因此，基于因素分析法的特质单元不足以解释全部的人格现象（杨子云、郭永玉，2005），这一缺陷在编制道家人格量表题项版中表现得尤为明显。

在老庄看来，只有秉持"自然本真"的人性观及追求人性"自然本真"的人，才是真正的道者，而人性论中"自然本真"必须浸透到人之心理行为的各个层面，最终表现为从整体上显现出一种自然本真的生活风格，追求真、朴，主张顺自然之理。思维上能够以联系、矛盾和变化的观点来看待万事万物。情绪情感上主虚静、逍遥而游于心，并凝神专注，内心宁静、平安、安详而不会躁动不安。意志品质上行事坚持、持久、灵活。待人方面不但能做到不与人争，还懂得谦退和辞让，更懂得包容与宽容他人，也注意敛藏自己的锋芒，而达至和光同尘之境。在对己方面，力求挣脱社会对自我的束缚和约束，超脱一己之私或一己之观，并在回归自然中，凸显出人之主体和自然性，从而获得"旁观者"的批判性视角，追求独立思维和自主自立。在接物方面，于物寡欲、俭而知足。因此，真正的道者（道家人格）应在人性观和知、情、意、行各个方面整体上显现出合"道"的特征（见图2），仅在其中任何一个维度为高分并不足以称为真正的"道"者。譬如，行为表面上的超脱，既可能反映了与社会的隔离和逃避，也可能反映了个体面对人之异化和社会冲突时的短暂的权宜之计。行为表面上的柔韧，既可能是一种"刚性"的"积极有为"，具有无比灵活性的持续与持久，也可能是一种带有"自然无为"色彩的消极不作为。由此看来，因素分析得到各维度只有在表征人性之自然本真的内容时，才具有"道"的内核和道家人格的典型色彩。因此，就因素分析所得任一维度而论，如处事谦退、意志柔韧、处世超脱等，如果不结合具体情境以及该人之行为意图，尤其是其内含于各维度的道家"自然本真"的人性观，旁观者可能根本无法区分其行为到底为"儒"还是为"道"，抑或其他，要对此进行有效的区分，须将因素分析得到的知-情-意的整体特征，在道家人性论层面进行整合的思考与分析，方能有所定论。

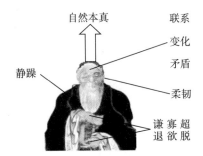

图2　道家人格整合人性观（自然本真的人性论与知-情-意-行心理行为特征）

　　另外，老子对"道"的阐释也体现了道家人格知-情-意-行的整体特征及整合的人性观。老子认为，"道"为天地之母，乃"玄牝之门"，它"独立不改"，生万物，万物合道抱德。"道""周行不殆"，循环往复运动不止。"亦隐亦无"，其作用含藏于事物之"反"和"返"中。它是"自然"的，所以也是"无为"的，因此无强求的意志和"强作妄为"之举。
正因为是"无为"的，所以是"无不为"的，它遵循了万事万物本身的规
律，也即"道"。如果我们强用动态图来表示老子所言道的创生与复归的
整个过程，那么可以参看图3。

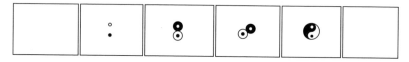

图3 老子"道"的诞生及变动

图3中，"道"在变动的每一阶段均具有整体性，这一整体性特征落
脚到思维方式上，使"道"家人格具有了整体的整合特征。老子认为，明
道者能够以联系、转化、运动的整体观来看待周围的人、事、物，这一整
体思维观浸透进了对道家人格本身的认识中。而且研究还发现，道家人格
量表题项版处于同一领域下的不同维度间，往往表现出在性质上两极相对
的特性（强度相当，但正负号恰好相反）。谦退、寡欲与超脱〔相关（绝
对值）分别为 - 0.287 和 - 0.292〕，谦退与寡欲〔相关（绝对值）为
0.355〕，自然和本真〔相关（绝对值）为 0.375〕。但属于不同领域的各
个维度，其关系却表现出一种层级特征。自然本真在道家人格各维度关系
中处于顶层，尽管道家结构理论模型中知 - 情 - 意 - 行置于同一层面，但
因应处世层面的谦退、超脱和寡欲似乎受制于知 - 情 - 意三个领域，研究
结果确表明知 - 情 - 意三个领域各维度的组合具有共变关系，共同影响并
制约着因应处世（行为）。因此，通过因素分析法编制的道家人格量表题
项版，其效度最终只能体现在对各维度及道家人性观的整合考量而非单个
维度的简单分析中（见图4）。

图4中，对道家人格题项版任一维度的单独考查，均离不开对其他领
域各个维度的整体分析。如谦退，其内涵只有对应道家"自然本真"的人
性论，情绪情感的静，思维方式的联系、变化，意志品质的柔韧以及因应
处世行为层面的寡欲等特征，才能确保其作为道家人格某一维度的效度。
因此，对道家人格有效性的检验单位不会是单个维度，而应为不同领域各
维度的整合模式，这一模式贯穿于"道"的内涵，道家人性论，知 - 情 -
意以及因应处世行为领域。这样一来，道家人格整合人性观与因素分析方
法间就在人格模式的组合层面取得了平衡，尽管此种解释和处理方法，表
面上平复或暂缓了因素分析法与整合人性观间可能的矛盾与冲突。然而，
蕴含于因素分析法中的西方分子式思维方式与中国文化的整体性思维方式

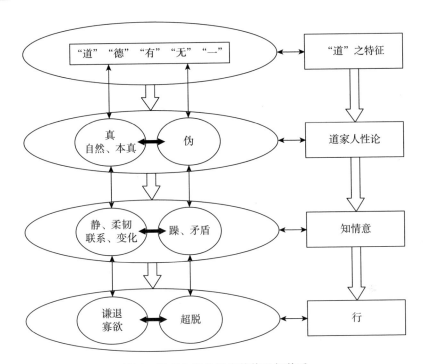

图 4　道家人格各维度整体层级关系

说明：图 4 中，圆框或方框表示其中的内容是一个有机的整体，竖排的虚单箭头表示道家人格的层级关系性，而横排的黑色双箭头表示相互对应，在层次上属于同一个层级，在内涵上互通或相对，并且是一个有机的整体。竖排的双黑色实箭头表示道家人格各维度是一个由"道"之特征，道家人性论，人性心理之知－情－意，再到行的一以贯之的有机整体。

间仍存在着巨大差异，其影响了中西方民众对本国文化心理行为特征的基本认识。西方思维方式的基点是个体性，在思维途径问题上，这种思维方式往往会把复杂的事物分解成简单的要素，逐个进行研究，因而更多的是强调逻辑分析；而中国思维基点则是整体性，这种整体性思维方式会把事物作为有机整体，进行笼统的直觉综合（陈喜乐，1991）。尽管现代科学思维和模糊思维体现了中西思维方式的整合与合流，但从根本上说，由于思维方式对文化创造的本源性作用，中西思维方式差异便必定意味着中西文化在总体上的重大不同，而本源性思维方式不变性倾向，则意味着这种重大不同将会持久地存在（王南湜，2011）。由此，中西思维方式间的巨大差异引致了中西文化整体（进而对心理行为特征的影响）的差异，但深究起来，其背后仍潜藏着这样一些根本性的难题：生发于西方文化的研究方法与生长于中国文化内独特的心理行为特征间是否适应？如若不适应，未来有关文化心理行为特征的测量应采用怎样的方法？一些学者对此问题进行了初步的尝试性探索。

中国古代对人心理行为的测量集中体现在"知人""任人"方面，其情境特征尤为明显。《文王官人》篇的"六征"（在情境中观诚与考志）（燕国材、卞军凤，2009），刘劭《人物志》中的"八观"与"五视"（侯琦，1999），《鬼谷子》中的主要由言语诱导的情境测验（燕良轼，2004），诸葛亮《心书》中《知人性》篇提出的七种知人方法中，前四法（问、穷、咨、告）系借助于言语的情境测验法，而后三法（醉、临、期）强调给予某些情境刺激以观测所诱导出的心理与行为的反应，这些均属于情境测验法的范畴（陈社育，1999）。所谓情境测验法是指通过预先设置场景或环境来观察被测者在这个情境下的表现情况（主要是心理变化），从而判定其品质和能力等差异的方法（赵佳宾，2012），中国古代的情境测验中，所使用的情境既有实际生活的情境，又有专门设计的情境，这些情境会涉及人生的必要经历，此种"知人"中的情境测验不仅有单情境测验也有多情境测验，而且多情境测验一直被认为是中国古代心理测验的一个特色。如诸葛亮《知人性》篇中就创设了七种情境，《孔子集语》中则记载了一种在九种情境下来观察一个人的"九观法"，这些多情境测验不仅从多个维度来测试人的心理品质，而且通过情境的不断变化来考察，从而达到了对人进行综合的、全面的、系统的、发展的考察（王惠，2006）。总的来看，中国古代这种主要基于情境的测验法兼顾了情境与个人、情境与情境以及二者间整体互动的关系，契合了中国人认知自己和他人心理行为特征的整体性思维方式特征，就对道家人格的测量而言，情境测验法能够在任一情境中对个人做整体的考察，能将任一个体在任一情境中的道家人格各维度的特征进行整体考察，这在一定程度上克服了因素分析法分条缕析、最终落脚到单一因素的缺陷。然而，情境测验法精于定性、疏于定量的特征使其至今未被现代科学的心理测量（严格的测量编制程序及信度、效度检验）所接纳、所消化（燕良轼，1999）。尽管源自西方的情境判断测验（Situational Judgement Test，SJT）近年来已然成为最受重视的主题工具之一（邱皓政，2012），学者们也从情境测验构想的构想效度，与工作绩效相关的效标关联效度以及相对于认知能力和人格测验的递增效度等角度，对情境判断测验的效度进行了全面探讨（刘晓梅等，2011），然而，目前学术界对情境判断测验的构想效度的意见分歧仍较大（陈晶、车宏生，2006），而且同为情境测验法，中西方间的异同及适应性仍需进一步探讨。

三　局限与展望

本研究所基于的理论假设是：传统道家思想和文化将影响现代人心理行为特征的形成，并在现代人身上依然存在，而且会显现于人格层面，表现为心理行为方面具有道家思想文化推崇的典型特征。因此就整体而言，研究的立足点仍然是过去，对道家人格各维度内涵及关系的解释仍然源自传统道家思想。这一"过去取向"或"过去人取向"的人格心理学研究结果，在现代社会中可能要冒被"束之高阁"的风险，而突破此一局限并化解可能的风险，就需要把研究的视角和立足点置于现代社会、现代中国人、现代中国之时事之上，并努力"从中国的实际出发"（黄希庭，2001），"到生活实践中去解决我国经济社会发展中有关人格心理学的问题"（黄希庭，2004），这也是人格研究中国化的内在要求。具体而言，在中西文化的剧变与冲突中，中国社会发生了许多矛盾冲突的现象，如长江大学大学生救人事件、毒奶粉事件，这些矛盾冲突现象中包含着中国人之人性心理行为特征方面的内容，尤其是与中国传统儒道互补文化有关的部分，对这些矛盾冲突现象加以分析，并抽取该现象矛盾冲突中的人性心理行为层面的本质要素，借由访谈、个案，尤其是情境及实验室实验法，以对该现象背后的人格因素进行深入的探究，这将为道家人格的利与弊、好与坏、适应与不适应现代中国社会之发展及其内在运作的原因给予很好的说明与解释。

本研究通过理论建构道家人格结构模型，再就道家经典著作中有关人的心理行为描述的词语来编制形成道家人格量表，系一种"自上而下"的研究理路。但从本研究整个研究过程及研究结果来看，研究中纳入对典型道家道教代表人物的质性研究不但是适合的，也是需要如此的。很明显，这些质性材料能够对本研究之认为"传统道家思想文化影响了现代中国人之人性心理行为特征的形成与表现"的假设提供进一步的支持，也能够进一步深化对本研究结果的理解，进一步厘清道家人格各维度的丰富内涵。因此，未来研究需要综合考虑"自下向上"的研究理路，以及其与"自上而下"研究理路的整合。

本研究建构了道家人格结构的理论模型，并由此编制形成了道家人格量表题项版。但对各维度的内涵并未进行深入的探究，如谦退似乎有几种不同的类型，超脱的表现形式是怎样的；超脱是否有质的变化；是否与西方的个体独立自我仍有本质的不同；道家之辩证思维与西方矛盾辩证思维是否有所不同；道家意志之柔韧似乎在行为层面与儒家之"积极有为""明知不可为而为之"具有一致性，而在现实生活中就人的行为特征，对此二者该如何区分。最后，未来研究中需要重新编制具有特定针对性的道家人格认知思维方式量表。

参考文献

陈晶、车宏生，2007，《情境判断测验的研究进展》，《心理学探新》第 4 期，第 78～82 页。

陈静，1998，《"真"与道家的人性思想》，陈鼓应主编《道家文化研究》（第十四辑），生活·读书·新知三联书店。

陈社育，1999，《我国古代心理测量思想述评》，《江苏教育学院学报》（社会科学版）第 4 期，第 48～53 页。

陈喜乐，1991，《中西思维方式之比较》，《厦门大学学报》（哲学社会科学版）第 4 期，第 85～90 页。

范津砚、叶斌、章震宇、刘宝霞，2003，《探索性因素分析最近 10 年的评述》，《心理科学进展》第 5 期，第 579～585 页。

郭永玉，2005，《人格心理学》，中国社会科学出版社。

侯琦，1999，《刘劭〈人物志〉识人用人心理探析》，《理论探讨》第 6 期，第 73～77 页。

黄希庭，2004，《再谈人格研究的中国化》，《西南师范大学学报》（人文社会科学版）第 6 期，第 5～10 页。

黄希庭、范蔚，2001，《人格研究中国化之思考》，《西南师范大学学报》（人文社会科学版）第 6 期，第 45～50 页。

刘晓梅、卞冉、车宏生、王丽娜、邵燕萍，2011，《情境判断测验的效度研究述评》，《心理科学进展》第 5 期，第 740～748 页。

吕锡琛，1999，《道家与民族性格》，湖南大学出版社。

邱皓政，2012，《识时务者为俊杰？情境判断测验在心理测验上的发展与应用》，《心理学探新》第 5 期，第 439～446 页。

若水，1999，《〈庄子〉对理想人格的塑造》，《中国道教》第 3 期，第 10～14 页。

汪凤炎，2003，《刍议中国文化心理学》，《赣南师范学院学报》第 3 期，第 29～35 页。

汪慧玲、顾玲琍，2006，《因素分析法的局限及其微积分修正》，《统计与决策》第 7 期，第 136～138 页。

王登峰、崔红，2005，《解读中国人的人格》，社会科学文献出版社。

王惠，2006，《中国古代"知人"中的心理测量思想》，《扬州教育学院学报》第 4 期，第 47～50 页。

王南湜，2011，《中西思维方式的差异及其意蕴析论》，《天津社会科学》第 5 期，第 43～52 页。

王晓钧，1997，《因素分析法及其在智力和人格测量中的应用述评》，《深圳大学学报》（人文社会科学版）第 1 期，第 74～79 页。

燕国材、卞军凤，2009，《大戴礼记》的心理测验思想，《心理科学》第 5 期，第 1026～1029 页。

燕良轼，1999，《中国古代心理测验及其特色与价值》，《心理科学》第 2 期，第 132～135 页。

燕良轼，2004，《鬼谷子的测谎心理思想研究》，《心理学探新》第 3 期，第 15～18 页。

杨波，2005，《古代中国人人格结构的因素探析》，《心理科学》第 3 期，第 668～672 页。

杨秀莲，2007，《西方文化与人格研究的历时态考察》，《学习与探索》第 2 期，第 77～79 页。

杨子云、郭永玉，2005，《人格分析的单元——特质、动机及其整合》，《华中师范大学学报》（人文社会科学版）第 6 期，第 131～135 页。

赵佳宾，2012，《中国传统文化中的心理测评思想》，《黎明职业大学学报》第 1 期，第 19～22 页。

郑开，2007，《道家心性论及其现代意义》，陈鼓应主编《道家文化研究》（第二十二辑），生活·读书·新知三联书店。

Development of Taoism Personality Item Version Scale and its Rethought

Tu Yangjun, *Guo Yongyu*

Abstract：In view of the perspective of human nature − psychology − behavior influenced by Taoism ideology and culture, and each personality theory inherently includes some kind of thoughts about human nature, the authors discussed the operational definition about what is Taoism Personality：influenced by traditional Taoism ideology and culture, the Taoism Personality includes many traits reflecting on the cognitive, emotion/feeling, willness and behavior which are congruent with the nature of Taoism. Based on the theory analysis, the authors picked 486 words describing people's personality from the classical Taoism books, finally remain 37 words by meaning analysis and pretest with several times, and also develop the original version of Taoism Personality Item Scale with a six dimensions' structure (including ZiRan, BenZhen, RouRen, QianTui, ChaoTuo and GuaYu) which is supported by the following the Confirmatory

Factor Analysis (CFA). The reliability coefficient (α) and test - retest reliability of the all Taoism Personality Item Version dimensions respectively distribute from 0.430 to 0.704 and from 0.528 to 0.721. The correlations of items - dimensions and dimensions - dimensions respectively (absolute value) distribute from 0.389 to 0.795 and from 0.157 to 0.444. The authors rethought the results and point out: (1) there is a conflict to a certain degree between trait theory with factor analysis method and Taoism integrating human nature, which may be detrimental to the validity of the Item Version Scale. (2) in order to understand the Taoism Personality, it is necessary to apply the integration unit (not the dimension unit) with the level feature of the cognitive emotion willness behavior. (3) while Situational Judgment Test may be appropriate to as a tool to measure the Tradition Chinese culture features, its validity still remains open. The future research including: exploring the richer meaning of the dimensions of the Taoism Personality Scale by collecting richer qualitative data; development of the Taoism Scale of Way of Thought.

Key words: tradition culture; tao; taoism; personality; taoism personality; measurement

（责任编辑：胡庆英）

中国社会心理学评论 第 11 辑

第 45～72 页

© SSAP, 2016

中国人整体思维方式量表的编制与确认[*]

侯玉波 彭凯平 朱 滢[**]

摘 要：关于东西方思维方式差异的研究是近 20 年来文化心理学关注的热点问题。这些研究不仅有助于人们理解东西方人行为表现的差异，而且能够帮助人们更好地处理文化冲突，以正确的态度对待中国文化发展过程中出现的西化问题，并进一步促进东西方文化的交流和人们之间的相互理解。

本研究采取本土心理学的研究方法，以中国传统的辩证思维观念为理论基础，并以 Nisbett 和彭凯平等人的相关研究结果为材料，从理论和实践两方面深入探究了中国人思维方式的结构，并在此基础上编制出了中国人整体思维方式量表。通过对 2800 名被试数据的分析，总结出了中国人整体思维方式的三维结构：联系性、变化性和矛盾性。其中联系性和矛盾性两个维度与辩证思维的研究一致，而变化性和其他两个维度呈负相关，这与人们日常观念和相关理论并不一致。本文还对中国人整体思维方式做了验证性因素分析，分析得出的结构模型信效度良好，表明这一测量工具适合于对中国人的研究。

本研究结果对于理解中国人思维方式的特点及影响有重要意义：随着心理学对东西方文化研究的不断加深，对思维方式的影

---

[*] 本研究得到国家自然科学基金项目"中国人思维方式的分类、传承与影响"（批准号 31171001）的资助，项目负责人侯玉波。

[**] 通信作者：侯玉波，北京大学心理学系教授，博士生导师，e-mail：houyubo@ pku. edu. cn；彭凯平，清华大学心理学系教授，博士生导师；朱滢，北京大学心理学系教授，博士生导师。

响也将越来越大，弄清楚思维方式影响中国人心理和行为的机制，将是未来这方面研究的主要课题。

关键词： 文化 思维方式 中国人整体思维方式量表 社会认知

引 言

思维方式（thinking style）是指人们在看待和思考问题时的一种基本倾向，它不仅反映个体处理问题的方式，而且也体现一个民族的文化特性（侯玉波等，2001，2002）。自 20 世纪 90 年代以来，随着心理学对文化研究的重视，对东西方文化、思维方式等问题的研究成为心理学研究的热门课题（Mead，1953；DeVos & Hippler，1969；Hofstede，1980；Hsu；1981；Hansen，1983；Markus & Kitayama，1991；Ferraro，1995；Peng，Nisbett，& Wong，1997；余德慧，1996；Chiu Chi-yue，2000；侯玉波等，2001；杨中芳，2009）。来自哲学、心理学、社会学、管理学以及文化人类学领域的学者们想知道：为什么东方人和西方人的思维方式有着如此巨大的差异？这些差异对理解不同文化中个人的行为有何意义？如何用科学的方式去衡量个体的思维特点？对这些问题的回答，成为思维方式研究最直接的推动力量（侯玉波，2004）。

Nisbett 和 Peng 等人把东西方思维方式的差异与东西方文明的起源联系在一起，认为东西方不同的本体认识论（folk epistemologies）造就了思维的差异（Morris & Peng，1994；Norenzayan，Choi & Nisbett，2002；Peng & Nisbett，1999）。在他们看来，中国人的思维方式是整体性的（holistic），这种整体性主要表现在两个方面：一是善于用辩证（dialectics）的观点看待和处理问题。中国人的辩证观念包含着三个原理：变化论、矛盾论及中和论。变化论认为世界永远处于变化之中，没有永恒的对与错；矛盾论认为万事万物都是由对立面组成的矛盾统一体，没有矛盾就没有事物本身；中和论则体现在中庸之道上，认为任何事物都存在适度的合理性。与中国人的辩证思维不同，西方人则更相信亚里士多德的形式逻辑思维，它强调世界的统一性、非矛盾性和排中性，认为一个命题不可能同时对或错，要么对，要么错，无中间性。

中国人思维的第二个特性是强调看问题时的整体性（entity），这种整体观念主要体现在对事物与其背景关系的看法上。Ji、Peng 及 Nisbett

（2000）等人发现，中国人在看待问题时所采取的认知取向是整体性的，强调事物之间的关系和联系，往往会把一个问题和它所处的背景结合在一起。与中国人相反，美国人则善于用分析式（analytic）的方式处理问题，强调事物自身的特性，善于使用分类等方法把一个事物从它所处的背景中分离出来。在 Nisbett（2003）等人看来，这种整体性与分析性的对立与东西方文明的传统有着密切的关系。Hansen（1983）、Moore（1968）等人认为，由于中国人历来强调人际关系，他们把世界看成是由交织在一起的事物组成的整体，所以中国人总是力图在这种复杂性的基础上去认识事物，对事物的分析也不仅限于事物本身，往往包括背景与环境。与中国人不同，源于古希腊文明的西方人则认为世界由无数个可以被看成是个体的事物组成，每一个个体都有自己的特性，并且这些特性是可以从整体中单独分离出来的，因此西方人更善于分析个体的特性，从而对事物的本质特性有更加清楚的认识。对东西方思维的这种对立用一句话来说就是：西方人见木，东方人见林。

　　Nisbett 等人的观点得到了许多实证研究的支持。在一项关于东西方归因模式的研究中，Morris 和 Peng（1994）发现中国人和美国人对社会事件的归因模式存在差异：中国人常常从个人所处的背景中理解行为，而西方人则强调个体的本质特性。比如一个人杀了人，西方人会归因于杀人者的内在特性，而中国人则认为是外界的因素促使他杀人。Peng 和 Nisbett（1999）还以中国人对矛盾的认知为基础，研究中国人和美国人对辩证格言的偏好、日常冲突的解决、辩证性论据的使用以及矛盾的处理等，这进一步证明了中国人思维方式的辩证性以及受辩证思维的影响（Spencer - Rodgers，Peng，Wang & Hou，2004；Spencer-Rodgers，Boucher，Mori，Wang，& Peng，2009）。

　　但是，这一方面的研究仅仅是开始，还有很多问题亟须解决，其中最首要的问题是：我们怎样衡量中国人的思维特性？Peng、Richard（1999）及 Nisbett（2003）等人从许多方面发现中国人辩证与整体思维的证据，并论述了什么是辩证思维与整体思维，但是这些论述还没有被操作化，缺乏衡量中国人思维特性的工具。香港学者赵志裕（Chiu Chi-yue）（2000）编制了一个测量中国人中庸思维的量表，但中庸只是中国人思维方式的一个层面，并不能从整体上衡量中国人的思维特性，所以构建一个用于测量中国人整体思维特性的量表成了目前这一领域研究的重点，本研究的目的就是要编制出一个这样的工具，使其成为测量中国人思维特性的有效工具，为以后进一步从事与思维方式有关的研究提供测量工具和理论指导。同时，由于考虑到测量量表的文化契合性，我们需要把对中国人思维特性的测量和对西方人思维特性的测量仔细加以区分。所以从策略上讲，我们将完全用中国人的资料来建构适合测量中国人思维方式的量表，这和跨文化心理学的思路有着本质的不同。本研究的主要目的就是确认中国人思维方式的结构，并在此基础上探讨思维方式对中国人认知过程的影响。

一 量表题目的撰写和初步选择

编制中国人思维方式量表的第一步，就是要撰写足够多的预试题目。在撰写题目的时候，我们考虑到了几个方面的因素：首先，由于我们把思维方式定性为信息加工和处理过程中的一种元认知特性，所以在撰写测试题目的时候，尽量避免情境对选择的影响。也就是说，我们所编制的题目尽量要抽象，要具有跨情境的一致性。其次，这些题目要有比较广泛的涵盖范围，包括人们在处理生活中许多领域问题时的思维取向，这些领域涉及对自己的认知观念、对他人的认知观念、对社会事物和人际交往的认识观念等。最后，这些题目的理论框架来自 Peng 等（1999）、Ji 等（2000）以及赵志裕（2000）关于中国人思维特性的假设。基于他们的相关研究，我们认为中国人的思维特性可以从五个方面加以衡量。

- 联系性：世界是普遍联系的，没有任何事物可以脱离其他事物而独立存在。
- 变化性：世界是不断发展变化的，没有静止不动的东西。
- 矛盾性：世界并不是精确和清晰的，而是充满矛盾的统一体。
- 折中性：中国人喜欢中庸之道，不喜欢做极端的事情。
- 和谐性：客观事物只有与其他事物放在一起的时候才有意义。

在撰写量表题目的时候，我们以这五个特性为框架，参照了 Peng、Nisbett（2000）等人关于中国人辩证思维的测量工具以及赵志裕等人关于中国人中庸思维的测量工具，编制了一个包含 35 个题目的量表，用以测量中国人的思维方式。该工具采用 7 点的 Likert 量表形式，其中 "1" 代表非常反对，"7" 代表非常赞成，"4" 代表中立，"2、3、5、6" 代表了不同程度的反对或赞成。在编制这些题目的时候，由于充分考虑到了这些题目的涵盖范围，因此量表不仅在心理成分上具有多元性，而且在内容范畴上也具有多元性，比如测量具有矛盾性的题目，既有像 "世界上充满无法解决的矛盾"这类涉及世界观判断的题目，也包括像"那些自称考虑问题两面性的人只不过是些优柔寡断的人"这类涉及对人评价的题目。

得到了这些题目之后，首先用这个量表对437名被试施测，选择的被试一半为大学生，一半为社会人士，主要来自北京、天津、广东和河北，被试的年龄在18~68岁，平均年龄为22岁，男性和女性的比例也基本持平。在收集到这些数据之后，我们分两步从量表中筛选题目。

第一步：专家确认

由三名从事社会心理学研究的专家对这35个题目进行深入分析，并根据研究的框架把这些题目所要测量的成分加以归类，在归类的时候允许把一个题目归到两个类别上。选择题目的标准是：如果一个题目被三名专家选择，并且有两名专家把它归到同一个维度上，那么这个题目就被保留下来，否则就被删除。通过这种方式最终保留了26个题目。保留下来的题目如"世界上充满了无法解决的矛盾"（涉及矛盾性），删除的题目如"大多数人的亲友会对这个人有相当一致的评价"。

第二步：根据数据分布筛选题目

在一个测量工具中，对题目需要有一定的区分度，也就是说没有一个题目的数据分布大体上呈正态分布，不能出现"天花板效应"（roof effect）和"地板效应"（floor effect）。为此，我们以最初的437人的数据为基础，对这26个题目逐一进行项目分析。分析采用两个标准：题目的数据分布图和区分度，保留那些数据分布大体上呈正态分布并且数据的前后两半有显著区分（平均数的t检验显著）的题目。通过第二步的选择，最终有17个题目符合上述标准，9个题目不符合标准而被删除。所以，最终保留下来的量表是一个有17个题目的工具，重新对其编号以后的简单形式如下。

　　　H01 每个人都有其核心的性格，它不随时间而改变。
　　　H02 很多看似孤立的事物实际上彼此关联。
　　　H03 一个人改变自己的时候，也改变了周围的人。
　　　H04 大多数人的本性不随时间而改变。
　　　H05 看上去没有关系的事物实际上常常是相互联系的。
　　　H06 我认为一个人的习惯是很难改变的。
　　　H07 我认为一个人的个性是终生不变的。
　　　H08 我时常改变自己，以与不同的人相处。

H09 我时常发现一件事情会有自相矛盾的时候。

H10 当我决定了要做一件事情的时候，我不再改变自己的想法。

H11 我衡量自己言行的标准是明确的。

H12 我的行为经常受环境的影响。

H13 我常常发现自己在处理一些问题时存在着前后矛盾的现象。

H14 我认为我的价值观与信念与我周围的人一致。

H15 我发现我常常会做一些自己不喜欢的事情。

H16 我的快乐取决于我周围人的快乐。

H17 我能够与同我有不同观点的人和睦相处。

我们构建的中国人思维方式的最初量表，就来自经过专家确认和项目分析两个步骤的 17 个题目。之后又收集了 2400 多人的数据，用于建构中国人的思维方式量表，并以这些数据为基础，确立中国人思维特性的结构和常模。用于构建中国人思维方式的样本共有 2859 人。表 1 是样本在各人口变量上的分布情况。

表 1　用于构建思维方式量表的样本

人口学特征	总体样本（2859 人）				
性别分布	男	1337	47%	女	1507	53%
年龄分布	10～12 岁	293	10.2%	13～15 岁	462	16.2%
	16～17 岁	325	11.4%	18～22 岁	1025	35.9%
	23～30 岁	387	13.5%	30 岁以上	367	12.8%
	平均年龄 20.84 ± 9.12					
受教育水平	初中及以下	940	33.1%	高中	432	15.2%
	大专	424	14.9%	本科及以上	1046	36.8%
婚姻状况	未婚	2443	85.8%	已婚	392	13.8%

注：性别分布中缺失 15 人；受教育水平中缺失 17 人。

二　探索性因素分析

为了了解样本是否适合做因素分析，首先对样本做适用条件检验，样本的 KMO 统计量为 0.728，根据统计学要求，如果 KMO 值在 0.70 以上就可以做因素分析，所以样本的数据符合因素分析的条件。

（一）因素选取与命名

以 2859 名被试在中国人思维方式量表上的评定原始作为原始变量，进行探索性的因素分析。采用主成分分析法，做正交旋转。结果特征值大于 1 的初始因子共有 6 个，这 6 个因子分别可以解释的变异为：17.0%、11.5%、7.9%、7.6%、6.7%、5.9%，根据碎石图（见图 1）的拐点以及解释变异的多少，抽取 2~4 个因素比较合理。但是，根据我们对每个因素中题目的分析，我们认为选取 3 个因素比较合理，因为 3 个因素的结构不仅在变异解释方面比较理想，而且基本上符合我们对思维特性的假设。

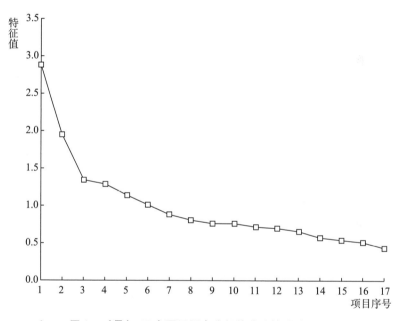

图 1　对最初 17 个题目因素分析的陡阶检验碎石图

之后又重复了以上步骤，同时在因素提取选项中设定了因素的数量，只选取 3 个因素。这时第 14 题和第 16 题因为共同度小于 0.3 而被删除。我们又重复以上因素分析的步骤，并按照载荷量绝对值和共同度均大于 0.3 的标准，删除了第 7 题和第 10 题。最后留下来的这 13 个题目的因素分析的碎石图（见图 2）和期望方差表如表 2 所示。

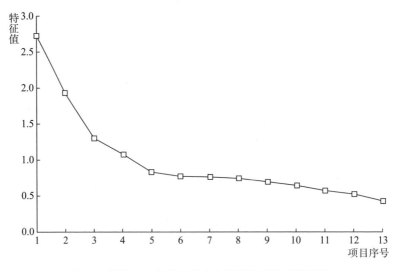

图 2　对最初 13 个题目因素分析的陡阶检验碎石图

表 2　对最终选定的 13 个题目因素分析的期望方差

因素	旋转前			旋转后		
	特征值	解释变异（%）	累积变异（%）	特征值	解释变异（%）	累积变异（%）
1	2.718	20.905	20.905	2.070	15.922	15.922
2	1.921	14.775	35.680	2.013	15.485	31.407
3	1.300	10.002	45.682	1.856	14.275	45.682
4	1.075	8.267	53.949			
5	.833	6.405	60.354			
6	.773	5.949	66.304			
7	.760	5.847	72.151			
8	.743	5.717	77.868			
9	.697	5.363	83.232			
10	.642	4.941	88.173			
11	.576	4.434	92.607			
12	.524	4.029	96.635			
13	.437	3.365	100.000			

抽取方法：主成分分析法。

从表 2 可以看出，这 3 个因素可以解释总变异的 45.682%，完全符合因素选取的标准。这 13 个题目在三个因素上的载荷量和共同度如表 3 所示。可以看出，这 13 个题目中有 4 个题目在因素一上有较高载荷，有 5 个题目在因素二上载荷较大，有 4 个题目在因素三上载荷较大。所以中国人的思维方式可以从三个维度来加以衡量。通过对三个因素所包含项目的仔细分析，给三个因素分别命名为：

　　因素 1——联系性：包括 4 个强调联系和相互影响的题目，这些题目衡量一个人对联系观念的看法，得分越高表明越倾向于用联系的方式看待事物。

　　因素 2——变化性：包括 5 个衡量不变观念的题目。为了与字面意思相一致，在记分的时候对这些题目反向记分，得分越高表明变化性越高。

　　因素 3——矛盾性：包括 4 个衡量矛盾和适应性的题目，得分越高，表明越喜欢用矛盾的观念看待和处理问题。

　　从表 3 可以看出，这些题目在三个因素上的共同度和载荷量均达到了理想的水平，没有题目在两个以上的因素上存在载荷。为了进一步了解这三个思维特性之间的关系，还计算了在总体样本中被试在三个维度上得分的关系，结果表明联系性和矛盾性之间存在着显著的正相关（$r = .382$，$p < .000$），变化性与联系性（$r = -.142$，$p < .000$）及矛盾性（$r = -.073$，$p < .000$）之间存在显著的负相关。在这里数据所揭示的内在含义是：联系性和矛盾性越高的人，看问题时的变化性越低。从这一点来看，对于中国人思维方式辩证性的（包含联系、变化和矛盾）理论需要修正，因为一般的观念认为中国人的这三个特征都高，所以这三个维度应该是聚合式的，但实际的结果表明是分离式的。

表 3　最终选取的 13 个题目在三个因素上的载荷量和共同度

题目序号	载荷量			
	因素一	因素二	因素三	共同度
H01		.763		.603
H02	.780			.707
H03	.682			.469
H04		.746		.580
H05	.722			.672
H06		.499		.457
H08	.358			.453

题目序号	载荷量			
	因素一	因素二	因素三	共同度
H09			.488	.409
H11		.618		.560
H12			.616	.448
H13			.779	.609
H15			.666	.465
H17		.471		.583

（二）项目分析

由于在预实验中已经考虑到了项目的区分度问题，在这里我们进一步考虑了题目的特征，计算了选定的 13 个题目的平均数、标准差以及题目与所属因素总分之间的相关。通过这一步骤我们想证明所选取的这 13 个题目的适当性，为此我们从几个方面考虑。

- 该题目的因素载荷大于 0.35
- 该题目与所属因素总分之间的相关的绝对值大于 0.40
- 该题目的平均数在 2.50 ~ 5.50
- 该题目的标准差大于 1.50
- 该题目与所属因素的其他题目之间的相关绝对值小于 0.50

因素载荷的指标已经由表 3 提供，可以看出所有题目均符合标准。每个因素内部题目之间的相关系数在 0.15 ~ 0.35，均达到了显著性相关水平，但都符合小于 0.50 的标准。这些题目之间存在着正相关表明这些题目在内在意义上是有联系的，所以它们被归于单一因素是合适的。另外，这些题目之间的相关小于 0.50，表明了这些题目不是同义的题目，从而使得量表从心理含义上讲具有较高的覆盖层面。表 4 提供了题目的平均得分、标准差以及与所属因素总分的相关（其中涉及变化性的题目反向记分），可以看出，以上我们所设定的条件完全被满足。另外，为了使得每个题目具有较高的区分效度，我们还把被试在每个题目上的得分分成高分组和低分组（各占 50%），T 检验的结果进一步证明了预实验中对区分度的考虑，每一个题目上的高分组和低分组，均在 0.001 的水平上差异显著。

表4　因素分析的代表性题目以及项目分析结果

所属因素	题号	人数	平均得分	标准差	与所属因素总分的相关
F2	H1	2847	3.74	1.97	.718**
F1	H2	2841	5.50	1.65	.752**
F1	H3	2847	4.60	1.80	.700**
F2	H4	2834	3.79	1.87	.692**
F1	H5	2836	5.41	1.53	.712**
F2	H6	2844	3.90	1.85	.528**
F1	H8	2836	4.09	1.78	.573**
F3	H9	2830	4.79	1.61	.634**
F2	H11	2840	3.65	1.78	.637**
F3	H12	2837	4.36	1.69	.684**
F3	H13	2838	4.11	1.67	.709**
F3	H15	2844	3.79	1.79	.687**
F2	H17	2845	3.46	1.82	.560**

** 相关在 0.01 水平上显著（双尾检验）。

三　对中国人思维方式量表的验证性因素分析

为了进一步证明所确立的中国人思维方式的结构的合理性，本研究以另一样本的数据做验证性的因素分析。

（一）样本的构成

用于做验证性因素分析的样本来源于重新取样的 204 名被试。样本和题目之间的比例约为 12∶1，完全符合相应的要求。其中男性 51 人，女性 153 人；年龄在 17~43 岁，平均年龄 25.88 ± 5.23；高中及高中以下学历的为 36 人，大专学历的为 71 人，本科及本科以上学历的为 91 人。

（二）模型建立

以表 3 提供的数据结果为作为验证性因素分析设定的 LOC 的初始结构模型，用 LISERAL 8.25 软件，采用最大似然法对初始模型进行估计。模型的结构如图 3 所示。

（三） 模型评价

我们首先做拟合优度卡方检验 （χ^2 Goodness – of – fit test），该检验的结果可以有效地反映验证性的模型和理想的测量模型之间拟合的程度。计算公式是：

$$\triangle \chi^2 = (\chi^2_{model} - \chi^2_{measurement}) \, / \, \triangle df$$

在本研究中，$\chi^2_{model} = 90.07$ （P = 0.022），df = 65；$\chi^2_{measurement} = 81.89$ （$p = 0.046$），df = 62，所以 $\triangle \chi^2 = 2.72$，$p > 0.50$，说明模型跟测量模型（measurement model） 没有差异，即拟合较好，可以进行进一步的分析。

另外，拟合优度指数 （goodness of fit index，GFI） 值为 0.94，调整拟合优度指数 （adjusted goodness of fit index，AGFI） 为 0.91，二者均大于理

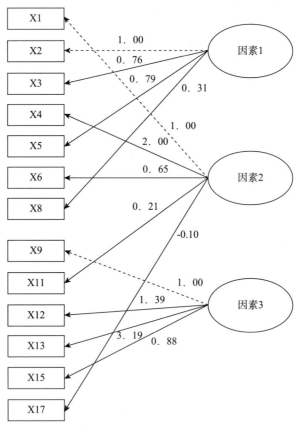

图 3　中国人思维方式结构的验证性因素模型

论期望值 0.9，表明模型拟合较好。比较拟合指数（comparative fit index，CFI）为 0.87，修正指数（non‑normed fit index，NNFI）为 0.84，这些值基本上接近期望的 0.90，表明模型是可以接受的。近似误差均方根（root mean square error of approximation，RMSEA）的值为 0.044，小于 0.05 的临界值，表明模型具有较好的拟合指标。从总体上看，验证性模型较好地支持了最初的理论模型。

四　量表的信度、效度以及初步常模

（一）内部一致性信度与重测信度

中国人整体思维方式量表的三个维度的内部一致性信度（α 系数）均在 0.60 以上，其中：因素 1：联系性的 α 系数为 0.61；因素 2：变化性的 α 系数为 0.62；因素 3：矛盾性的 α 系数为 0.61。

为了进一步确定这种一致性信度，我们还选取了一个新的样本加以检验。该样本包括来自北京、深圳、台湾和香港的同一公司的 212 名管理者，被试的年龄在 23～52 岁，平均年龄 32.94 ± 7.30 岁；男性 105 人，女性 107 人，基本持平；未婚 88 人，已婚 124 人；受教育程度为高中及以下的 37 人，大专的 89 人，本科及以上的 86 人。新的管理者样本中得到的内部一致性信度指标为：

因素 1：联系性的 α 系数为 0.79
因素 2：变化性的 α 系数为 0.67
因素 3：矛盾性的 α 系数为 0.72

从这两个样本在三个因素上的 α 系数值可以看出，总体样本的 α 系数普遍比管理者样本的低，这可能和两个样本的年龄分布有关。总体样本的平均年龄为 20 岁，而管理者样本的平均年龄为 33 岁，所以后者从经验上讲要比前者更好，他们对思维问题的理解从内在把握上要更好一些，因此对测量同一东西的题目给予了相近的回答。另外，在总体样本中，三个维度的 α 系数相对于我们常用的标准（一般为 0.70）讲偏低，但考虑到以下几个方面的因素，我们认为这样的 α 系数还是可以接受的。

●思维方式的抽象性：思维方式作为一种元认知特性，它和测量态度与行为的工具相比，所具有的抽象性程度更高。尽管我们希望这种测量可以独立于生活情境，但实际上，被试做判断时不可能完全排除情境的影响。

• 同类量表的 α 系数：Hui 和 Triandis（1988）编制的"个人主义 – 集体主义量表"从某种意义上讲与该量表有着类似的文化构念，在许多研究者看来，个人主义 – 集体主义也是基于文化的一种元认知观念。我们考察了 Hui（1988）等人所编制的个人主义 – 集体主义量表的 6 个分量表的内部一致性，发现 α 系数分别为 0.46、0.76、0.72、0.70、0.47 和 0.58。这样的 α 系数并没有影响它的使用效果，在许多国家被研究者广泛使用。即使同样是测量中国人思维特性的量表，彭凯平的辩证思维量表和赵志裕等人的中庸思维量表的内部一致性信度也都不高。所以，在这里我们引用杨国枢先生的观点，他认为我们不应该追求 α 系数的绝对大小，而要看一个研究工具所给出的 α 系数与类似研究相比是否有进步，如果有的话，即使达不到所谓的标准，也是有意义的。

• 宽度 – 可信度两难困境（bandwidth – fidelity dilemma）：这是内部一致性信度概念的提出者 Cronbach 等人发现的一种现象，即测验的信度与其内容覆盖的范围之间存在矛盾。内部一致性信度高往往表明题目之间的相关程度高，从而使测验的内容范围较窄，效度较低。所以 Smith 指出，较高的内部一致性常常表明对构念内容的选取缺乏全面理解。杨国枢（2002）等人在分析中国人传统性与现代性量表的时候也谈到了这个问题，在他看来，通过因素分析所提取出来的维度并不是一个变量，而是一种涵盖特别内容的范畴，该范畴代表了一类特定的生活内容或课题内容（topical content）。因此，一个题目是否属于某一内容范畴，并不在于他所测量的心理成分是什么，而是取决于其所涉及的生活内涵或课题范围。同一内容范畴的题目既然未必测量同一心理成分，题目间的相关程度自然偏低。在这种情形下，内部一致性信度的指标意义就不大，而应该用重测信度代替。

• 研究的内部与外部效度问题：内部一致性信度代表的是研究构念的内部效度，而在社会心理学研究中，研究者更加关心外部效度问题，即研究所涉及的构念在推广到现实生活情境中的时候，它能不能很好地对所涉及心理或行为加以预测。如果可以，即使内部一致性信度不高也是可用的；相反，即使有很高的 α 系数也不能用。

• 因素包含的题目数量：一种构念的内部一致性信度常常还与测量这一构念的题目数量有关，正如我们在宽度 – 可信度两难困境中谈到的那样，在有限的题数限制内，为了使同一范畴包含足够的具体内容，过分相似的题目应该被删除。本研究在编制量表的时候，通过专家选取、数据分布检验以及探索性的因素分析，已经删除了相当多的题目，所剩的题目只有 13 个，题目之间的相关分析表明这些题目之间存在较低的关联。从这一点来讲，要想提高内部一致性信度，可以通过增加题目的数量来达到，这也是我们下一步将要做的事情。

重测信度来自对 83 名大学生被试的间隔 4 周的测验结果。该样本取自北京大学选修文化心理学课程的学生，这些学生来自文理和工科的各个院系，男生 47 人，女生 36 人，平均年龄 20 岁。这些被试在课程开始的第一周填写选课单的时候完成思维方式问卷，4 周后又参加了一项有关自我记忆的研究，所用的材料中包含了思维方式的问卷。结果表明间隔 4 周的重测信度为 0.784。

（二）量表的效度检验

用于效度检验的样本有两个，其中样本一包含 204 名学生和成人被试（同验证性因素分析的样本），其中男性 51 人，女性 153 人；年龄在 17 ~ 43 岁，平均年龄 25 岁；受教育程度为高中及以下的 36 人，大专 71 人，本科及以上的 91 人。他们在研究中完成了思维方式量表和两个情境判断任务之后，还回答了中文版的大五人格量表（60 个题目，用 1 ~ 5 分评价）。该量表包含五个维度，这五个维度分别是：

- 神经质维度（N）：包括神经过敏、消极情绪等；
- 外向性维度（E）：包括热情、有活力等；
- 开放性维度（O）：包括思路开阔、直率和有创造力；
- 和悦性维度（A）：包括有感染力、愉快和利他；
- 谨慎性维度（C）：包括公正、克制以及谨慎。

样本二是一个大学生样本，包含来自北京大学选修社会心理学课程的 41 名大学本科生，其中男生 20 人，女生 21 人，均为大一学生，平均年龄 18.3 岁。他们的任务包括三部分（该研究的主要目的在于探讨思维方式如何影响大学生对未来的打算）：先完成了思维方式量表，然后写出至少五件自己将来要做的事情，并写出自己打算在多长的时间内做完这几件事情，最后完成杨中芳和赵志裕编制的中庸量表。

表 5 表明了中国人思维方式的三个分量表与大五人格（N、E、O、A、C）、中庸思维（Zhong – Yong）的相关。

表 5　思维特性与人格和中庸思维的相关

思维方式与人格 维度等的相关（r）	样本 1（204 人）					样本 2（41 人）
	N	E	O	A	C	Zhong – Yong
联系性	.019	.115	.161 *	－ .016	.058	.342 **
变化性	.092	－ .153 *	－ .203 **	－ .073	.071	.051
矛盾性	.415 **	－ .026	－ .028	－ .060	－ .328 **	.413 **

* 表示在 0.05 水平上显著；** 表示在 0.01 水平上显著。

可以看出，思维特性与上述变量之间存在一定的关系。在样本 1 中，思维的联系性与人格的开放性维度之间存在着显著的正相关，这和我们的假设相一致，因为联系性强的人看问题的时候会看到问题的各个方面，而不只关注某一方面，所以他们的思路比联系性低的人更宽，创造力更强，也更直率。联系性与神经质、外向性、和悦性和谨慎性之间没有明显的相关，因为神经质、和悦性和谨慎性更多地涉及个体内在的特质和体验，不容易受环境的影响。

变化性与神经质之间不存在显著的相关，变化性和开放性及外向性之间的显著负相关，表明变化性越低的人越外向、热情、有活力，并且越有开放的观念。这也和我们对人的理解相一致，因为变化性低的人对自己认识得比较清楚，他们更相信自己的特征在处理问题时的重要性，所以他们会尽力发挥自己，表现出外向和开放的观念。变化性与和悦性及谨慎性之间没有显著相关，因为它们之间没有必然的联系。

矛盾性与神经质之间显著的正相关以及与谨慎之间的显著负相关进一步提供了思维特性聚合效度的指标，矛盾性强的人为了处理这些矛盾，经常要忍受负性情绪的干扰，所以神经质倾向比较强。而因为在处理矛盾的时候需要采取折中的方法，所以他们很难做到公正和克己。

样本 2 提供的中庸思维和中国人整体思维方式的三个维度之间的关系，为该量表提供了聚合和区分效度。由于中庸思维包含联系和矛盾的观念，所以联系性和矛盾性与中庸思维的显著相关进一步证明了这一点，而变化性在中庸思维中没有体现，所以它和中庸思维没有显著相关。因此，这两个样本提供的效度指标证明了中国人整体思维方式量表具有一定的聚合和区分效度。

除了聚合和区分效度，中国人整体思维方式量表也具有一定的构念效度。构念效度是指工具反映的结构与理论的拟合程度。在前面部分中，我们已经知道，Nisbett、Peng、Ji 等人认为中国人的思维方式具有辩证性和整体性的特性，所以我们在编制题目的时候就考虑到了思维特性的构念，经过预实验和最终确认，我们发现中国人的思维特性可以从三个方面加以衡量。并且进一步确认了矛盾性和联系性这两个重要的维度，所以从某种意义上讲，该量表具有较好的构念效度。同时，我们所确定的量表把变化性单独分离出来，这和我们最初的假设不一致，因为关于中国人辩证观念的理论认为中国人在看待问题的时候往往把联系性、变化性和矛盾性结合在一起。这种差异的出现很值得我们思考，在关于思维方式影响的研究中我们将进一步讨论这些问题，相信通过对变化性的理解，我们能够在不同的文化中寻找到共同的思维。

（三）量表的初步常模

对总体 2859 名被试的数据资料加以统计，得到的初步常模如表 6 所示：从表中的常模及检验可以看出，男性和女性在联系性、变化性和矛盾性三个思维观念上没有差异，并且从常模分数上讲，均高于量表的中点分数。年龄对三个思维维度的影响在常模及检验表中得到了体现，图 4 是根据上述结果绘制的。

表 6　不同特征被试在思维方式量表上的初步常模

	联系性（M ± SD）	变化性（M ± SD）	矛盾性（M ± SD）
性别：			
男性	19.66 ± 4.62	18.59 ± 5.82	16.96 ± 4.50
女性	19.67 ± 4.58	18.50 ± 5.85	17.17 ± 4.66
	$t_{(2797)} = .069\ p < .945$	$t_{(2805)} = .376\ p < .707$	$t_{(2795)} = .1.238\ p < .216$
婚姻状况：			
未婚	19.39 ± 4.70	18.58 ± 5.70	17.14 ± 4.61
已婚	21.35 ± 4.62	18.28 ± 6.57	16.64 ± 4.46
	$t_{(2788)} = 7.852\ p < .000^{**}$	$t_{(2797)} = .933\ p < .351$	$t_{(2786)} = 1.950\ p < .046^{*}$
年龄：			
10 ~ 12 岁	15.24 ± 4.70	18.63 ± 5.73	13.82 ± 4.61
13 ~ 15 岁	16.47 ± 4.48	19.28 ± 5.03	15.12 ± 4.56
16 ~ 17 岁	19.33 ± 3.99	17.69 ± 4.78	17.51 ± 4.38
18 ~ 22 岁	21.08 ± 3.86	19.45 ± 6.09	18.81 ± 4.02
23 ~ 30 岁	21.63 ± 3.62	17.03 ± 5.64	17.26 ± 4.11
30 岁以上	19.67 ± 4.59	18.54 ± 5.83	17.07 ± 4.59
	$F_{(5,2808)} = 184.54\ p < .000^{**}$	$F_{(5,2815)} = 15.95\ p < .000^{**}$	$F_{(5,2806)} = 87.00\ p < .000^{**}$

续表

	联系性 （M ± SD）	变化性 （M ± SD）	矛盾性 （M ± SD）
教育程度：			
初中及以下	16.63 ± 4.73	18.75 ± 5.29	15.18 ± 4.71
高中水平	19.78 ± 3.99	18.32 ± 5.54	17.78 ± 4.28
大学专科	21.43 ± 3.94	19.49 ± 6.35	17.59 ± 4.67
本科及以上	21.55 ± 3.40	18.06 ± 6.10	18.20 ± 4.04
	$F_{(3,2793)} = 273.28\ p < .000\ ^{**}$	$F_{(3,2801)} = 6.80\ p < .000\ ^{**}$	$F_{(5,2791)} = 84.12\ p < .000\ ^{**}$
总体常模：	19.68 ± 4.60	18.53 ± 5.83	17.07 ± 4.60

* 表示在 0.05 水平上显著，** 表示在 0.01 水平上显著，*** 表示在 0.001 水平上显著。

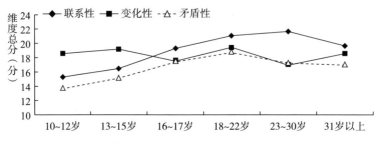

图 4　不同年龄的样本在三个思维维度上的得分趋势

从图 4 可以很明显地发现年龄和思维方式三个维度之间的联系：首先，随着人从青少年向成人过渡，个体的联系性观念在逐渐提升，到 30 岁左右达到最高，之后又开始下降。这一趋势进一步支持了 Basseches （1980，1984）、Chandler 和 Boutilier （1992） 等人关于辩证思维发展的推测。比如 Klaus Riegel 认为，辩证思维是皮亚杰形式运算阶段 （formal operational stage） 之后个体的思维特性。Basseches 则通过分析概括 24 个辩证的图式 （dialectical schema），如对局部与整体关系的认知、对人际互惠性的看法，以及对矛盾的观念等，指出辩证思维的能力随着年龄的增加而提高。Tet-lock （1983） 也指出，中年人和老年人比年轻人更倾向于从辩证和多角度的观点看问题。但在本研究中，这种推论适合于 30 岁以前的人，30 岁以后的样本的联系性表现出的是下降的趋势。这是一个很有意思的发现，它说明人们在进入成年期之后，看问题的观念反而片面起来。

其次，就思维的变化性而言，我们发现小学生、初中生的思维变化性较高，到了高中阶段看问题的方式逐步趋向稳定，但到了 18～22 岁，思维的变化性又重新提高，并且达到一生中的最高。之后随着年龄和经验的增加，个体的变化性又重新趋于稳定。其中 18～22 岁的结果从思维特性的发展上证明了心理学家 Schuman 和 Scott（1989）提出的"敏感期假设"（impressionable years hypothesis），即处在这一阶段的人最容易变化。最后，思维矛盾性也和年龄有着紧密的联系。可以看出，随着年龄的增加，个体的矛盾观念也在增强，到 18～22 岁时最高，之后出现下降的趋势。

从表 6 中也可以看出受教育程度对思维特性的影响：随着受教育程度的提高，人们的联系观念和矛盾观念越来越强。

五　讨论

（一）关于中国人思维方式结构的建构

确定思维方式的结构是文化心理学研究的一项最基础的工作，只有确立了中国人独特的思维结构，我们才有可能在对比中理解东西方文化的影响机制问题。思维方式作为一种元认知特性，在较高的层次上影响着人们的认知过程，所以对它的衡量必然要通过对认知过程的分析。对思维方式的探讨在荣格、阿德勒、凯利以及 Myers 等人的工作中都有一定程度的体现，但是他们基本上把思维理解为跨文化的东西，认为不同文化中人们的思维方式可以用同样的规则加以理解，基于这种理念所编制的工具也是针对所有的文化人群的。同时，这些工具更多地基于编制者对思维维度的理解，因此尽管得到了广泛的认同，但缺乏实证性的结构支持。

同样的问题也存在于华人心理学家对自身思维特性的探讨中。随着华人社会经济文化的发展，越来越多的华人心理学家和文化研究者，开始关注中国人的思维特性问题。这种关注主要有两种途径：理论分析和实证研究。理论分析主要是从中国的传统文化出发，认为儒教的"中庸"和道教的"阴阳"思想体现了中国人最深层的思维特性。实证研究则进一步验证这种思想，尽管实证性的研究刚刚起步，但其所展现的影响力已经引起了国际心理学界的关注。

心理学研究方法上的定量化和数学化的趋势，也使得我们有可能对中国人的思维方式问题进行结构化的研究。因素分析和验证性因素分析模型在心理学研究中的广泛使用，为我们探索中国人思维结构提供了坚实的理论基础。本研究正是以此为基础，首先从理论上提出了中国人思维方式的结构，然后以此结构为指导，编制测量这些维度的题目。通过专家选择和预实验筛选数据两个步骤，确定了初步的量表题目，然后再收集大量的数据样本进行探索性的因素分析，并在此基础上采用大样本交叉验证的方法，验证了中国人思维结构的有效性。

探索性的因素分析发现中国人的思维方式的结构由三个维度构成，命名为联系性、变化性和矛盾性，这三个因素可以解释的变异量分别为 20.905%、14.775% 和 10.002%，解释的总变异为 45.682%，不论是从特征值、共同度还是变异解释方面，均达到了因素选取的标准。由于用于构建量表的样本数量较充分，样本分布也较异质，所以得到的结果是较稳定的。但在这里有一点尤其需要强调，本研究所揭示的中国人思维方式，在某种程度上讲具有辩证性，如具有辩证思维的两大特性：联系观念和矛盾观念。但对变化性的理解和以前的理论假设并不一致。

在探索性因素分析的基础上，用另外一个样本的数据又对上述的因素结构加以验证，验证上述因素模型与实际观测数据的拟合度，结果各项参数估计基本上支持了这一因素模型，表明我们所确定的关于中国人思维方式的结构是合理的。

从对以上两个大样本因素分析和验证性因素的结果来看，我们关于中国人思维方式结构的确定是合理的，尽管这种结构与 Peng 和 Nisbett（2000）等人关于中国人思维特性的假设有一定的出入，但是由于本研究确定的结构源于实际的数据支持，所以它应该是更可信的。从另一个方面讲，如果我们仔细分析每个维度所包含的题目，我们就可以发现这三个维度实际上是五个假设维度的进一步整合，因为和谐性被分别包含在联系性和矛盾性维度之中，只有折中性因为涉及具体的对象和情境，在新的思维方式量表上没有反映出来。

进一步的信度和效度检验也支持了量表的有效性，我们通过求它与大五人格模型以及中庸量表的相关，发现中国人思维方式量表所涉及的三个维度与人格和中庸量表测量的维度之间的关联或无关，为思维方式量表提供了有效的聚合效度和区分效度。我们在第三部分所做的研究，将为该量表提供进一步的预测及外部效度。另外，从构念效度上讲，正如在上一段中所讲到的，所确定的关于中国人思维方式的结构，在很大程度上支持了我们设计时的理论框架，所以可以认为该量表具有较好的构念效度。

（二）中国人思维方式的特征

关于中国人思维方式特征的争论常常和东西方人的对比结合在一起。正如我们在综述部分所谈到的，中国人的思维是整体性的，它强调变化、矛盾和中和的观念；西方人的思维方式是逻辑分析式的，它强调统一性、非矛盾性和排中性。Nisbett 等（2001）和 Ji 等（2000，2001）等人进一步探讨了中国人对变化和整体情境的认识，证明中国人和美国人确实不同。在这些区别中，对中国人的假设有一定的合理性，但也不完全。所以，我们所构建的关于中国人思维方式的结构对验证这些差异具有重要的价值。

通过对 2859 名被试的分析，我们可以从一个较为宏观的角度分析一下中国人思维方式的特性。尽管男性和女性在一些心理特征上存在差异，但在思维方式的三个维度上，没有发现任何的差异。因为思维特性和文化有关，它反映了历史传统、社会环境和日常生活情境等对个人的影响，由于在中国社会中，男性和女性所处的背景一样，所以在此基础上的思维也相同。

婚姻状况影响了人们的思维方式，人们的联系观念和矛盾观念随着结婚而发生了变化，但变化的方向并不一致。从初步常模所给的结果可以看出，人们的联系性观念随着结婚而显著提高，这反映了家庭生活中夫妻双方的交流和沟通有助于人们从更全面的角度去分析和看待问题。同时正是因为这种沟通和交流，使得人们对问题的认识比较深刻，不太愿意接受互相矛盾的事物或观念。

年龄和思维特性之间的关系既有支持以往研究的地方，也有新的发现。首先从联系性和矛盾性上讲，随着年龄的增加，人们倾向于从联系和矛盾的观点看问题，这种倾向一直延续到了 30 岁左右。这一结果和Basseches（1980，1984）、Chandler 和 Boutilier（1992）、Tetlock（1983）等人关于思维发展的推测和验证相一致，说明了辩证思维确实是皮亚杰认知发展理论所揭示的最高发展阶段之后的思维特征，关于这一点，我们将在以后的跨文化研究中继续加以证实。在这里比较有意思的结果是：为什么过了 30 岁之后，随着年龄的进一步增加，人们的联系观念和矛盾观念反而减少呢？按照一般的观点，人们认为年龄较大的人看问题会更全面（用联系的观点），同时也更能承认和容忍矛盾。对这种现象可以用经验整合的过程加以解释。从经验的角度讲，在由青少年到成人的发展过程中，由于经验的积累，人们对问题逐渐形成了自己的思路。在这种思路形成的过程中，人们需要整合他人的观点，所以倾向于用联系和矛盾的观点看问题，但一旦这种整合起来的经验体系固定下来，就会变成一种深层的社会信念（social belief），个体在看待事物的时候，就会无意识地受这种信念的影响，最终形成阿德勒所谓的生活风格（life style），指导着一个人的观念和行为。30 岁以上的人由于具有丰富的生活和社会经验，所以形成了稳定的风格，并以此指导自己的生活实践。

年龄和思维变化性之间的关系比较复杂，小学生和初中生的思维变化性比较高，这和他们的认知、人格和道德发展水平基本上一致。在这两个阶段，他们还没有形成稳定的自我，所以更加相信他人的可变性，而随着向高中阶段（16～17 岁）的转变，开始形成了自我同一性，思维变化性趋向稳定。但是到 18～22 岁的时候，思维的变化性又重新增高，有效地证明了"敏感期假设"。这个阶段个体所展现出的易变性和生活环境的改变以及他们对这种改变的适应策略有关。一般来讲，这个阶段的人离开了自己熟悉的家庭，为了适应新的学习或工作环境，他们需要不断地接受别人的观点，受他人的影响较大。而随着他们年龄的增长，从学校进入社会，积累了越来越多的经验，他们的思维又开始趋向稳定。

受教育程度和思维方式之间的关系基本上和年龄的影响有相似之处，随着受教育水平的提高，人们更倾向于用联系和矛盾的观点看待问题。这反映了我们的教育在塑造人的思维特性上起到了一定的作用。中国的传统文化观念和学校教育中关于辩证观念的灌输，使得受教育越多的人，越容易受到这种观念的影响。

（三）确立中国人思维方式结构的意义

从理论上讲，本研究所确立的中国人思维方式的结构，在一定程度上支持了近年来文化心理学关于东西方思维方式差异的研究结果。Nisbett 和 Peng 等人从朴素认识论（folk epistemologies）角度对中国人和美国人思维特性进行了分析，其中有关中国人的假设，在本结果中得到了部分确认。我们发现中国人的思维特性确实包含着矛盾性和联系性以及变化性，但是这些变化性的内在实质和以往理论中的假设并不一致，这种不一致的结果对我们理解文化差异以及文化研究具有重要的意义。

首先，以往的研究比较重视对行为的比较，但是对于行为背后深层的原因很难说明，因为同样的行为，在不同的文化中含义并不同。所以如果我们能够在行为分析的基础上，考虑到深层的思维差异的话，理解得将会更加深刻。比如关于道歉的例子，在中国人看来，道歉表明的是一种高姿态，而在美国人看来，道歉则意味着需要承担责任。在本研究中，我们并没有对比中国人与西方人的行为，而是把重点放在中国人身上，通过对中国人的深入分析来理解中国文化对中国人的影响，对西方人的研究我们将分开来进行。理论意义的另一个层次是，通过确立中国人思维方式的结构，并在此基础上对中国人的心理和行为进行系统、深入的研究，从而为建立适合于理解中国文化及中国人的心理学体系提供理论上的框架。

其次，本研究中关于中国人思维方式三个特性的探讨，与人们一直以为的辩证思维的作用机制并不一致，这种不一致为我们进一步的研究指明了方向。长期以来，中国人认为自己的辩证思维是一种最为理性的思维。通过用联系、矛盾和变化的观念看待世界和事物，我们的看法更全面。但在确立了中国人的思维特性之后，我们发现需要修正这种观点，因为除了用联系和矛盾的观点看问题之外，中国人的变化观念实际上和西方人的自我同一性观念是完全一致的。这种结论不仅在结构上得到了证实，而且在变化的趋势上也得到了证明。研究中的发现不仅说明了思维方式的文化和地域特性，而且也表明了人类思维特性的跨文化性质。这些结论对我们理解人类心理的发展具有重要意义。

最后，由于是一项探索性的研究，研究中还存在着一些问题：2000 多人的样本并不能涵盖中国人的全部，作为一个地域广大、文化丰富的国家，不同地区的人的思维方式之间也存在很大的差异，所以还需要通过进一步的研究来验证和发展本研究所建构的中国人思维方式量表。我们希望以这个量表为基础，进一步探讨思维方式如何影响中国人的社会认知过程。

参考文献

杨中芳，2009，《传统文化与社会科学结合之实例：中庸的社会心理学研究》，《中国人民大学学报》第 3 期，第 53~62 页。

侯玉波、田林，2001，《文化心理学的思路与范畴》，《社会心理研究》第 1 期，第 35~40 页。

侯玉波、朱滢，2002，《文化对中国人思维方式的影响》，《心理学报》第 34 期，第 106~111 页。

侯玉波，2004，《中国人思维方式的结构与影响》，北京大学心理学系博士学位论文。

侯玉波、徐青肖、张谨，2006，《从生育态度看思维方式对个体传统性与现代性的影响》，《应用心理学》第 12 期，第 10~16 页。

侯玉波、张梦、王歆，2007，《青少年思维方式与应对方式的关系》，《中国心理卫生杂志》第 21 期，第 158~161 页。

侯玉波，2007，《文化心理学事视野中的思维方式》，《心理科学进展》第 15 期，第 211~216 页。

杨中芳，2009，《传统文化与社会科学结合之实例：中庸的社会心理学研究》，《中国人民大学学报》第 3 期，第 53~62 页。

余德慧，1996，《文化心理学的诠释之道》，《本土心理学研究》第 6 期，第 146~

202 页。

Basseches M. （1980）. Dialectical schemata. *Human Development*, 23 （6）, 400 – 421.

Basseches, M. （1984）. *Dialectical Thinking and Adult Development*. Ablex Pub. Corp. （Norwood, N. J. ）, 389 – 397.

Boucher, H. , Peng K. P. , Shi J. Q. & Wang L. （2009）. Culture and implicit self – esteem: Chinese are "good" and "bad" at the same time. *Journal of Cross – cultural Psychology*, 40, 24 – 45.

Cecilia Cheng （2009）. Dialectical thinking and coping flexibility: A multimethod approach. *Journal of Personality*, 77 （2）, 471 – 494.

Chandler, M. J. , & Boutilier, R. G. （1992）. The development of dynamic system reasoning. *Human Development*, 35 （3）, 121 – 137.

Chiu, Chi – yue. （2000）. Assessment of Zhong – Yong （dialectic） thinking: preliminary findings from a cross – regional study. *Hong Kong Journal of Social Sciences*, 18, 33 – 54.

DeVos, G. A. , & Hippler, A. E. （1969）. Cultural psychology: Comparative studies of human behavior. *Handbook of Social Psychology*, 1969.

Ferraro, G. （1995）. Cultural anthropology: An applied perspective （2ed） Minnesota: West Group.

Hansen, C. （1983）. *Language and Logic in Ancient China* （pp. 31）. Ann Arbor: University of Michigan Press.

Hofstede, G. （1980）. *Culture's Consequence*. Beverly Hills, CA: Sage.

Hong, Ying – yi, M. W. Morris, and Chiu Chi – yue. （2000）. Multicultural minds: A dynamic constructivist approach to culture and cognition. *American Psychologist*, 55, 709 – 720.

Hou, Y. B. （2001）. Theories and construct of cultural psychology. *Social Psychology Research*, 35 – 40.

Hou, Y. B. （2002）. *Cultural Psychology: Outline and Readings*. Department of Psychology, Peking University.

Hou, Yubo and Zhu Ying （2002）. *The Chinese Holistic Thinking Styles: Their Structure and Effect*. APA Annual Symposium. Chicago, August 22 – 25.

Hou, Y. B and Y. Zhu （2002）. The effect of culture on thinking style of Chinese people. *Psychologica Sinica*, 34, 106 – 111.

Hou, Y. B. , Zhu, Y. , & Peng, K. P. （2003）. Thinking style and disease cognition among Chinese people. *Journal of Psychology in Chinese Societies*, 4, 161 – 180.

Hou, Y. B. （2004）. *Research on the Structure of Chinese Thinking Styles and its Influence* （unpublished doctoral dissertation）. Peking University, Beijing.

Hou, Y. B. , Xu, Q. X. , & J. Zhang （2006）. An investigation into the effect of thinking style on traditionalism and modernism through people's attitude towards birth. *Chinese Journal of Applied Psychology*, 12, 10 – 16.

Hou, Y. B. , Zhang, M. , & X. Wang, X. （2007）. The relationship between adolescents' thinking style and their coping style. *Chinese Mental Health Journal*, 21, 158 – 161.

Hou, Y. B. （2007）. Research progress in thinking styles from the perspective of cultural psychology. *Advances in Psychological Science*, 15, 211 – 216.

Hou Y. B., Gao G., Wang F, Li T. R., Yu Z. L. （2011）. Organizational commitment and creativity: the influence of thinking styles. Annals of Economics and Finance. 12 （2）, 411 – 431

Hou Y. B., Tang H. Z. （2009）. The comparison of responsibility attribution in chinese and american cultures: Using holistic thinking style as a cognitive framework. *Proceedings of the 2009 International Workshop on Intercultural Collaboration*, 241 – 244.

Hsu, F. L. K. （1981）. *American and Chinese: Passage to Differences* （3rd ed. ）. Honolulu: University of Hawaii Press.

Ji, L. J., K. P. Peng, and R. E. Nisbett （2000）. Culture, control, and perception of the environment. *Journal of Personality and Social Psychology*, 78, 943 – 955.

Ji, L. J., R. E Nisbett, and Y. J. Su （2001）. Culture, change, and prediction. *Psychological Science*, 12, 450 – 456.

Jiang F., Lu S, Hou Y. B. & Yue X. D. （2013）. Dialectical thinking and health behaviors: The effects of theory of planned behavior. *International Journal of Psychology*, Vol. 48 （3）: 206 – 214.

Ma – Kellams, C., Spencer – Rodgers, J. & Peng K. P. （2011）. I am against us? Unpacking cultural differences in ingroup favoritism via dialecticism. *Personality and Social Psychology Bulletin*, 37 （1）, 15 – 27.

Markus, H. R. and S. Kitayama （1991）. Culture and the self: Implications for cognition, emotion, and motivation. *Psychological Review*, 98, 224 – 253.

Mead, M. （1953）. National character. In: Kroeber, A. L. （Ed. ） *Anthropology Today*. Chicago: University of Chicago.

Moore, C. A. （ed. ）（1968）. *The Chinese mind: Essentials of Chinese Philosophy and Culture* （pp. 3）. Honolulu: University of Hawaii Press.

Morris, M. W. and K. P. Peng （1994）. Culture and cause: American and Chinese attributions for social and physical events. *Journal of Personality and Social Psychology*, 67, 949 – 971.

Nisbeet, R. E., K. P. Peng, I. Choi, and A. Norenzayan （2001）. Culture and systems of thought: Holistic versus analytic cognition. *Psychological Review*, 108, 291 – 310.

Nisbett, R. E. （2003）. *The Geography of Thought: How Asians and Westerners Think Differently and Why*. Reed Business Information Free Press.

Norenzayan, A, Smith, E. E, Kim, B. J, Nisbett, R. E. （2002）. Cultural preferences for formal versus intuitive reasoning. *Cognitive Science*, 26 （5）, 653 – 684.

Paletz, S. B. F., & Peng K. P. （2009）. Problem finding and contradiction: Examining the relationship between naive dialectical thinking, ethnicity, and creativity. *Creativity Research Journal*, 21 （2 – 3）, 139 – 151.

Peng, K. P., R. E. Nisbett, and N. Y. C. Wong （1997）. Validity problems comparing values across cultures and possible solutions. *Psychological Methods*, 2, 329 – 344.

Peng, K. P & Richard E. （1999）. Culture, dialectics, and reasoning about contradiction.

American Psychologist, 54（9）, 741 – 754.

Peng, K. P. and R. E. Nisbett（1999）. Culture, dialectics, and reasoning about contra – diction. *American Psychologist*, 54, 741 – 754.

Peng, K. and R. E. Nisbett（2000）. Dialectical responses to questions on dialectical think-ing. *American Psychologist*, 55, 1067 – 1068.

Peng K. P.（2009）. The Psychology of Economic Man: The games people played. *Journal of People's University*, 3, 61 – 69.

Peng K. P. & Zhong N.（2009）. *Psychology and the Development of China.* Wanqian Psychol-ogy Press.

Peng K. P. & Paletz, S.（2011）. *Applied Cultural Psychology: Passages to Differences.* In the Handbook of Applied Psychology. In Paul R. Martin, Fanny M. Cheung, Michael C. Knowles, Michael Kyrios, Lyn Littlefield, J. Bruce Overmier, & José M. Prieto（Eds）. The IAAP Handbook of Applied Psychology, pp. 525 – 542. Blackwell Publishing Inc.

Riegel, Klaus F.（1973）. Dialectic operations: The final period of cognitive development. *Human Development*, 16（5）, 346 – 370.

Schuman, H, & Scott, J.（1989）. Generations and collective memories. *American Sociologi-cal Review*, 54（3）, 359 – 381.

Spencer – Rodgers, J., Peng, K. P., Wang, L., & Hou, Y. B.（2004）. Dialectical self – esteem and east – west differences in psychological well – being. *Personality and Social Psychol-ogy Bulletin*, 30, 1416 – 1432.

Spencer – Rodgers, J., Boucher, H., Mori, S., Wang L. & Peng K. P.（2009）. The dia-lectical self – concept: contradiction, change, and holism in east Asian cultures. *Personality and Social Psychology Bulletin*, 35, 29 – 44.

Spencer – Rodgers, J., Peng K. P., & Wang L.（2009）. Cultural differences in self – verific-cation: The role of naïve dialecticism. *Journal of Experimental Social Psychology*, 45（2）, 860 – 866.

Spencer – Rodger, J., Melissa J. Williamsc, Peng K. P.（2012）. Culturally based lay beliefs as a tool for understanding intergroup and intercultural relations. *International Journal of In-tercultural Relations*, 36（2）, 169 – 178.

Spencer – Rodgers, J., Peng K. P, & Wang L.（2010）. Dialecticism and the co – occur-rence of positive and negative affect across cultures. *Journal of Cross – Cultural Psychology*, 41, 109 – 115.

Spencer – Rodgers, J., Williams, M. & Peng K. P.（2010）. Cultural differences in expec-tations of change and tolerance for contradiction: A decade of empirical research. *Personali-ty and Social Psychology Review*, 14（3）, 296 – 312.

Tadmor, C., Tetlock, P. & Peng K. P.（2009）. Acculturation strategies and integrative complexity: The cognitive implications of biculturalism. *Journal of Cross – cultural Psychol-ogy*, 40, 105 – 139.

Tetlock, Philip E.（1983）. Accountability and complexity of thought. *Journal of Personality and Social Psychology*, 45（1）, 74 – 83.

Yang, K. S. (1999). Towards an indigenous Chinese psychology: A selective review of methodological, theoretical, and empirical accomplishments, *Chinese Journal of Psychology*, 41, 181 – 211.

Chinese Thinking Styles: Their Concept and Structure

Hou Yubo, Peng Kaiping, Zhu Ying

Abstract: Debates on the differences between the Eastern and the Western thinking styles have been a focus among culture – psychologists over the recent years. Comprehension of such differences will certainly be conducive to the interpretation of the behavioral distinctions between the Easterner and the Westerner. What's more important, investigation on such debates will enable us to better dispose of cultural conflicts and the questions of Westernization during the process of cultural development, and will even further improve our cognition of the developments of Eastern and the Western science. This research adopts indigenous approaches and has implemented the fieldwork among the Chinese and within the context of Chinese culture. Theoretically, on the basis of related research made by psychologists such as Nisbett and Peng, the present one probes into the structure of the Chinese thinking style.

The structure of the Chinese thinking style is set up through the statistical analysis on 2800 subjects. This structure consists of three dimensions: relation, change, and contradiction. Relation and contradiction, two important dimensions of the Chinese dialectical thinking style, confirm the former researchers' explanation for the differences between the Eastern and the Western thinking styles. However, the change dimension is inconsistent with people's daily concepts and relevant theories. The style illustrated by the structure has revealed that change and the other two dimensions are negatively related and thus the previous understanding of dialectical concepts needs revision. Change, contradiction, and relation bear no convergent consistency but have consistency with self – identity. In this way, the Eastern and the Western thinking styles have both differences and commonness. The structure is confirmed by Confirmatory Factor Analysis, and the reliability and validity of the investigative forms turn out to be high as well. This investigation result is of great significance in understanding the characteristics of the Chinese thinking styles. It is reasonable to believe that with more and more efforts in the investigation on the influence of different cultural backgrounds on thinking styles, the domain of thinking styles' impact will surely be further confirmed, the deep-level mechanism will be clearly figured out and a communication bridge between the Easterner and the Westerner will definitely be spanned.

Key words: culture; thinking styles; social cognition; confirmatory factor analysis

（责任编辑：胡亮）

中国社会心理学评论 第 11 辑

第 73~85 页

中华文化背景中的审辩式思维能力测量

谢小庆*

摘 要： 今天，国际教育界已经形成共识：教育最重要的任务之一是发展学生的审辩式思维（critical thinking）。审辩式思维是最值得期许的、最核心的教育成果。国际教育领域中谈论最多的话题之一是怎样发展学生的审辩式思维，"审辩"成为使用频率最高的教育词汇之一。审辩式思维是创新型人才最重要的心理特征。在教育中如果重视发展学生的审辩式思维，可以使学习成为一个探索和发现的过程，而不再是一个记忆和复制的过程。审辩式思维能力不同于分析性推理（analytic reasoning）能力。审辩式思维可以作为一个学习的指挥棒，我们需要开发审辩式思维能力测试，考查一个人能否理解做出不同决策所依赖的不同前提条件和假设，能否理解决策者对所做决策所应该承担的责任。审辩式思维不是"大批判思维"，而是接受多种价值并存的可能性，在坚持自己的真理的同时也包容别人的真理。审辩式思维植根于中国古代传统文化。如果说西方文化的突出优势表现在形式逻辑和分析性推理，那么，东方文化的突出优势则表现为非形式逻辑和审辩式思维。对东方文化中审辩式思维的再发现，意义不仅局限于中国创新性人才的培养，也不仅局限于中华文化的重建，而且可能拓宽人类的未来发展道路，增大人类在这个星球上长期存活的可能性。

关键词： 审辩式思维 心理测量 考试

---

* 通信作者；谢小庆，北京语言大学，教育测量研究所所长，中国教育学会统计测量分会副理事长，研究员，e-mail：xiexq@blcu.edu.cn。

一　发展审辩式思维是教育的重要任务

审辩式思维是 critical thinking 的汉语翻译。一些人将之汉译为"批判性思维"。许多人已经发现，这个翻译与英文原意之间存在距离。相比之下，似乎"审辩式思维"的译法更贴切。"维基百科"汉语版采用了这一译法。本文也采用这一译法。

二战以后，一些美国教育学者开始关注发展儿童的审辩式思维。20 世纪末，审辩式思维成为美国教育领域中谈论最多的话题之一，"审辩"成为使用频率最高的教育词汇之一。

20 世纪 90 年代，鉴于人们关于"何为审辩式思维"问题众说纷纭，美国哲学学会面向哲学和教育领域的专家运用德尔菲方法（Delphi Method）对"何为审辩式思维"问题进行了研究。德尔菲方法又称"专家规定程序调查法"。该方法主要是由调查者拟定调查表，按照既定程序，以函件的方式分别向专家组成员进行征询；而专家组成员又以匿名的方式通过函件提交意见。经过多轮反复征询和反馈，专家组成员的意见逐步趋于集中，最后获得具有较高共识的集体判断结果。该项研究的调查对象包括 46 名相关领域的权威专家，共包含 6 轮反馈修订。

在 Peter A. Facione 主编的《德尔菲报告——审辩式思维：对以评估和教学为目的的专家共识的说明》（*The Delphi Report——Critical Thinking：A Statement of Expert Consensus for Purposes of Educational Assessment and Instruction*）中，介绍了此项研究的结果，说明了专家们关于审辩式思维的共识："审辩式思维是有目的的、不断自我调整的判断。这种判断表现为解释、分析、评估、推论，以及做出判断所依据的证据、概念、方法、标准和其他必要背景条件的说明。审辩式思维是最基本的探索工具。因此，审辩式思维是教育的解放力量，是一个人私人生活和公共生活的强大资源。审辩式思维并不是'好思维'的同义语，审辩式思维是无处不在的、自我调整以适应环境的人类现象。理想的审辩式思维者通常具备下列特质：勤学好问、信息丰富、信赖理智、胸怀开阔、灵活、公正、直面个人偏见、谨慎判断、三思而行、能够理解问题所在、面对复杂事物时头脑清醒、不懈查找相关信息、理性地选择判断标准、专注于探索、在主客观条件允许的范围内精益求精。为了培养好的审辩式思维者，需要向这个理想的方向努力。审辩式思维的发展包括认知技能和人格气质两个方面，后者不仅是持续钻研的动力，更是理性和民主社会的基础。"（Facione, P. A., 1990）

这项研究的结果认为审辩式思维包括认知（cognition）和气质（dispositions）两个维度。在认知方面，包含6项核心认知技能和16项子技能（见表1）。

表1　审辩式思维的认知技能和子技能

核心认知技能	子技能
1. 解释（Interpretation）	1.1 归类（Categorization）
	1.2 意义解码（Decoding Significance）
	1.3 意义澄清（Clarifying Meaning）
2. 分析（Analysis）	2.1 观点探测（Examining Ideas）
	2.2 论证确认（Identifying Arguments）
	2.3 论证分析（Analyzing Arguments）
3. 评价（Evaluation）	3.1 判断评价（Assessing Claims）
	3.2 论证评价（Assessing Arguments）
4. 推论（Inference）	4.1 证据查证（Querying Evidence）
	4.2 设想多种可能性（Conjecturing Alternatives）
	4.3 导出结论（Drawing Conclusions）
5. 阐释（Explanation）	5.1 说明结果（Stating Results）
	5.2 过程判断（Justifying Procedures）
6. 自我调整（Self - Regulation）	6.1 展示论证（Presenting Arguments）
	6.2 自省（Self - examination）
	6.3 自我纠错（Self - correction）

在气质方面，包含两个方面。一方面表现在对待生活的一般态度方面，如探究欲、好奇心、视野宽广、真诚、自信、开放心态、尊重他人意见、公正、自省、自我调整等。另一方面表现在面对特定问题的处理方式，如清晰地界定问题、有条理地处理复杂问题，全面收集信息、集中注意力于当下、坚韧、认真等。

2002年以前，美国的"研究生考试"——GRE包括言语、数量和分析（analysis）三个部分。在2002年10月推出的新GRE中，原有的分析部分被放弃，增加了"分析性写作"部分。ETS官网上对"分析性写作"部分的说明是："这部分测试审辩式思维和分析性写作技能（Measures critical thinking and analytical writing skills）。"

2005年，美国的"高考"——SAT进行了一次大的改革，改革的内容之一是将原来的"言语"（verbal）部分改为"审辩式阅读"（critical reading）。

美国 70% 的本科学位由组成美国州立大学联盟（American Association of State Colleges and Universities，AASCU）和公立大学联盟（Association of Public and Land‐grant Universities，APLU）的 520 所公立大学颁发。AASCU 和 APLU 为了对高等教育水平进行评估，尤其是对高等教育的毕业生水平进行评估，于 2006 年共同推出了一个对高等教育进行评估的"自愿问责系统"（Voluntary System of Accountability，VSA）。VSA 为成员院校提供了一个进行高等教育评估的服务平台。在 VSA 中，定义了 4 项"核心教育成果"（Core Educational Outcomes）：审辩式思维、分析性推理（analytical reasoning）、阅读和写作。美国教育测验服务中心（Educational Testing Service，ETS）和美国大学考试中心（American College Testing，ACT，是 ETS 在美国国内的主要竞争对手）共同承担了为 VSA 系统评估"核心教育成果"的任务（刘欧，2010）。

伴随网络的发展，获取某种特定知识越来越容易。以往，为了查找某一个资料，我们可能要在图书馆中寻找许多天；今天，借助移动互联网和搜索引擎，我们可以随时随地从网络上获取需要的特定知识。今天，重要的已经不是对特定知识的记忆，不是向学生灌输一些特定知识，而是发展学生的审辩式思维。具有审辩式思维是创新型人才的重要心理特征，教育最重要的任务之一是发展学习者的审辩式思维。对此，人们已经形成普遍的共识。

二 审辩式思维能力测验的开发

ETS 开发的用于评估"核心教育成果"的测试是"ETS 能力透视测试"（ETS Proficiency Profile，EPP）。在 ETS 官网上，关于 EPP 的介绍是："EPP 测试一个人在人文研究、社会科学和自然科学的背景下表现在审辩式思维、阅读、写作和数学方面的能力水平，测试一个人通过学习一般教育课程获得的不同于特定学科知识的学术能力。"EPP 分为"标准版"和"简版"。"标准版"测试时间 2 小时，包含 108 道题。"简版"测试时间 40 分钟，包含 36 道题。

ETS 官网上关于审辩式思维能力——"能做"（can do）的描述是：

➤ 对互相竞争的原因解释进行评价；

➤ 对事实与假设之间的一致性进行评价；

> ➢ 判断特定信息对于论证某一观点的相关性；
> ➢ 判断某一主观的解释能否得到特定研究证据的支持；
> ➢ 判断某个艺术作品的突出特点和主题；
> ➢ 评价某项因果论证过程的适当性；
> ➢ 根据研究资料评价研究方法的适当性；
> ➢ 发现论证过程中的逻辑漏洞和逻辑矛盾。

ACT 开发的用于评估"核心教育成果"的测试是"大学学术能力评估"（Collegiate Assessment of Academic Proficiency，简称 CAAP）。在 ACT 的官网上关于 CAAP 的介绍是："CAAP 是 ACT 开发的一个包含全国常模的标准化测试，帮助高等院校对学生的学习成果进行评估和评价，对一般教育课程的成效进行评估和评价，以促进学生的学习。" CAAP 被用于为 VSA 系统评价学生表现在审辩式思维和写作方面的学习成果。CAAP 包含阅读、写作技能、短文写作、数学、科学和审辩式思维 6 个部分，每个部分的测试时间都是 40 分钟。

在 ACT 官网上关于 CAAP 的测试内容介绍中，审辩式思维能力被表述为"对问题进行澄清、分析、评价和进行论证的能力"；关于 CAAP 中的审辩式思维部分的介绍是："审辩式思维测试是一个 40 分钟的测试，包含 30 道题。这部分测试考生对问题进行澄清、分析、评价和进行论证的能力。所谓论证，是一组陈述。其中的一个陈述说明作为结论的主要论断，其他的陈述则对这一论断展开讨论。审辩式思维测试通常包含四段材料，这些材料涉及大学课堂上常常遇到的一些具有代表性的话题。材料中通常包含一组论证，这些论证支持一个主要的或一般性的结论。材料会以多种不同的方式呈现，包括案例研究、争论、对话、相互交叉的种种观点、统计数据、实验结果、媒体评论等。在每段材料后面，是一组选择题。审辩式思维部分仅仅提供这部分的总成绩，不再提供更细的分测验成绩。审辩式思维测试的内容构成是：论证要素分析 17 – 21 题，占总题量的 53% – 66%；对论证的评价 5 – 9 题，占总题量的 16% – 28%；论证的展开 6 题，占总题量的 19%。"

受国家公务员局委托，北京语言大学教育测量研究所开发了"审辩式思维能力测试"（Critical Thinking Test，简称 CTT），考查受测者的审辩式思维能力（谢小庆，2014）。测试开发课题组认为，审辩式思维能力是一种影响面较广的心理特征，主要影响到一个人对那些需要创造、发明、领导责任的工作岗位的胜任力，以及对那些需要完成复杂思维任务的工作岗位的胜任力。审辩式思维能力不仅是一种表现在认知方面的心理特征，也是一种个性特征；不仅是一种影响胜任力的智力因素，也是一种非智力因素。

CTT 以纸笔或计算机方式进行测试，包含 50 道客观性选择题，考试时间 75 分钟，可以采用计算机自动阅卷。

CTT 包含 5 种题型，各题均是每题记 2 分，总分 100 分。CTT 仅仅报告总分，对 5 种题型不单独报告分数。试卷构成见表 2。

表 2　CTT 的试卷结构

题型	语料数	题目数	每题分值	总分值	参考时限
题型一	3	3	2	6	5 分钟
题型二	7	7	2	14	10 分钟
题型三	10	10	2	20	15 分钟
题型四	10	10	2	20	15 分钟
题型五	4	20	2	40	30 分钟
总计	34	50	—	100	75 分钟

试卷设计主要借鉴图尔敏的论证模型。在图尔敏的论证模型中，包含了资料（Datum，D）、必要条件（Backing，B）、理据（Warrant，W）、限定（Qualifer，Q）、反驳（Rebuttal，R）和结论（Claim，C）6 个基本要素。

论证的基本过程是：资料（D）和必要条件（B）共同构成了理据（W），在接受了反驳（R）之后，经过限定（Q），使结论（C）得以成立。图 1 给出了图尔敏论证的基本模型（谢小庆，2013a；2013b）。

图 1　图尔敏的论证模式

题型一：此题型可以被称为"定势题"。从形式上看，此题型与测试分析性推理能力的阅读理解和演绎推理题型没有明显区别。但是，此题型主要考查考生思维突破"定势"的能力，命题的重点是考查考生能否合理地对既有观念进行质疑。考生做出正确答案的障碍在于从众的思维定式。那些能够突破思维定式的考生，更容易做出正确的回答。

题型二：此题型可以被称为"事实题"，重点考查考生在给定必要条件（B）的条件下，对资料（D）与结论（C）之间关系的评估能力，以及对"事实在多大程度上可以对命题提供支持"的判断能力。

题型三：此题型可以被称为"条件题"，重点考查考生能否理解"只有基于一定前提假设之上的事实才能形成理据"，重点在给定事实和结论的情况下，要求考生判断哪些陈述可以属于必要条件，哪些陈述不属于必要条件。

题型四：此题型可以被称为"反驳题"，重点考查考生能否判断哪些反驳需要予以认真对待。每一个命题都可能遇到种种的反驳，其中有些是合理的，需要认真对待，在认真对待的基础上接受或拒绝。如果反驳被接受，就需要对结论进行限定。一些反驳是不合理的，是不必认真对待的。

题型五：此题型被称为"综合题"。此题型为"题组"，包含一段较长的语料，给出一个较复杂的案例情景，通常包含5个问题，综合考查考生面对复杂问题时的审辩式思维能力。

三　审辩式思维与分析性推理

在美国 AASCU 和 APLU 定义的 4 项"核心教育成果"中的两项是审辩式思维和分析性推理。审辩式思维能力测验开发的关键问题和难点是区分审辩式思维能力和分析性推理能力。

笔者认为，分析性推理主要包含两个部分：①尊重事实，尊重证据，重视事物的客观性；②重视一个命题的可重复性和可检验性。

在分析性推理中包含这样一些要素：①对形式逻辑重要性的认识；②对概念、语言表达的清晰性、准确性的重视；③对客观事实和证据（evidence）的重视；④对真理客观性的理解；⑤重视发现事物的本质属性，重视发现现象之间的本质联系。

分析性推理也可以被称为"科学思维"、"分析性思维"或"理性思维"。分析性推理重视通过对组成事物的各个要素的描述来把握整体，是一种从"组成部分"到整体的认识方式。

笔者认为，审辩式思维主要包含两个部分：①独立思考和怀疑精神；②价值多元和包容精神。

在审辩式思维中，包含着这样一些要素：①对理性和形式逻辑局限性的认识；②对语言局限性的认识；③对仅仅事实不足以形成"理据"的理解；④对真理约定性的理解；⑤专注于揭示现象之间的联系，审慎或基本避免提出本质性结论。

审辩式思维也可以被称为"人本思维"、"整体性思维"或"直觉思维"。审辩式思维重视通过把握整体来赋予组成事物的各个要素以意义，是一种从整体到"组成部分"的认识方式。

具有审辩式思维的人知道，符合形式逻辑是不可突破的"底线"。任何论证都必须符合形式逻辑。但是，形式逻辑存在局限性。许多时候，存在多种符合事实和符合形式逻辑的命题。这时，需要在综合形式逻辑和非形式逻辑的基础上做出决策。

具有审辩式思维的人能够理解：第一，决策必须以事实为依据，不能基于虚假或虚构的事实；第二，决策必须符合形式逻辑，不能与形式逻辑相冲突，必须是合理的；第三，在符合前两项的基础之上，基于不同的前提假设和价值取向，会存在多种可能的决策选项，这些选项之间的区别不是对（right）与错的区别，也不是合理（rational or reasonable）与不合理的区别，它们的区别在于是否属于言之成理的（plausible）一项。

具有审辩式思维能力的人，能够区分事实判断和价值判断，能够理解做出不同判断所依据的不同价值选择，能够理解做出不同决策所依赖的不同前提条件和假设，能够理解决策者对自己所做决策应该承担的责任（谢小庆，2013c）。

根据具有审辩式思维能力的人的理解，当我们谈论事物的"本质"的时候，往往包含着单维、一元的认识倾向。但是，我们所面对的世界，往往是多维和多元的。审辩式思维是对单维性（uni‐demension）、主因素（principal factor）、一元性、线性思维方式的超越，是一种多维度、多因素、多元、非线性的思维方式。

四　审辩式思维不是"大批判思维"

20 世纪 60 年代，笔者亲身经历了"文化大革命"。笔者知道，"文革"中使用频率最高的词汇是"大批判"。"文革" 10 年中，《人民日报》和《红旗》杂志的多篇社论的标题中都包含"批判"或"大批判"的字样。例如，《人民日报》1966 年 6 月 8 日社论的标题是《我们是旧世界的批判者》。社论中说，"七亿人都是批评家"，认为这是一件了不起的大事情，是一件划时代的大事情；认为七亿人都做批评家，是我国人民群众的伟大觉醒。

在笔者所理解的审辩式思维中，不仅包含"独立思考"，还包含"价值多元"。笔者认为，具备审辩式思维的人，不轻易相信所谓的"科学真理"，不轻易相信所谓的"普世价值"，不轻易相信所谓的"普遍人性"。他们不相信唯一的正确答案，不迷信自己关于"大象"的经验，不会为了捍卫自己的一个乌托邦、一个梦想、一个真理去展开"大批判"。他们可以张开双臂拥抱一个多种乌托邦、多种梦想、多种真理、多种答案包容共存的新时代。他们认为："我可以有我的梦想，我的乌托邦，我的真理，我的答案和我关于'大象'的经验，别人也可以有别人的梦想，别人的乌托邦，别人的真理，别人的答案和别人关于'大象'的经验。"

在"大批判思维"和"审辩式思维"中，都包含独立思考，都包含怀疑精神。二者的区别在于，前者力图用自己的"真理"去批判他人的"谬误"，后者却接受多种真理并存的可能性，在坚持自己的"真理"的同时也包容别人的"真理"。

具有审辩式思维的人可以理解，对于复杂的科学问题和社会问题，常常并不存在唯一正确的答案。对于一个理论、一个观点、一个命题的论证，不是一个可能立即得到答案的实验室研究，不是一场可以决出胜负的球赛。辛亥革命已经过去了百年，但今天辛亥革命对于中国现代化进程的影响仍然是激烈争论的话题；"五四"已经过去了近百年，但今天"五四"对于中华民族文化建设的正面和负面的影响仍然是学术界激烈争论的话题；"罗斯福新政"已经过去了近 80 年，但今天对其得失成败仍然存在巨大争议，它仍然是经济学家们和政治学家们激烈争论的话题。对于这些问题，既不存在具有真理性的唯一正确的答案，也不存在符合形式逻辑的唯一的合理的答案，仅仅存在若干个言之成理的答案。关于这些问题的争论，会长期地存在下去。

五　审辩式思维植根于中国古代传统文化

确如德国哲学家雅斯贝尔斯（Karl Jaspers）所说，在公元前 500 年前后，人类历史上曾有过一个东西方思想家相映生辉的"轴心时代"（axial age）。"轴心文明"中凝聚着人类的核心价值与精神面貌，凝聚着人类最重要的宗教与哲学思想，是人类文明的"内核"，是人类文明最深层、最根本的部分（雅斯贝尔斯，1989）。

在当下这个人类思想爆发式增长的时代，东西方又各自具有不同的特点，西方长于形式逻辑（formal logic）和分析性推理，而东方则长于非形式逻辑（informal logic）和审辩式思维。两千年后，东方人才逐渐地学习西方人的分析性推理，而西方人也逐渐悟出东方人的审辩式思维。

古代东方的审辩式思维主张"博学、审问、明辨、慎思、笃行"，主张"中庸之为德至矣"，主张"过犹不及"。

古代东方的审辩式思维表现在对语言和形式逻辑局限性的认识，其典型代表是《道德经》开篇的"道可道非常道，名可名非常名"。这种认识后来与来自印度的佛教相融合，产生了中国化的佛教支系禅宗。在禅宗的"开口错""本来无一物"等思想中，也体现了对语言局限性的认识。

哈耶克是 20 世纪最杰出的学者之一。1988 年出版的《致命的自负》是哈耶克后期的作品，出版时他已经 89 岁，反映了他一生思考的结果。这本书第七章的标题是"我们毒化的语言"（OUR POISONED LANGUAGE），集中讨论语言对思想的扭曲。作者将孔子的"言不顺，……则民无所措手足"（《论语·子路》）作为这一章的题头语（哈耶克，2000）。可以猜想，作者不熟悉《道德经》。其实，作为这一章的题头语，更合适的是《道德经》开篇的第一句话。

古代东方的审辩式思维还表现在多进程、多元、非线性的思维方式。在老庄的"弃智""绝圣"中，实际上包含了价值多元的思想，包含了后来康德思想中非独断论的思维方式，包含了后来哥德尔在"不完全性定理"和海森堡在"测不准原理"中所体现的非独断论的思维方式。事实上，这种"一元独断"的思维方式至今在西方主导的全球文化领域中仍然具有巨大的影响，支撑着西方的文化霸权倾向。

六　审辩式思维与中国的教育改革

今天，中国学校中广泛流行的是形成于 20 世纪 50 年代的学习方法，是深受苏联影响的学习方法。学校中广泛流行的是形成于 20 世纪以前的"真理－谬误"的非审辩式思维方式。这种"非黑即白"的思维方式把学习过程理解为一个学生学习和掌握"科学真理"的过程，理解为一个老师向学生传授"科学真理"的过程。事实上，在今天的学校中讲授的许多标有"科学真理"标签的东西都是非常可疑的。这种学习方式，大大地摧残了学习者的好奇心，打击了学习者的怀疑精神，压抑了学习者的创造性，妨碍了学生审辩式思维能力的发展。今天，我们迫切需要改变这种陈旧的学习方式，不应再简单地向学生灌输特定的结论，而应小心翼翼地呵护学习者的好奇心，鼓励学习者的怀疑精神，努力保护和激发学习者的创造力，倡导研究性的学习，倡导审辩式论证，重视发展学生的审辩式思维能力，从而使学习成为一个探索和发现的过程，而不仅仅是一个记忆和复制的过程。

可喜的是，越来越多的人开始认识到发展审辩式思维能力的重要性。2013 年 11 月 20 日的《中国科学报》在头版头条的位置，以《批判性思维教育至关重要》为题，报道了中国科学院院长、中国科学院大学校长白春礼在中国科学院院长奖颁奖典礼上的致辞。白春礼院长在致辞中特别强调，在造就创新型人才过程中，批判性思维教育至关重要，他说："我觉得，一个优秀的创新型人才，一个有造诣的科研工作者，一定要具备很高的批判性思维能力。国科大应成为国家批判性思维教育、创新型人才培养模式的'试验田'。希望国科大……把批判性思维教育贯穿学生培养全过程，引导同学们善于把大胆质疑与谨慎断言有机结合，大力提升批判性思维能力，真正把自己锻造成国家急需的优秀创新型人才。"

我们期待着，越来越多的教师和家长认识到发展审辩式思维的重要性。

七　审辩式思维的再发现将拓宽人类的未来道路

对"轴心时代"东方文化中审辩式思维的再发现，意义不仅局限于中国创新性人才的培养，不仅局限于中华文化的重建，而且可能为人类做出新的贡献。

1922 年，英国哲学家和数学家罗素在对中国进行了大半年的实地考察之后，以"北京大学罗素"的署名出版了《中国问题》一书。罗素在这本书中对中华文化有一些非常精辟的评论。

"孔子的门徒们发展了他的学说，这是一种纯粹讨论伦理的学说，没有宗教性的独断，因此，也没有发展出一个有权力的教会体系，也不存在对异教徒的迫害。"（Russell. B. , 1922）

"我可以说，西方文化的明显优势在于科学方法；中国文化的明显优势则是他们对人生意义的思考。我们希望二者能够逐渐融合。"（Russell. B. , 1922）

"我不否认中国人在与西方相反的方向上走得太远，但正为此之故，我认为东西方的接触将使双方均获益。他们可以向我们学习那些为了取得实践效率所不可缺少的东西，而我们则可以向他们学习某些深邃的智慧，那些使他们避免了诸多古老民族先后衰亡的命运而将自己的文化传延至今的智慧。"（Russell. B. , 1922）

"我写此书意在表明，在一定意义上，中国人强过我们。如果他们为了生存而不得不降低到与我们一样的水准，那么，不论对他们还是对我们都是不幸。"（Russell. B.，1922）

"中国追求独立的意义并不局限于其自身，而是最终实现西方技术与中国传统美德相融合的第一步。若不能实现这种融合，中国政治独立的价值将大打折扣。"（Russell. B.，1922）

读着罗素的这些言说，我们一方面折服于罗素的睿智洞见，另一方面感动于罗素博大的人道情怀。

1958 年由牟宗三、徐复观、张君劢、唐君毅四位重量级学者连署的《为中国文化敬告世界人士宣言》（以下简称《宣言》）（唐君毅，1992）反映了中国学者关于普世价值的讨论。《宣言》的结束语说："18 世纪前的西方曾特别推崇过中国，而 19 世纪前半的中国亦曾自居上国，以西方为蛮夷。19 世纪的后半以至今日，西方人视东方之中国等为落后之民族，而中国人亦自视一切皆不如人。此见天道转圜，丝毫不爽。到了现在，东方与西方到了真正以眼光平等互视对方的时候了。中国文化，现在虽表面混乱一团，过去亦曾光芒万丈。西方文化现在虽精彩夺目，未来毕竟如何，亦尚是问题。这个时候，人类应该共通古今之变，相信人性之心同理同的精神，来共同担负人类的艰难、苦病、缺点和过失，然后，才能开出人类的新路。"

读到四鸿儒的这段文字，笔者感慨万千。在中华本土文化最低迷、最迷茫的时候，四鸿儒却表现出对中华文化如此的温情与自信，让人尊敬，让人感动。在经过新中国 60 余年经济建设后的今天，在中国的经济奇迹使整个世界感到惊讶的今天，在人类面临资源、环境、文化冲突、核武器威胁等一系列严峻挑战的今天，在人类对自身的未来发展感到迷茫的今天，我们更有理由期待，中华传统文化中审辩式思维的再发现将拓宽人类未来的发展道路，将增加人类在这个星球上长期存活的可能性。

参考文献

哈耶克，2000，《致命的自负》，中国社会科学出版社。

刘欧，2010，《美国核心教育成果为重心的高等教育评估》，《中国考试》第 5 期。

唐君毅，1992，《为中国文化敬告世界人士宣言》，［台湾：《民主评论》和《再生》1958 年元旦号，后被收入《唐君毅全集》（卷四之二，台湾学生书局 1992 年版）等多种文集，这里的引文来自网络］。

谢小庆，2014，《审辩式思维能力及其测量》，《中国考试》第 3 期。

谢小庆，2013a，《测验效度概念的新发展》，《考试研究》第 3 期。

谢小庆，2013b，《效度：从分数的合理解释到可接受解释》，《中国考试》第 7 期。

谢小庆，2013c，《教育测量：从数学模型到法学模型》，《招生考试研究》第 3 期。

雅斯贝尔斯，1989，《历史的起源与目标》，华夏出版社。

Facione, P. A., (1990). *The Delphi Report——Critical Thinking: A Statement of Expert Consensus for Purposes of Educational Assessment and Instruction*, The California Academic Press.

Russell. B., (1922). *The Problem of China*, George Allen & Unwin LTD., London.

Critical Thinking Assessment in Chinese Cultural Background

Xie Xiaoqing

Abstract： Critical thinking is closely related to the creativity of a person and is one of the most important key competences in modern society. The development of students' critical thinking is an essential goal in modern schools. For the development of students' critical thinking we have to make some change in learning, change learning from a process of remembering some specific knowledge to a process of exploring and finding. Development and administration of critical thinking tests (CTT) will prompt the critical thinking development in education. This paper introduced the efforts in developing CTT in China and discussed the critical thinking elements embedded in Chinese cultural background.

Key word： critical thinking; test; assessment

（责任编辑：杨阳）

中国社会心理学评论　第 11 辑
第 86~98 页
© SSAP，2016

基于客观指标的中国人集体主义量表[*]

侯东霞　任孝鹏　张　凤[**]

摘　要：个体主义/集体主义的测量一直是社会和文化心理学研究者关心的问题。本文以中国政府公布的客观数据为基础，采用 Vandello 和 Cohen 编制策略制作了中国人的集体主义量表，结果发现包括自我雇佣的百分比、离婚率、独居的百分比、65 岁以上老人独居的百分比和三代同堂的百分比 5 个客观指标的集体主义量表可以描述中国人集体主义的地区差异，该量表有较好的信度和效度。未来可以用它来进行集体主义的地区差异和代际变迁的研究。

关键词：集体主义量表　信度　效度

一　引言

在过去 30 年，个体主义/集体主义是跨文化心理学领域中最受关注的文化维度（Hofstede，2001；Markus & Kitayama，1991，2010；Triandis，1989）。个体主义是指个体以自己为中心的世界观、自我的目标、自我的独特性和自我控制等，同时也弱化社会或群体对自己的影响。个体主义对

---

[*]　本研究受到"科技基础性工作专项"（2009FY110100）和中科院心理所应急项目"中国人集体主义的心理地图"的资助。

[**]　侯东霞，中国科学院心理研究所行为科学重点实验室研究生；张凤，北京林业大学人文社会学院本科生；通信作者：任孝鹏，中国科学院心理研究所副研究员，e-mail：renxp@psych. ac. cn。

很多心理变量都有影响。在自我概念方面，个体主义意味着要努力创造或维系积极的自我；自我感觉良好，追求自己成功，看重自己的与众不同；人格特质是自我定义的核心。对幸福感来说，表达自己的情感、追求自己目标的成功是个人幸福感和生活满意度的重要方面；在归因风格上，决策、推理和因果推断往往以个体为中心，而弱化情境因素的影响；在与他人的关系上，个体主义也看重维持与重要他人的关系，但是这些努力往往是第二位的，是为了追求自我目标实现的手段。集体主义是指个体更看重群体内个体之间的联系和互助。拥有共享命运、共享目标、共享价值观的群体是最重要的，而个体是一种社会的存在，群体内外的分别很明显。在自我概念方面，群体成员身份是个体自我认同的关键；更重视能够为群体做出贡献的特质，如共享目标和为群体内的和谐关系做出牺牲。在幸福感方面，为了维持群体和谐进行适当的情绪压制而不是情绪表达，能够很好地完成群体内角色规定的任务和避免不能很好地履行角色规定情绪的个体才会更幸福。在归因风格方面，拥有集体主义价值观的个体会在归因上更看重社会情境、社会角色等对知觉和归因的影响，对事物的回忆也有更多的情境方面的细节。在与他人的关系方面，集体主义者认为群体关系对于自己至关重要，个体必须去适应它。内外群体的界限很清楚，不容易渗透。群体内的交换是以平等而非贡献为原则，有时候会对群体内成员过分慷慨。虽然个体主义和集体主义是人类的两个基本需求，在任何一个社会中都存在，但是某种文化会由于其经济、社会、教育、建筑、教材、英雄故事等比较偏好某种特定的价值取向，从而在文化或国家层面上表现出个体主义/集体主义的差异。如美国和西欧等基督教国家个体主义比较强，而中国、日本和韩国等东亚国家集体主义比较强（Kitayama，Park，Sevincer，Karasawa，& Uskul，2009；Oyserman，Coon，& Kemmelmeier，2002）。

为什么会存在着个体主义/集体主义的文化差异？研究表明，很多因素都会导致个体主义/集体主义的文化差异。如 Fincher 等发现历史上传染病比较容易高发的地区容易发展集体主义文化（Fincher et al.，2008）。群体的生态生存方式会影响集体主义的产生，如 Uskul 等发现游牧民要比农民和渔民的个体主义更高（Uskul，Kitayama，& Nisbett，2008），而种植小麦和大豆的农民要比种植水稻的农民个体主义分数更高（Talhelm et al.，2014）；Vliert 等发现气候比较舒适的国家个体主义分数更高（E. Van De Vliert，2007；Evert Van de Vliert，Yang，Wang，& Ren，2013）。新教伦理要比儒家文化更容易鼓励个体发展个体主义（Nisbett et al.，2001）。流动性越高的群体个体主义分数越高（Oishi，2010），工业化和商业化也会抚育

个体主义 (Henrich, Heine, & Norenzayan, 2010), 西部拓疆运动也会塑造个体主义文化 (Kitayama et al., 2006; Varnum, & Kitayama, 2011)。如果这些因素在一个国家内的不同区域也存在, 那么这些区域内也会有个体主义/集体主义的文化内差异 (苏红、任孝鹏, 2014), 比如中国种水稻的省份要比种小麦的省份集体主义分数更高 (Talhelm et al., 2014), 美国中西部州要比东部新英格兰地区的个体主义高 (Vandello & Cohen, 1999; Varnum, & Kitayama, 2011), 日本北海道要比其他地区个体主义要强 (Kitayama et al., 2006; Yamawaki, 2012), 维吾尔族的个体主义和集体主义分数都高于汉族人 (Ren, Lu, & Tuerdi, 2014)。

个体主义/集体主义的测量可以分为三大类。第一类最常见, 是自我报告的问卷, 如 Singelis 编制的自我构念量表 (SCS) (Singelis, 1994)、Triandis 编制的四因素个体主义/集体主义量表 (FFIC) (Triandis & Gelfand, 1998) 等。这类问卷的优点在于能够在世界范围内对每个国家在个体主义/集体主义的水平进行多国比较, 也得到很多有价值的发现, 如 Hofstede (2001) 基于问卷调查结果得到的各个国家的个体主义分数常用于解释不同国家的文化差异。但是这类量表的缺点也同样突出, 受到不同语言的同质性、问题回答的社会称许性、默认偏差 (acquiescence bias) 和参照效应 (reference effect) 的影响, 有时候结果和理论预期差别很大。如 Oystermann 等在对个体主义的元分析就发现采用自我报告的个体主义/集体主义测量实际上不能有效地描述国家水平上的差异 (Oyserman et al., 2002)。第二类是内隐测量任务, 如归因任务 (dispositional bias in attribution)、自我膨胀任务 (self - inflation)、框架直线任务 (frame - line task) 和内隐社会倾向问卷 (implicit social oreintation questionnaire) 等。这些任务能够避免自我报告问卷的测量学缺点, 但是它主要用于几个国家个体主义/集体主义的比较, 并用来解释其他心理变量的国家差异。内隐测量任务对操作的执行和分析要求比较高, 不如自我报告问卷那样方便操作和执行, 这可能也是到目前为止不能在全球范围内执行的原因之一。第三类是采用文化产品或客观指标等心外之物 (out of head) 等的测量 (Morling & Lamoreaux, 2008)。文化产品是实际的、拥有文化特征的产品, 包括广告、电视、短信、法律、公共行为规范、网络内容和语言等, 如行人的步行节奏, 个体主义文化强的国家和城市的居民步行节奏都快 (Levine & Norenzayan, 1999)。人们在重要方面的差异, 不仅是文化差异之上的内在价值观、特质或态度, 还基于人们内在的信念, 影响着人们的思维方式和过程, 并最终导致显著不同的文化行为, 文化产品就是这种影响力的外化表现，比如西方国家的文化产品就会比集体主义文化下的同类产品具有更高的个体主义意味。许烺光在他的《美国人与中国人：两种生活方式的比较》描述了美国人和中国人房屋的设计差异，并对其进行解释。美国人强调自我的独立性，所以美国人房屋的房间是各自独立的，但是房屋与外面的环境是没有区隔的；而中国人强调自我的互依性，所以中国人的房屋是与外面的环境有墙和门做区隔，而在家里面每个人的房间是开放的（Hsu，1981）。

Vandello 和 Cohen 的集体主义量表是用客观指标来构建集体主义量表的典型代表（Vandello & Cohen，1999）。作者认为文化可以用个体水平的数据进行统计处理后代表群体水平，但是也可以用群体水平的客观指标来构建。基于前人的研究，他们最后采取了离婚率等 8 个指标来合成集体主义的量表（Vanello 量表），并用它来描述美国的州之间的个体主义/集体主义差异，非常具有特点。Vandello 量表中采用了 8 个客观指标："独居的百分比"（percentage of people live alone）、"65 岁以上老人独居的百分比"［percentage of elderly people（aged 65 + years）live alone］、"家庭中有第三代的百分比"（percentage of household with grandchildren in them）、"离婚率"（divorce to marriage ratio）、"不信教的百分比"（percentage of people with no religious affiliation）、"在过去四届总统选举中投民主党百分比"（average percentage voting libertarian over last four presidential elections）、"合乘与自驾车去上班的比例"（ratio of people carpooling to work to people driving alone）和"自我雇佣的百分比"（percentage of self – employed workers），其中独居百分比、65 岁以上老人独居的百分比、离婚率、不信教的百分比、在过去四届总统选举中投民主党的百分比、自我雇佣的百分比是反向计分。该量表与自我报告的集体主义分数相关为 0.61，而且与各州的富裕程度、人口密度、历史上农业面积、居民流动性、自杀率等被认为与个体主义/集体主义有关的行为指标之间也相关，表明 Vandello 和 Cohen 的集体主义量表具有很好的效度。而 Yamawaki 采用 Vandello 和 Cohen 的方式，用核心家庭数等 5 个指标来描述日本各县之间的个体主义/集体主义差异（Yamawaki，2012）。上述两个结果都表明用客观指标建构的个体主义/集体主义量表具有很好的信度和效度。不过，由于这些客观指标受制于一些其他因素的影响，用它来进行国家间的比较可能会有比较大的误差，所以到目前为止，我们看到的这两个集体主义量表都是立足于描述国家内不同区域（州或县）的差异。

根据影响个体主义/集体主义的因素，我们可以合理地推测中国存在着省之间的个体主义/集体主义差异。从气候上看，中国的南北差异几乎相当于大半个欧洲内各国的差异。从生活方式上看，中国有游牧民、农民和渔民生活的地区，农民中又可以分为种植水稻为主的地区和种植小麦、大豆等的地区。从工业化和商业化程度来看，中国有的省份的工业化和商业化程度比较高，如广东、上海、江苏和浙江等；而有的省份则相对偏低，如甘肃省和贵州省等。从文化上看，有占人口一定比例的少数民族，其历史传统和文化习俗与汉族有比较大的差异。有研究证据表明中国确实存在着个体主义/集体主义的文化内差异，如 Vliert 等在中国 15 个省的地级市以下地区的问卷调查发现气候的舒适性能够解释不同省份之间集体主义的差异（Van de Vliert et al. , 2013）；Talhelm 等用社交图（socialgram）、忠诚与裙带关系游戏（loyalty and nepotism）和归因任务（triad task）对大学生的调查发现种植水稻为主的省份集体主义分数要高于种植小麦和大豆为主的省份（Talhelm et al. , 2014）。任孝鹏等用自我报告的量表和多个内隐任务发现维吾尔族比汉族的个体主义和集体主义分数都要高（Ren，Lu，& Tuerdi, 2014）。这都说明中国存在着个体主义/集体主义在省层面的差异。

本研究的目的是根据 Vandello 和 Cohen 的理论和框架，采用适合中国人的客观指标，构建符合心理测量学特征的中国人集体主义量表，用于描述中国人在省层面的个体主义/集体主义差异。

二　对象与方法

本研究依据 Vandello 和 Cohen 建构和编制集体主义量表的方法，可以分为两个部分：①选择合理的条目，建立集体主义的量表；②用该量表获得的分数与其他与集体主义有关的效标变量相关，做效标效度检验。

（一）研究工具

我们以 Vandello 和 Cohen 编制的集体主义量表为基础，从它的 8 个客观指标中，去掉了其中 3 个指标：第五个指标"不信教的百分比"和第六个指标"在过去四届总统选举中投民主党的百分比"因不适合中国国情而被删掉，第七个指标"合乘与自驾车去上班的比例"因没有办法得到相关数据被删掉。这样我们保留了 5 个条目，介绍如下。

独居的百分比。家庭结构是表现个体主义/集体主义的重要面向。个体主义者与集体主义者相比，更在意自己的自主性。而这种价值观会让他们更有可能选择单独居住。独居的百分比越高，集体主义的分数越低。

65 岁以上老人独居的百分比。老年人的生活安排也是个体主义/集体主义的重要面向。具有集体主义价值取向的子女倾向于照顾父母，与他们住在一起；而具有个体主义价值取向的老人更喜欢单独居住来保持自己的独立性，而不是和孩子住在一起。65 岁以上老人独居的百分比越高，集体主义的分数越低。

三代同堂的百分比。集体主义者更趋于扩展自己的家庭而不是只与自己的核心家庭成员生活在一起。三代同堂的百分比越高，集体主义的分数越高。

离婚率。离婚率被认为与个体主义有关。与家人或配偶等参照群体保持强的联系能够提供情感和社会支持，惩罚偏离规范的行为。而实际调查数据也证明个体主义文化越强的国家，离婚率也越高。离婚率越高，集体主义的分数就越低。

自我雇佣的百分比。自我雇佣是个体主义/集体主义在工作领域的典型行为。自我雇佣不仅有自己承担自己行为的意义，而且与同事整合或者为了群体利益而必需的团队合作的机会也在减少。自我雇佣的百分比越高，集体主义的分数越低。

我们根据国家统计局发布的资料计算了独居的百分比、65 岁以上老人独居的百分比、三代同堂的百分比、离婚率以及自我雇佣的百分比。

（二）数据来源

由于这些指标是客观指标，可以公开获得，不需要调查。我们是从国家统计局网站（www. statis. gov. cn）上获得中国政府公开的资料来进行上述指标的计算。需要说明的是，在国家统计局发布的原始数据中，并没有直接数据可供使用，所有指标都需要根据原始数据进行再计算，如独居的百分比是根据统计局中的"一人家庭数"和"总家庭数"相除得到的。

三　结果

（一）省的集体主义分数

我们首先对 5 个指标进行正态化处理，并把反向计分的题目进行正向化。集体主义的总分就是 5 个指标的 Z 分数的平均分，然后进行下述转换：集体主义 = 分数 × 20 + 50。这样集体主义的分数就在 0 ~ 100 分。而且分数越高，集体主义程度就越高，这样我们就得到了中国 31 个省区市的集体主义分数，见表1。

表1 省、自治区、直辖市在集体主义量表上的分数和序号

省、自治区、直辖市	集体主义分数	序号	省、自治区、直辖市	集体主义分数	序号	省、自治区、直辖市	集体主义分数	序号
重庆	26	1	山东	45	12	甘肃	59	23
上海	29	2	湖北	45	13	山西	60	24
天津	31	3	吉林	45	14	海南	61	25
北京	31	4	湖南	45	15	云南	61	26
四川	31	5	新疆	46	16	河南	62	27
辽宁	37	6	安徽	49	17	宁夏	64	28
浙江	41	7	广西	52	18	江西	72	29
江苏	42	8	陕西	52	19	青海	75	30
黑龙江	43	9	贵州	54	20	西藏	88	31
内蒙古	44	10	河北	58	21			
福建	44	11	广东	58	22			

为了形象地展示这些地区差异，我们参照 Vandello 和 Cohen 的做法，根据集体主义分数的高低，将这些省份分成四类，见图1。

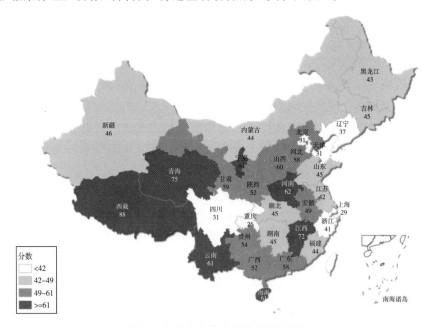

图1 中国人集体主义的心理地图

（二）信度

从表 2 可以看到所有条目与总分的相关在 0.537 ~ 0.873。在这 5 个指标中，65 岁以上老人独居的百分比、独居的百分比、离婚率和三代同堂的百分比的相关都在中等程度，只有自我雇佣的百分比与 65 岁以上老人独居的百分比、独居的百分比的相关很低，与总分的相关也不高，删掉该条目后的量表的内部一致性也高于包括它在内的内部一致性，但是考虑到其他 4 个指标侧重在家庭安排不同，而它侧重在社会层面，所以仍然将它保留。而且 5 个指标构成的集体主义量表的内部一致性系数为 0.783，达到了测量学的要求（见表 3）。

表 2　中国人集体主义量表中行为指标的相关矩阵

	1	2	3	4	5
65 岁以上老人独居的百分比（R）	0.696 **				
独居的百分比（R）	0.548 **	0.750 **			
三代同堂的百分比	0.471 **	0.620 **	0.873 **		
离婚率（R）	0.536 **	0.365 *	0.690 **	0.803 **	
自我雇佣的百分比（R）	− 0.010	0.213	0.414 *	0.347 ¥	0.537 **

注：$N = 31$，¥ 表示 $p < 0.010$，* 表示 $p < 0.05$，** 表示 $p < 0.01$。对角线表示该行为指标与量表总分的相关。离婚率、65 岁以上老人的百分比、独居的百分比和自我雇佣的百分比均采用反向计分。

表 3　5 个集体主义指标的信度

集体主义指标	项目 - 总分相关	删掉该条目后的 α 系数
65 岁以上老人独居的百分比（R）	0.507	0.760
独居的百分比（R）	0.585	0.734
三代同堂的百分比	0.776	0.667
离婚率（R）	0.664	0.707
自我雇佣的百分比（R）	0.298	0.823

注：R 显示该条目已经反向计分。5 个条目的 α 系数为 0.783。

（三）效标效度

为了检验这个量表的有效性，我们采取了 3 个指标作为效度指标。一是人均 GDP，越富裕的地方集体主义越低（Hofstede, 2001；Vandello & Cohen，1999；Yamawaki，2012）。二是互联网接入率（percentage of household Internet use）。Triandis 和 Gelfand 认为文化越复杂，集体主义越低（Triandis & Gelfand，1998），而互联网使用百分比是文化复杂度的一个标志（Yamawaki，2012）。三是专利数（patent），为创新性与集体主义负相关（Rinne，Steel，& Fairweather，2013）。如表 4 所示，集体主义与人均 GDP 的相关为 - 0.472，与互联网接入率的相关为 - 0.452，与专利数的相关为 - 0.604，均达到显著水平。

表 4   集体主义与效标变量的相关

	人均 GDP	互联网接入率	专利数
集体主义	- 0.472 **	- 0.452 *	- 0.604 **

注：$N = 31$，* 表示 $p < 0.05$，** 表示 $p < 0.01$。

四　讨论

Vandello 和 Cohen 利用客观指标编制的集体主义量表与常见的自我报告量问卷与内隐测量工具不同，从群体的层面来分析集体主义的地区差异和文化差别，从而避免了很多自我报告量问卷和内隐测量工具在理论和方法学上的缺陷。

本研究是采用 Vandello 和 Cohen 的范式，借鉴该量表的条目，利用中国国家统计局和民政部的公开资料进行编制。结果发现在去掉"在过去四届总统选举中投民主党的百分比"等明显不适合中国国情的条目以及"合乘与自驾车去上班的比例"这样没有办法获取数据的条目以后，用"离婚率""独居的百分比""65 岁以上老人的百分比""三代同堂的百分比"和"自我雇佣的百分比"5 个条目可以构建适合中国人的集体主义量表。

Vandello 和 Cohen 在编制上述量表时并没有采用已有的调查结果作为效标，而是根据理论建构和客观数据拟合量表。虽然该量表的分数能够比较好地解释美国不同州之间集体主义的差异，但是这些条目内部的一致性是相对来说比较差的。基于 Vandello 和 Cohen 建构的中国人的集体主义量表的条目虽然有所改善，但是仍然存在着同样的缺点，结果使得有些条目之间的关联性比较差，如自我雇佣的百分比与 65 以上老人独居的百分比、独居的百分比不相关，与离婚率的相关为边缘显著。这可能和自我雇佣的百分比与其他四个指标属于不同领域有关，自我雇佣的百分比属于工作和社会领域，而其余四个指标属于家庭和生活领域。不过中国人的集体主义量表的外在效标很好。无论是人均 GDP、互联网接入率还是专利数都与集体主义分数负相关，表明中国人的集体主义量表具有很好的效标效度。

这个量表的结果表明北京、上海、浙江、江苏等经济比较发达的地区的集体主义程度较低，而西部地区的集体主义程度较高，这可能和工业化与现代化程度的影响有关。研究表明工业化和现代化程度会鼓励个体主义的价值取向。

中国人的集体主义量表有几个好处。一是该量表是在群体水平上描述个体主义/集体主义的差异，而不像传统的方法把个体水平的数据转化成群体水平的数据，可以避免很多方法学上的缺点。二是可以用它来做集体主义的代际变迁以及地区差异的研究。由于历史原因，我们用传统方法是没有办法做集体主义在中国的代际变迁的。Twenge 利用客观指标来观测美国人的个体主义的历史变迁趋势，发现美国人在过去 100 多年中个体主义越来越强，同时她还提出一个假设：1900 年的美国人与 2000 年的美国人的个体主义差距可能不比 2000 年的美国人和中国人的个体主义差距小（Twenge，Abebe，& Campbell，2010）。其实，有人对中国人价值观的代际变迁进行研究，发现中国人的个体主义也越来越强，特别是改革开放以后（Egri & Ralston，2004；Wang，2010），但是这些测量往往不是直接测量或者划分代际比较长的测量。用中国人的集体主义量表可以更精确地描述中国人的代际变迁趋势。同时中国地理面积大，内部存在比较大的地区差异，而我们可以利用这些差异来进行很多集体主义影响因素的研究。三是可以用它来研究个体主义/集体主义与其他变量的关系，比如，现在幸福感的研究很多，但是很少考虑到群体水平的变量对个体幸福感的影响，而以往研究表明不同国家或地区的幸福感受到个体主义/集体主义的调节（Diener，Diener，& Diener，2009；Steele & Lynch，2013）。既然中国不同省区市存在着个体主义/集体主义的差异，未来在做类似研究的时候可以通过多层线性模型在群体水平上检验它与幸福感的关系，以及它对其他变量与幸福感的关系是否有调节作用。

量表的缺点有两个：一是内容效度，虽然已经有研究表明我们采用的指标与个体主义/集体主义有关，但是这些指标与其他测量方法如内隐测量和自我报告的集体主义分数是否存在一致性，还有待更多的研究证实；二是这些指标的提取是基于西方文化的研究而得到的，有没有一些和中国文化吻合的客观指标实际上也符合集体主义的价值观，在这里没有纳入进来。随着中国经济的发展，很多机构都在发布基于不同平台和数据来源的客观指标，而这些指标可能也可以纳入到集体主义量表中来。比如阿里巴巴集团基于自己的数据库发布的阿里指数，其实是与自我雇佣有关联性的。当然，在选择这些指标时，需要考虑这些数据的严谨性和连续性。还有一些指标，已经被证明是可以反映集体主义的客观群体指标，如常见名字的百分比（percentage of topX popular names），基于西方国家的研究表明最常见名字的百分比可以在群体水平上反映个体主义/集体主义（Twenge, Abebe, & Campbell, 2010；Varnum & Kitayama, 2011）。这些指标应该是可以用在中国人群的，因为它是测量的形式，而不是测量的内容。这样就避免了文化的影响；而且在中国不同省之间进行比较，不存在跨文化比较带来的语言和文字的混淆问题，应该是比较好的指标。这样，未来可以建构有生态效度并且内部一致性较高的中国人的集体主义量表。

总之，本研究修订的基于客观指标的中国人的集体主义量表，未来可以利用它来做集体主义的代际变迁和地区差异的研究。

参考文献

苏红、任孝鹏，2014，《个体主义的地区差异和代际变迁》，《心理科学进展》第22期。

Diener, E., Diener, M., & Diener, C. (2009). Factors predicting the subjective well – being of nations Culture and well – being：Springer, 43 – 70.

Egri, C. P., & Ralston, D. A. (2004). Generation cohorts and personal values：A comparison of China and the United States. *Organization Science*, 15 (2), 210 – 220.

Fincher, C. L., Thornhill, R., Murray, D. R., & Schaller, M. (2008). Pathogen prevalence predicts human cross – cultural variability in individualism/collectivism. *Proceedings of the Royal Society B：Biological Sciences*, 275 (1640), 1279 – 1285.

Henrich, J., Heine, S. J., & Norenzayan, A. (2010). The weirdest people in the world? *Behavioral and Brain Sciences*, 33 (2 – 3), 61 – 83.

Hofstede, G. H. (2001). *Culture's consequences. Comparing values, behaviors, institutions, and organizations across nations.* CA：Thousand Oaks.

Hsu, F. L. (1981). *Americans and Chinese：Passages to differences*, University of Hawaii Press.

Kitayama, S., Ishii, K., Imada, T., Takemura, K., & Ramaswamy, J. (2006). Voluntary settlement and the spirit of independence：Evidence from Japan's "northern frontier". *J Pers Soc Psychol*, 91 (3), 369 – 384.

Kitayama, S., Park, H., Sevincer, A. T., Karasawa, M., & Uskul, A. K. (2009). A cultural task analysis of implicit independence：comparing North America, Western Europe, and East Asia. *J Pers Soc Psychol*, 97 (2), 236 – 255.

Levine, R. V., & Norenzayan, A. (1999). The pace of life in 31 countries. *Journal of*

Cross – Cultural Psychology, 30 (2), 178 – 205.

Markus, H. R. , & Kitayama, S. (1991) . Culture and The Self – Implications for Cognition, Emotion, and Motivation. *Psychological Review*, 98 (2), 224 – 253.

Markus, H. R. , & Kitayama, S. (2010) . Cultures and Selves: A Cycle of Mutual Constitution. *Perspectives on Psychological Science*, 5 (4), 420 – 430.

Morling, B. , & Lamoreaux, M. (2008) . Measuring culture outside the head: A meta – analysis of individualism – collectivism in cultural products. *Personality and Social Psychology Review*, 12 (3), 199 – 221.

Nisbett, R. E. , Peng, K. P. , Choi, I. , & Norenzayan, A. (2001) . Culture and systems of thought: Holistic versus analytic cognition. *Psychological Review*, 108 (2), 291 – 310.

Oishi, S. (2010) . The psychology of residential mobility implications for the self, social relationships, and well – being. *Perspectives on Psychological Science*, 5 (1), 5 – 21.

Oyserman, D. , Coon, H. M. , & Kemmelmeier, M. (2002) . Rethinking individualism and collectivism: Evaluation of theoretical assumptions and meta – analyses. *Psychological Bulletin*, 128 (1), 3 – 72.

Ren, X. P. , Lu, K. W. , & Tuerdi, M. (2014) . Uyghur – Chinese and Han – Chinese differences on social orientation. *Culture and Brain*, 2 (2), 141 – 160.

Rinne, T. , Steel, G. D. , & Fairweather, J. (2013) . The Role of Hofstede's Individualism in National – Level Creativity. *Creativity Research Journal*, 25 (1), 129 – 136.

Singelis, T. M. (1994) . The measurement of independent and interdependent self – construals. *Personality and Social Psychology Bulletin*, 20 (5), 580 – 591.

Steele, L. G. , & Lynch, S. M. (2013) . The pursuit of happiness in China: Individualism, collectivism, and subjective well – being during China's economic and social transformation. *Social Indicators Research*, 114 (2), 441 – 451.

Talhelm, T. , Zhang, X. , Oishi, S. , Shimin, C. , Duan, D. , Lan, X. , & Kitayama, S. (2014) . Large – Scale Psychological Differences Within China Explained by Rice Versus Wheat Agriculture. *Science*, 344 (6184), 603 – 608.

Triandis, H. C. (1989) . The Self and Social – Behavior in Differing Cultural Contexts. *Psychological Review*, 96 (3), 506 – 520.

Triandis, H. C. , & Gelfand, M. J. (1998) . Converging measurement of horizontal and vertical individualism and collectivism. *J Pers Soc Psychol*, 74 (1), 118 – 128.

Twenge, J. M. , Abebe, E. M. , & Campbell, W. K. (2010) . Fitting in or standing Out: Trends in American parents' choices for children's names, 1880 – 2007. *Social Psychological And Personality Science*, 1 (1), 19 – 25.

Uskul, A. K. , Kitayama, S. , & Nisbett, R. E. (2008) . Ecocultural basis of cognition: Farmers and fishermen are more holistic than herders. *Proceedings of the National Academy of Sciences*, 105 (25), 8552 – 8556.

Van De Vliert, E. (2007) . Climatoeconomic roots of survival versus self – expression cultures. *Journal of Cross – Cultural Psychology*, 38 (2), 156 – 172.

Van de Vliert, E. , Yang, H. , Wang, Y. , & Ren, X. – p. (2013) . Climato – economic imprints on Chinese collectivism. *Journal of Cross – Cultural Psychology*, 44 (4), 589 – 605.

Vandello, J. A. , & Cohen, D. (1999). Patterns of individualism and collectivism across the U-nited States. *J Pers Soc Psychol*, 77 (2), 279 – 292.

Varnum, E. W. , & Kitayama, S. (2011). Whats in a name?: Popular names are less common on frontiers. *Psychological Science*, 22 (2), 176.

Wang, X. (2010). Entertainment, Education, or Propaganda? A Longitudinal Analysis of China Central Television's Spring Festival Galas. *Journal of Broadcasting & Electronic Media*, 54 (3), 391 – 406.

Yamawaki, N. (2012). Within – Culture Variations of Collectivism in Japan. *Journal of Cross – Cultural Psychology*, 43 (8), 1191 – 1204.

China's Collectivism Scale by Objective Indicator

Hou Dongxia, Ren Xiaopeng, Zhang Feng

Abstract: How to measure individualism/collectivism is very important and full of controversies for social and cultural psychology. Based on the public statistics data of China government, we made up the China's collectivism scale by objective indicators. China's collectivism scale showed reasonable reliability and criteria validity which includes divorice rate and percentage of self – employment and percentage of living alone and percentage of elderly people (aged 65 + years) live alone and percentage of household with grandchildren in them. It can be used to explore the within – cultural difference and trans – generational change of collectivism in China in future.

Key Words: collectivism scale; objective indicator; reliability; validity

（责任编辑：杨阳）

中国社会心理学评论　第11辑

第99～126页

© SSAP，2016

城乡居民阶层意识的归属与偏移：
以甘肃省为例[*]

崔诣晨　常江潇　侯　静　王　沛[**]

摘　要：社会阶层意识是居于某一社会阶层中的个体对社会阶层的认知与认同。依据社会阶层意识的操作性定义，所编制并得到验证的《城乡居民社会阶层意识问卷》共有6个维度：社会分层的感受与评价、划分社会阶层的标准、社会各阶层的基本认知、自我阶层归属、本阶层及其他阶层的感受与评价、阶层关系的感受与评价。其中，前3个维度称为阶层认知，后3个维度称为阶层认同。对城乡居民的社会阶层意识状况进行问卷调查后发现：①城乡居民具有较为清晰的阶层认知和较为明确的阶层认同，社会阶层意识较强；②城乡居民的阶层认知和阶层认同之间具有交互影响，共同作用于阶层冲突；③阶层认同对城乡居民的客观社会位置与阶层认知起着调节作用，从而影响着阶层意识的形成与发展；④城乡居民自我认同的阶层与客观阶层的一致性不高，自我阶层归属感弱；⑤城乡居民对社会阶层关系的评价较为乐观，认为当下社会各阶层之间的关系较为和谐。

关键词：社会阶层　阶层意识　阶层认知　阶层认同　自我阶层归属

---

[*]　本文受国家社科重点项目"中国人的自我认知与人际认知的特点：心理学与脑科学的整合研究"（批准号：12AZD117）的资助。

[**]　崔诣晨，南京林业大学江苏环境与发展研究中心副教授，上海师范大学心理学博士；王沛，上海师范大学教育学院教授、博士生导师；侯静，西北师范大学心理学硕士；常江潇，南京大学社会学院硕士。

2013 年，中国社会科学院社会学研究所发布的《中国社会心态研究报告》指出，社会群体间的不信任正在不断加深和固化，表现为官民、警民、医患、民商等社会关系的不信任，也表现为不同阶层之间的不信任，从而导致社会冲突增加甚至加剧，阶层意识成为社会心态的重心（王俊秀，2013）。阶层意识及其所衍生的社会心态涉及人们的意识形态，并且可以回归为社会分层乃至社会阶层的具体作用。

社会分层通常基于资产或财富所衍生，但也可以基于性别、年龄、宗教等其他属性。通俗地说，如果仅从社会群体的资产或财富出发，对不同人群进行纵向划分而不是横向划分，如此便形成了不同的社会阶层（唐钧，2014）。按照 Giddens（1973）的解释，社会分层一般用来指称存在于人类社会的个人和群体之间由于拥有资本、教育或技术专长以及体力劳动等的不同（所谓的市场能力的差异）所形成的相对明晰可辨的上层、中层、底层社会结构。其所主张的社会分层理论立足于西方国家的社会结构，通过阶级活动和阶级结构的互动考察各个阶层的流动。该理论认为，流动机会的多少与流动的频繁程度直接影响着阶级结构的生成和推动着阶段结构的变化。

目前，我国关于社会阶层的研究已从客观阶层的显性描述过渡到主观阶层的隐性分析。学者们普遍认为，中国改革开放以来，民众的阶层意识表现为阶层存在意识的不断强化、两极清晰的阶层认同状况以及阶层集体意识的冲突性等特点；尤其是对阶层分化的既肯定又否定的二重性评价，是人们对阶层分化以及与此相关的贫富差距的基本态度（马广海，2010）。另有研究指出，公正世界信念与群体的社会地位是相互作用的，人们所处的社会阶层决定着公正世界信念的水平，信念又影响着个体应对不利处境的策略和行为，这就使得公正世界信念对于低社会阶层的群体地位改变起着双重作用（郭永玉、周春燕，2013）。那么，社会阶层结构的深刻变化是否已经影响了人们的社会行为和思想意识，使得人们形成了清晰的阶层意识？社会成员冲突意识的缘起，主要决定于自我认同的阶层，还是社会学家所定义的客观阶层？在人们的客观社会位置与阶层认同之间，是否有其他因素起着调节作用，从而影响阶层意识的形成与发展？自我认同的阶层与客观阶层的一致（归属）或不一致（偏移）是否与人们的社会态度和社会行动具有逻辑链接？对于这样一系列涉及主观阶层的问题，显然有待进一步的理论建构和实证检验。

我国正处于社会变革加速和利益分化明显的时代，个人给自己一个明确的阶层定位并暂时安位于此，不同的社会阶层之间认同对方所处地位以及对其获得地位的手段合理性、合法性予以认可是形成阶层认同的前提条件。在澄清上述问题的同时，有必要从社会心理学视角出发对阶层意识进行概念廓清和特征分析。

一　阶层意识的概念、特征及成分

马克思最早提出阶级意识（class consciousness）这个概念，即一种由生产关系规定的对某个群体成员资格的知觉，一种对共同身份产生共同利益和共同命运的感觉，以及一种为谋求阶级利益而采取集体行动的倾向（张伟，2005）。受韦伯在20世纪初提出的多维社会分层思想的影响，人们将一种与社会分层相联系的主观意识称为"阶层意识"（strata consciousness），意指居于一定社会阶层地位的个人对社会不平等状况及其自身所处社会经济地位的主观意识、评价和感受（Jackman et al.，1973；刘欣，2001）。透过这两个概念内涵的比照可以归纳出，阶级意识是从群体出发所形成的一种集体意识形态；阶层意识则是从个体出发所形成的一种对于当前社会阶层现象的主观判断和社会心态反应。因此，按照人们的物质生活条件、经济地位和社会地位等客观尺度对人们进行阶层定位，常常会出现与社会成员的主观分类不一致的现象。正如Wright（2004）所言，研究"意识"就是"研究个人精神生活的一个特定方面，即一个人的那些主观性成分"，而"阶层意识可视为意识中带有独特的阶层特性的意识方面"。其理论观点是根据"个人主观性"的"知觉"、"推测"和"偏爱"这些带有浓厚心理学色彩的三个维度，划分阶级意识的类型，以使其可操作化。因此，这种微观层面的操作性定义为可能的实证研究奠定了基础。

人们是否意识到社会存在着不平等的地位结构？如果有这种阶层认知的话，那么在其观念中划分阶层地位高低的主要依据是什么？人们是否把自己归属于不同的社会阶层？顺着这一思路追问，研究者们陆续发现了阶层意识的四大特征：社会区分的感知程度、社会区分的标志特征、社会区分的等级类别、自我社会经济归类（李春玲，2003）。

此外，王春光和李炜（2002）还提出了阶层的主观建构概念，包括阶层存在意识、阶层自我定位和阶层等级定位，进而研究个体成员的意识层面以及个体根据不同社会环境、条件、个人的不同生活经历等对其阶层归属的定位和等级定位。由此可见，阶层意识是对阶层之存在、自我阶层认定、自我阶层归属等一系列问题的社会认知。

　　在整个社会中，不同的社会阶层所具有的阶层意识也会有所不同。有研究者根据阶层意识与社会秩序的关系将阶层意识分为三类：阶层冲突意识、阶层认同意识和阶层模糊意识（陈占江，2007）。阶层冲突意识，是指在一个社会形态中不同阶层之间的意识彼此冲突和敌对。社会底层对社会上层有敌视、怨恨和反抗的心理；社会上层对社会下层则排斥、漠视甚至践踏其尊严或生命。强烈的阶层冲突意识是导致恶性社会秩序的重要诱因。阶层认同意识包括两个层面：一是社会成员对自己的身份、地位和阶层归属有明确的认知和一定程度的满意感；二是不同社会阶层之间认同度较高，彼此之间关系相对和谐融洽。阶层认同意识越强，社会秩序越稳定，社会运行越健康。阶层模糊意识是介于阶层冲突意识和阶层认同意识之间的特殊状态，主要指整个社会的阶层分化尚不明显，对自我所属阶层和不同阶层之间界限的认知较为模糊。阶层模糊意识往往会导致各利益群体无法形成结构性力量和集体行动的能力。阶层模糊意识淡化了群体之间的冲突，分散了社会冲突的力量，在不同社会群体之间形成交叉压力，对于社会秩序的影响不太明显，社会秩序处于中性状态。

　　总之，阶层意识指居于某一社会阶层中的个人对社会阶层的认知与认同。有研究者主张阶层意识的多维测量，即从认知、情感、评价三个方面对阶层认同进行多维测量（李路路、王宇，2008）。对此，我们认为，阶层认同更多体现的是一种情感和评价成分，只是情感和评价发生的前提需要一定的认知基础。阶层认同是阶层认知基础上的认同，阶层认同又会进一步促进人们对社会各阶层的深入认知。两者之间既是一种递进关系，又是一种相辅相成关系。阶层意识的主要构成及其操作性定义见表 1。

表 1　阶层意识的内容要素

成分	操作性定义	具体操作说明
阶层认知	生活在同一社会的人们对自己所处的社会是否存在分层的感受与评价；在他们的观念中划分社会阶层的主要标准、对社会各阶层的基本认知	（1）对社会分层的感受与评价：①是否体验到人群之间的社会性区别；②对这种社会性区别的感受强度；③对这种社会性区别的评价 （2）划分社会阶层的标准：根据什么指标对整个社会阶层进行划分 （3）对社会各阶层的基本认知：①对自己所在阶层和其他阶层的收入财富、社会地位、教育水平、生活状况、职业情况、思想观念等的基本认识；②基于这种基本认识，得出自己所属阶层与其他阶层之间的相似或相异程度

成分	操作性定义	具体操作说明
阶层认同	人们能否将自己归于某一社会阶层；人们对本阶层、其他阶层和阶层关系的感受与评价	（1）自我阶层归属：能否明确地将自己归于某一阶层，而不存在阶层模糊意识 （2）对本阶层及其他阶层的感受与评价：①对自己所属阶层的满意度、认同态度；②对其他阶层的满意度、认同态度 （3）对阶层关系的感受与评价：对阶层关系强烈程度的感受与评价，以及对阶层关系的积极或消极认同态度

注：社会性区别是一种社会经济差异在人们头脑中的折射。当社会经济差异扩大或深化时，人们的社会区分意识便会增强；而当社会经济差异缩小或多元化时，人们的社会区分意识就有可能淡化（李璐璐、王宇，2008）。

二　阶层意识的研究思路、假设及研究方法

人们的分层意识影响着他们对社会事件和社会现象的态度、社会评价以及行为表现。目前，对于社会阶层的研究主要可以划归为两种取向：一种是客观取向，即从宏观角度出发，将社会阶层作为文化或结构变量进行考察，探索具有不同文化背景或时代背景的群体之间在社会阶层结构和水平上的特点；另一种是主观取向，即将其视为个体化变量研究，探讨不同个体在阶层意识上的差异性。上述两种取向都是在努力描述、解释社会阶层的成因及影响，从而试图控制该变量朝向人们理想的方向发展。

陆学艺主持的中国社会科学院"当代中国社会结构变迁研究"课题组（2000～2005）对当代中国社会阶层的分析就是从客观层面出发的。课题组以职业分类为基础，以组织、经济和文化资源的占有状况为标准将当代中国划分为十大社会阶层，并在此基础上又进一步整合为底层、中下层、中中层、中上层和上层5个等级。从社会分层现象来看，任何社会有价资源的不平等分配，都可以表现为阶层的差异；而社会资源有价性的程度是同一定社会的制度安排和价值观念相联系的，从而深入地表现为精神文化方面的多元化（刘欣，2005）。低阶层个体与高阶层个体相比，更倾向于维护当前存在的政府和制度，也就是更认为现存系统是公正的和合理的（Jost & Banaji，1994；Jost & Thompson，2000；Jost，2011）。虽然此论断不乏实证研究的支撑，但也有相关理论和研究支持相反的结论：处于较低阶层的个体与高阶层个体相比，更倾向于抱怨社会不公，对整个社会系统做出消极评价。那么相对更高阶层的群体，处于社会下层的人究竟对社会抱

有一种怎样的态度呢？本文将对这一看上去存在明显分歧的研究主题进行阐述与分析。

主观层面的调研数据显示，中国公众的阶层认同不仅横向与其他国家比较有"向下偏移"的特点，纵向来看也呈现出不断"向下偏移"的态势。对上海不同年份的调查显示，自我认同属于"下层"的比例在10%以下（卢汉龙，1991），这一比例随后上升到12% ~ 14%（刘欣，1996）；2002年"当代中国人民内部矛盾研究"的调查数据中，这一比例约为14.6%；2003年CGSS调查和2006年"社会和谐稳定问题全国抽样调查"中，这一比例进一步上升到28.3%和24.5%。冯仕政通过对"中国综合调查数据"的分析，发现阶层认同自认为属于"下层"或"中下层"的比例不仅出奇的高，而且这一比例逐年攀升，从2003年到2006年增加了10个百分点以上。尤其值得注意的是，这种阶层认同的"向下偏移"不只局限于某个收入层级当中，甚至也不只局限于某个阶层当中，而是普遍性的（马广海，2010）。虽然上级阶层下降的幅度相对较小，但其阶层认同也有所下降（高勇，2014）。

（一）研究思路

从两种研究取向分析可知，要想造就一个阶层认同意识清晰、阶层凝聚力强的社会阶层，需要逐步消弭客观阶层与其自我阶层归属之间的差异。有鉴于此，本研究拟在现阶段研究的基础上，提出以下三个方面的研究设想。

第一，关于目标群体。传统的社会阶层测量多是以客观尺度为指标，不过新近研究也越来越多地强调主观成分（Côté，2011；Lapour & Heppner，2009）。例如，在探讨公正世界信念对低社会阶层的影响时，更符合实际的研究策略是将公正世界信念与社会结构变量的交互作用作为研究重点。鉴于上述分析，本研究假设：人口统计学变量不会对城乡居民的社会阶层意识产生影响，即研究结论可外推到甘肃省以外的社会阶层。①城乡居民具有较为清晰的阶层认知和较为明确的阶层认同，其社会阶层意识较强。②城乡居民的阶层认知和阶层认同之间具有交互作用，共同影响着人们的阶层冲突。③城乡居民的客观社会位置与阶层认知之间，阶层认同起调节作用，从而影响阶层意识的形成与发展。④城乡居民自我认同的阶层与客观阶层的一致性不高，且自我阶层归属感弱。⑤城乡居民对社会阶层关系的评价较为乐观，即他们认为就当下社会而言，社会各阶层之间的关系较为和谐，并不存在所谓的不可调和的矛盾。

第二，关于测量工具。目前主要运用访谈法和开放式问卷调查来考察人们的社会阶层意识，使得研究对象的量化分析不够深入，横向比较与纵向追踪研究因研究方法的局限而变得困难。此外，多数研究者在测量人们的社会阶层意识时，没有将阶层认知与阶层认同考虑在内，有的以阶层认知的测量为主，只是捎带提及阶层认同，有的则以阶层认同的测量为主，将阶层认知混杂其中，使得研究者们自编的问卷或量表也是结构各异。在以往研究范式基础上，本研究将编制结构化问卷，并重视社会阶层意识中的个体差异变量与社会结构变量的交互作用。

第三，关于调节变量。有必要针对阶层意识的心理机制（如认知、情感、态度）分析变量之间的相互作用以及起中介作用的调节变量。不同阶层各自的心理特征（如动机冲突、认知风格）究竟有什么本质的差别，这些差别又最终怎样影响了他们的社会态度？可以看出，这一问题的研究对中国社会发展有很强的现实意义，那就有必要详细地了解各阶层尤其是低阶层的社会心态。

（二）研究方法

1. 数据来源与简单介绍

参与本次探索性因素分析的被试均为甘肃省城乡居民，涉及地市有兰州、白银、武威、张掖、定西等地。共发放问卷 350 份，收回有效问卷 303 份，回收率达 86.6%。被试人口统计学情况见表 2。

表 2　被试人口统计学情况

单位：人，%

性别	人数	比例	年龄段（岁）	人数	比例
男	159	52.5	30 岁及以下	135	44.6
女	144	47.5	31～40	88	29.0
婚姻	人数	比例	41～50	55	18.2
未婚	139	45.9	51～60	15	5.0
已婚	164	54.1	61 岁及以上	10	3.3
社会阶层（职业）	人数	比例	年平均收入（元）	人数	比例
国家与社会管理者	14	4.6	5000 以下	27	8.9
经理人员	13	4.3	5000～10000	50	16.5
私营企业主	20	6.6	10001～30000	129	42.6
专业技术人员	70	23.1	30001～50000	66	21.8
办事人员	62	20.5	50001～100000	22	7.3

续表

社会阶层（职业）	人数	比例	年平均收入（元）	人数	比例
个体工商户	18	5.9	100001～150000	4	1.3
商业服务业员工	35	11.6	150001～200000	3	1.0
产业工人	30	9.9	200000 元以上	2	0.7
农民	31	10.2	教育	人数	比例
城乡无业、失业、半失业者	10	3.3	小学及以下	9	3.0
来源地	人数	比例	初中	49	16.2
城市	153	50.5	高中/中专/技校	58	19.1
乡镇	92	30.4	专科	65	21.5
农村	58	19.1	本科	108	35.6
			研究生及以上	14	4.6

2. 问卷的项目编制

步骤：①通过访谈对城乡居民的阶层认知、阶层认同现状进行基线调查，概括普通中国人对阶层意识的看法，再遵循心理测量学的方法与原则，为问卷的正式编制构建理论框架。②根据访谈结果，结合阶层意识的内容要素（见表 1），借鉴"认同倾向量表"（Identity Orientation Scale；Cheek，Smith，& Tropp，2002）、"本阶层认同问卷"和"其他阶层认同问卷"（刘峰，2008），自行编制"城乡居民社会阶层意识初始问卷"，并在专家分析论证的基础上形成预测版问卷。题项构成及分布情况见图 1。题项计分采用 5 分量表：1 表示"完全不符合"，2 表示"大部分不符合"，3 表示"部分符合、部分不符合"，4 表示"大部分符合"，5 表示"完全符合"。

3. 问卷的项目检验

检验问卷题项对被试的阶层意识的鉴别能力采用区分度指标：临界比率法和相关法。采用临界比率法求出问卷个别题项的 CR 值（根据量表总分区分出高分组和低分组，采用极端分组法，总分最高的 27% 为高分组，最低的 27% 为低分组；然后求高、低二组在每个题项的平均数差异的显著性），当 CR 值达到显著水平时（$p < 0.05$），表明该题目能鉴别不同受试者的反应程度，这是考虑项目是否被删除的首要条件。将未达显著水平（$p > 0.05$）的题项予以删除；对保留的 55 题用相关法（计算各个题项与问卷总分之间的 r 值）来考察其项目区分度，根据计算结果删除相关系数小于 0.30 的题项，留下的题项共计 37 题，这些题项与总分的相关系数均符合统计学要求。

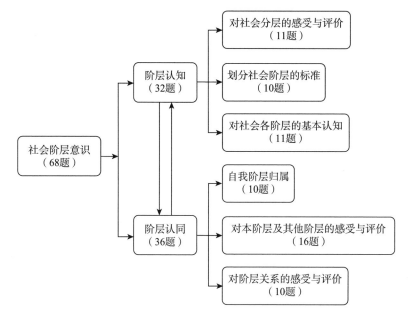

图1　城乡居民社会阶层意识初始问卷的题项构成及分布

4. 因素分析

KMO 值为 0.836（>0.5），说明题项间有共同因素存在；Bartlett's 球形检验的 χ^2 值为 3018.793（$df = 666$），达显著水平（$p = 0.000$），代表母群体的相关矩阵间有共同因素存在，适合进行因素分析。第 1 次探索性因素分析（EFA），根据主成分分析法抽取因素，生成特征值大于 1 的 8 个因素，累计解释变异量为 57.415%。其中，第 5、第 6、第 7 个因素各包含 1 个题项，所涵盖的题项内容太少，遂将之删除。第 2 次 EFA，通过对因素负荷矩阵配合以最大变异法的正交转轴后，抽取出的 6 个因素的特征值累计解释变异量为 53.110%。根据各因素所涵括的题项内容，对其加以命名并依次简称为：社分评、社标准、社认知、我归属、本其评、关系评（见图 2）。可以看出，因素 1、2、3 可统称为阶层认知，因素 4、5、6 则统称为阶层认同。经过探索性因素分析的问卷结构与原初的设想及理论建构大致吻合，最终形成的"城乡居民社会阶层意识问卷"共计 34 题（见表 3）。

表 3 城乡居民社会阶层意识问卷因素分析摘要

因素	题号	项目	特征值	贡献率（%）	因素负荷	共同度
对社会分层的感受与评价	A2	阶层之间一定存在差别	4.093	12.039	.737	.663
	A3	无论过去、现在、未来，社会分层都会存在			.720	.643
	A6	每个人都有自己归属的阶层			.647	.668
	A11	每个阶层内部都存在一定差别			.620	.643
	A15	我觉得一个人的阶层归属是会发生变化的			.494	.654
	A16	一个人的阶层归属会受其家庭的影响			.441	.570
划分社会阶层的标准	A8	划分社会阶层的标准应该是多个指标的综合	3.437	10.108	.739	.605
	A5	我知道哪些人和我是同一个阶层的			.735	.679
	A10	人们按照不同的分层标准可以划分出不同的社会阶层			.710	.628
	A12	划分阶层的目的不同，可以有不同的分层标准			.508	.532
	A13	我觉得经济利益问题是阶层关系和矛盾的主要内容			.496	.634
对社会各阶层的基本认知	A4	生活方式、消费方式不同的人其阶层归属也会不同	3.077	9.051	.801	.747
	A1	分层的本质就是关于人们之间的利益或资源占有的关系			.738	.655
	A7	我认为社会分层会随着社会的发展不断地变化			.726	.707
	A9	我认为所有阶层本质上是一种劳动合作关系			.466	.522
	A14	所属阶层的不同会影响人们的社会交往			.404	.510
自我阶层归属	A17	有时候我会在两个阶层间摇摆，不是很确定自己属于哪个阶层	2.838	8.346	.745	.681
	A27	我知道自己所处的阶层和其他阶层有很多不一样的地方			.738	.661
	A28	我很清楚自己是哪个阶层的			.665	.554
	A29	我认为我所处的阶层是社会的重要组成部分			.569	.480
	A31	我觉得归属哪个阶层并不是很重要，重要的是自己过得好			.398	.535
对本阶层及其他阶层的感受与评价	A19	我了解我所在阶层的疾苦	2.681	7.884	.648	.617
	A20	我比较清楚我所在阶层人们的心态			.612	.642
	A24	我大致了解其他阶层人们的生活状况			.442	.570
	A25	我比较关注其他阶层的经济收入状况			.427	.560
	A26	我觉得其他阶层的人大部分都很好			.399	.585
	A32	我更喜欢和同阶层的人来往			.312	.347
	A34	我觉得与同一阶层的人有共同语言			.270	.310

续表

因素	题号	项目	特征值	贡献率（%）	因素负荷	共同度
对阶层关系的感受与评价	A18	我认为阶层之间是一种相互支持的关系，谁也离不开谁	1.932	5.682	.664	.674
	A21	阶层间的关系如同一个家庭，虽有贫有富，但应相互关照			.561	.528
	A22	阶层之间应该相互保持距离			.502	.531
	A23	远离其他阶层的人，我会感到安全			.500	.540
	A30	我觉得其他阶层的存在也很重要			.413	.491
	A33	我不敌视其他阶层			.383	.461

对另一平行样本（被试所在地区、人口统计学特征与前测样本匹配，具体分布数据略）采用 lisrel8.7 软件进行验证性因素分析（CFA）证实问卷结构的合理性。共发放问卷 260 份，收回有效问卷 215 份，回收率达 82.7%。由表 4 的数据得出，各指标均满足要求，表明该模型具有较好的拟合指数，模型结构良好。据此建构的"本地城乡居民社会阶层意识结构模型"如图 2 所示。

表 4　本地城乡居民社会阶层意识结构模型的拟合度指数（n = 215）

χ^2	df	χ^2/df	GFI	AGFI	CFI	NFI	IFI	RMSEA	NNFI
1343.60	512	2.62	0.89	0.83	0.86	0.81	0.82	0.087	0.93

5. 问卷的信效度检验

采用内部一致性信度（Cronbach's alpha 系数）和分半信度（split - half）作为信度指标。结果表明，问卷各维度的 α 系数为 0.68 ~ 0.86，均大于 0.65。一般来说，α 系数值界于 0.65 ~ 0.70 是最小可接受值，除因素 3 为 0.680 之外，其余均大于 0.70。总问卷的 α 系数为 0.855，界于 0.80 ~ 0.90。考虑到本研究的实际情况，不可能找到原来的被试重新再做一次问卷，而且也不存在复本一说，因而采用分半法来估计信度。统计分析结果表明，总问卷的分半信度系数为 0.8483。本问卷的内部一致性信度和分半信度均大于 0.80，说明具有良好的信度。

经有关专家多次审阅与修订，以及探索性因素分析，本问卷具有较好的内容效度和结构效度。此外，问卷的结构效度还可以采用因素间的相关系数矩阵进行检验。根据心理测量理论，问卷的各个维度之间应该具有中等程度的相关。如相关太高，说明各维度之间重合；而相关太低，则说明

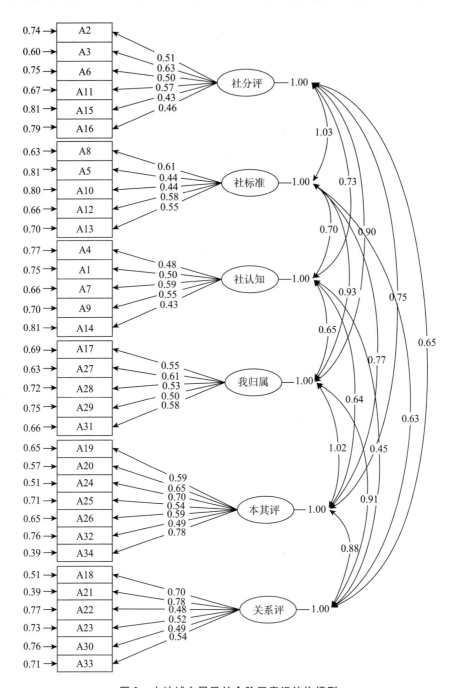

图 2 本地城乡居民社会阶层意识结构模型

测量的是一些完全不同的心理品质。本问卷各维度之间的相关系数均介于 0.1~0.6，再次表明其构想效度较好。具体结构见表 3。被试在阶层认知部分与阶层认同部分的得分相关（$r = 0.652$，$p < 0.01$），阶层认知部分的得分与总问卷得分显著相关（$r = 0.900$，$p < 0.01$），阶层认同部分的得分与总问卷得分显著相关（$r = 0.903$，$p < 0.01$）。鉴于此，本研究编制的问卷符合心理测量学标准，可以作为评定城乡居民阶层意识的测量工具。

三　城乡居民阶层意识的人口学特征、影响因素分析

以往有关社会阶层意识的调查研究既有以全国民众为研究对象的，也有以某地区居民为研究对象的。进一步统计发现，多数研究没有涉及乡镇及农村居民，因此，所获得的数据并不能从总体上全面概括民众的社会阶层意识。究其原因，笔者认为，受当时社会环境的局限，"社会阶层意识"很少为经济欠发达地区以及乡镇、农村居民所知。如今，随着贫富差距的拉大、阶层矛盾和民生问题的凸显，对民众社会阶层意识的研究日趋成熟。如何构建科学合理的阶层结构、和谐的阶层关系、健全的阶层心理融合机制成为新的研究导向。因此，以甘肃省为例，本研究对城乡居民社会阶层意识状况进行调查有特殊的考虑：一是作为西部经济欠发达地区，甘肃的城乡人口居住环境差异较其他省份明显；二是作为地处西北的一个重要的经济、文化、交通枢纽大省，甘肃在某种程度上可以代表西北地区的平均发展水平；三是甘肃具有多民族、外地迁徙人口密集等特征，样本具有代表性。这些取样方面的优势弥补了以往研究的不足，便于揭示经济欠发达地区与经济发达地区以及全国民众的整体水平，发现城乡居民的社会阶层意识所呈现的特征。

（一）研究对象与变量设计

采用自编的"城乡居民社会阶层意识问卷"对来自甘肃省兰州市各辖区、白银市、定西地区、张掖地区、武威地区等地市的城乡居民进行分层抽样（发放问卷 600 份，收回有效问卷 516 份，回收率达 86.0%）。被试人口统计学情况（包括性别、婚姻、年龄、文化程度、长期居住地、年平均收入、按职业划分的社会阶层等）与问卷编制所测量的样本人口统计学比例大致相同（具体数据分布略）。

因变量指标：①对社会分层的感受与评价；②对社会各阶层的基本

认知。

调节变量指标：①自我阶层归属；②对本阶层及其他阶层的感受与评价；③对阶层关系的感受与评价。

前因变量指标：①以职业分类为基础的社会阶层分类（客观阶层）；②划分社会阶层的心理标准（主观阶层）；③其他人口统计学指标。

上述调节变量是介于物质性和价值性之间的变量。其主观认知是建立在对自身客观状况的基础之上的。因此，这些变量既包含有物质属性，又包含有价值属性。各变量之间的关系建模见图 3：

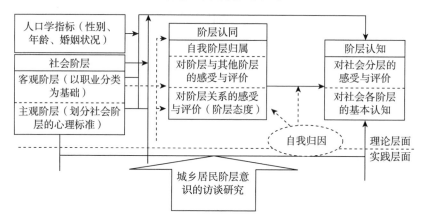

图 3　社会阶层意识的理论扩建模型

（二）研究结果

1. 城乡居民阶层意识的差异比较

由表 5 可以看出，不同性别的甘肃省城乡居民除"对阶层关系的感受与评价"维度上差异显著（女性高于男性，$p < 0.05$）外，在其他维度上没有显著性差异。不同婚姻状况、年龄段、文化程度、社会阶层的甘肃省城乡居民在社会阶层意识各维度上没有显著性差异。长期居住地不同的甘肃省城乡居民除"对本阶层及其他阶层的感受与评价"维度上差异显著（$p < 0.05$）外，在其他维度上没有显著性差异；进一步多重比较发现，长期居住于城市的人要比长期居住于农村的人对本阶层及其他阶层的感受与评价更为强烈。年平均收入不同的甘肃省城乡居民"对阶层关系的感受与评价"维度上差异显著（$p < 0.05$），在其他维度上没有显著性差异；进一步多重比较发现，年平均收入 20 万元以上的人对阶层关系的感受与评价要高于年平均收入在 5000 元以下和 5000 ~ 10000 元的人。

表5　不同特征的城乡居民阶层意识的差异比较（T检验/F检验）

前因变量	阶层认知			阶层认同		
	社会分层的感受与评价	划分社会阶层的标准	社会各阶层的基本认知	自我阶层归属	本阶层、他阶层的感受与评价	阶层关系的感受与评价
性别	.139	−1.866	−.408	−.769	−1.884	−2.138*
婚姻	−.977	−1.098	−.728	.584	−1.342	−1.296
年龄	.753	.471	.587	1.311	1.915	1.763
文化程度	2.001	2.174	1.728	1.639	1.722	.909
长期居住地	2.476	1.166	2.396	.243	4.066*	.569
年平均收入	1.776	.972	1.742	.774	.397	2.471*
社会阶层	.882	.713	2.014	1.741	1.727	.506

注：①*表示p<0.05。

②各前因变量指标的测量维度：性别（男/女）、婚姻（已婚/未婚）、年龄（30岁及以下/31~40岁/41~50岁/51~60岁/61岁及以上）、文化程度（小学及以下/初中/高中－中专－技校/专科/本科/研究生及以上）、长期居住地（城市/乡镇/农村）、年平均收入（5000元及以下/5001~10000元/10001~30000元/30001~50000元/50001~100000元/100001~150000元/150001~200000元/200000元以上）、社会阶层（国家与社会管理者/经理人员/私营企业主/专业技术人员/办事人员/个体工商户/商业服务业员工/产业工人/农民/城乡无业－失业－半失业者）。

2. 城乡居民社会阶层意识的主观阶层划分特点

受访者认为当前的社会阶层包括5个等级：①底层，②中下层，③中中层，④中上层，⑤上层。采用单因素方差分析考察甘肃省城乡居民在社会阶层意识各维度上的主观阶层划分差异，结果显示，甘肃省城乡居民主观阶层划分对社会各阶层的基本认知存在显著影响（$F = 1.945$，$p < 0.05$）。进一步多重比较表明，主观阶层划分越清晰的人，其对社会各阶层的基本认知水平越高。

3. 性别、长期居住地、年平均收入、自我阶层归属与社会阶层意识的关系研究

根据上述研究，性别、长期居住地、年平均收入不同的甘肃省城乡居民在对阶层关系的感受与评价这一维度上均存在显著性差异，自我阶层归属不同的甘肃省城乡居民在对社会各阶层的基本认知这一维度上存在显著性差异。因此，将这4个前因变量同社会阶层意识进行方差分析，以发现它们之间可能存在的关系，其结果见表6。

表 6 性别、长期居住地、年平均收入、自我阶层归属与
社会阶层意识的方差分析结果

变异源	Type Ⅲ Sum of Squares	df	Mean Square	F	p
性别	573.134	1	573.134	2.500	.115
长期居住地	212.847	2	106.423	.404	.629
年平均收入	1688.759	7	241.251	1.052	.394
自我阶层归属	1369.991	4	342.498	1.494	.203
性别 * 长期居住地	671.714	2	335.857	1.465	.232
性别 * 年平均收入	880.415	6	146.736	.640	.698
性别 * 自我阶层归属	2395.430	3	798.477	3.483 *	.016
长期居住地 * 年平均收入	2365.552	8	295.694	1.290	.247
长期居住地 * 自我阶层归属	959.605	6	159.934	.698	.652
年平均收入 * 自我阶层归属	864.569	5	172.914	.754	.583
性别 * 长期居住地 * 年平均收入	954.748	5	190.950	.833	.527
性别 * 长期居住地 * 自我阶层归属	1488.463	5	297.693	1.299	.263
性别 * 年平均收入 * 自我阶层归属	991.106	2	495.553	2.162 *	.046
长期居住地 * 年平均收入 * 自我阶层归属	696.762	2	348.381	1.520	.220
性别 * 长期居住地 * 年平均收入 * 自我阶层归属	389.267	1	389.267	1.698	.193

注: * 表示 $p < 0.05$。

由表 6 数据可知，性别、长期居住地、年平均收入及自我阶层归属 4 个变量均不存在显著的主效应；而性别与自我阶层归属之间的交互作用显著（$p < 0.05$），性别、年平均收入与自我阶层归属之间的交互作用显著（$p < 0.05$）。

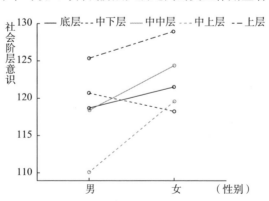

图 4 性别与自我阶层归属的交互作用

4. 调节变量对"社会分层的感受与评价"的影响

为了更清楚地比较自变量（主观阶层划分与自我阶层归属）对因变量（对社会阶层间差别程度的感知）的影响，将收入作为控制变量，来检查其余2个自变量的边际效用。考虑性别的主效应不显著，它很可能作为收入的协变量，通过收入影响主观阶层划分与自我阶层归属。将年平均收入在 30001～50000 元的社会中等阶层作为控制变量，然后通过 Logit 分析得出表7。

在年平均收入为 30001～50000 元时，主观阶层划分清晰的个体认为社会阶层间差别明显的比率约为 0.609，主观阶层划分不清晰的个体认为社会阶层间差别明显的比率约占 0.391；主观阶层划分与自我阶层归属清晰的个体认为社会阶层间差别明显的比率约为 0.349，主观阶层划分不清晰与自我阶层归属清晰的个体认为社会阶层间差别明显的比率约占 0.651。可见，中等阶层的个体，其自我阶层归属比主观阶层划分对社会阶层间差别的影响更大（$P_{自我-清晰} - P_{主观-清晰} = 0.518$）。

表7　甘肃城乡居民对社会阶层间差别程度的感知

认为社会阶层间差别明显（P）		主观阶层划分	
		清晰	不清晰
自我阶层归属	不清晰	P = 0.133	P = 0.162
	清晰	P = 0.349	P = 0.651

表7一方面说明，甘肃省城乡各阶层成员不仅对社会分层有着各自的认知与心理感受，还对阶层间的差别有着各自的理解和评价；另一方面也说明，阶层认同作为调节变量，在城乡居民的客观社会位置与阶层认知之间产生中介效应。

5. 前因变量对"自我阶层归属"的影响

当人们在头脑中构筑了社会结构的大致框架之后，会给自己在这个框架中定一个位置。而能否把自己归类到确定的群体中或位置上，在某种程度上反映着人们社会区分意识的强烈程度。受访者的客观阶层归属与其主观阶层归属存在一定差异。根据 2002 年来自中国城市公众社会冲突观念调查的数据，自我阶层归属为较高阶层占 12.0%，中层占 46.9%，较低阶层占 41.1%。将该数据与本研究的自我阶层归属情况进行比较后发现，甘肃省城乡居民中自我阶层归属为较高阶层（占 7.6%）和中间阶层（占 30.5%）的人数明显低于全国水平，而自我阶层归属为较低阶层的人数明显高于全国水平（占 61.9%）。究其原因，第一，中国社会科学院的抽样为全国范围，而本研究的抽样只限于甘肃省，甘肃作为一个经济欠发达的西部地区，其民众阶层认同很有可能会低于全国水平；第二，中国社会科学院的抽样只限于城市居民，而本研究的抽样涵盖了城市、乡镇、农村，因此，不难理解本研究中民众自我阶层认同较低。

随着经济收入的增加，个人自我阶层归属有明显的向高层偏移的趋势。经济收入越高的人，越倾向于认为自己属于较高的社会阶层；反之，经济收入较低的人则更可能将自己归为较低的社会阶层（见表8）。日本学者直井道子曾根据日本社会阶层意识的经验研究结果指出："高收入和富裕的财产容易使人认为自己的生活属于富裕的一类，从而导致中上的阶层归属意识。"由此可见，在高收入与中上阶层意识之间存在着一种紧密的联系。

教育程度作为个人自身因素与先赋因素交互作用的结果，对个人的自我阶层归属乃至个人在现实社会分层结构中的地位均有重要影响，尽管这种重要影响有时是间接的。近年来，随着收入差距的扩大，原本因职业分层导致的阶层认同差异被进一步强化。由表8的数据可见，来自不同教育层的受访者其自我阶层归属表现出明显的差别，基本趋势是随着教育水平的上升，自认为处于较低阶层的人逐渐减少，而自认为处于中间阶层和较高阶层的人逐渐增多。研究虽然表明，收入、教育、职业对个人自我阶层归属有影响，但它们之间的实际相关程度到底如何？个人自我阶层归属与其客观社会分层地位之间究竟存在多大程度的一致性？对此，还需做进一步相关分析。

积差相关结果表明，职业与自我阶层归属的关联最为密切（$r = 0.305$，$p < 0.01$），其次为收入（$r = 0.289$，$p < 0.01$）和教育（$r = 0.258$，$p < 0.01$）。虽然，受访者的客观阶层划分与自我阶层归属有着一定的相关，但是它们之间的相关程度并不是很高，这与以往研究结果相一致（翁定军，2010；李静、郭永玉，2011）。也就是说，客观社会地位对自我阶层归属的作用并不如人们想象的那样明显，两者之间可能存在着相当的不一致性。

表 8　不同收入水平、教育层次、职业类别的受访者的自我阶层归属情况

单位：%

年平均收入（元）	较低阶层	中间阶层	较高阶层	教育程度	较低阶层	中间阶层	较高阶层	职业	较低阶层	中间阶层	较高阶层
<1000	100.0	—	—	小学及以下	100.0	—	—	国家机关、党群组织、企业、事业单位负责人	—	66.7	33.3

年平均收入（元）	较低阶层	中间阶层	较高阶层	教育程度	较低阶层	中间阶层	较高阶层	职业	较低阶层	中间阶层	较高阶层
1000 ~ 3000	100.0	—	—	初中	94.4	5.6	—	专业技术人员	21.7	60.9	17.4
3001 ~ 5000	100.0	—	—	高中/中专/技校	91.0	4.5	4.5	办事人员和有关人员	70.8	25.0	4.2
5001 ~ 10000	100.0	—	—	专科	47.6	38.1	14.3	商业、服务业人员	94.1	5.9	—
10001 ~ 30000	76.6	23.4	—	本科	41.7	50.0	8.3	农、林、牧、渔、水利生产人员	92.9	7.1	
30001 ~ 50000	21.7	73.9	4.4	研究生及以上	—	80.0	20.0	生产、运输设备操作人员及有关人员	100.0	—	—
50001 ~ 100000	—	50.0	50.0					军人	—	100.0	
100001 ~ 200000	—	33.3	66.7					不便分类的其他从业人员	66.7	33.3	—
> 200000	—	—	100.0								

6. 阶层认知与阶层认同的交互作用及其对阶层冲突的影响

客观的贫富差距只是阶层冲突的一个影响因素，而在社会变革过程的主观阶层观念重构中，人们对社会分层的感受、评价与行为方式能否达成共识，则是阶层冲突的另一个方面。那么，人们如何评价未来 5 年我国的阶层等级流动和阶层关系？当自身利益受损时如何采取行动？本部分将对这种阶层认知与阶层认同交互作用下的阶层冲突情况进行详细的分析。在研究变量的设计过程中，将自我阶层归属、自我归因、代际阶层归属的比较等心理变量纳入分析模型，借以考虑不同性别、收入水平、文化程度和政治资本的受访者，是否在对社会分层的感受、评价与行为方式上存在统计学意义上的显著性差异。

所谓阶层流动，指的是社会成员在社会结构中的地位、位置的变化。它既包括人们在社会位置之间的所有流动，又涉及人们从一个群体或阶层向另一个群体或阶层自下而上或自上而下的转移。据统计，2003 年，我国社会流动中向上流动比率平均为 30% ，向下流动比率平均为 5.1% 。

在模型 1 （见表 9）中，和较低阶层相比，中间阶层和较高阶层对未来 5 年阶层向上流动更加充满期待和信心；将社会阶层流动的原因归为个人努力、自身所属阶层与父辈所属阶层相比有变化、希望子女所属阶层与其个人当前所属阶层相比有变化的群体，与对照组比较，显示出对未来 5 年阶层向上流动的期待和信心更强。从模型 2 来看，与较低阶层相比而言，中间阶层和较高阶层更认为目前各阶层间的关系比较和谐；将社会阶层流动的原因归为非正规途径的受访者认为阶层关系不和谐，而归因于个人努力和社会发展的受访者持相反的态度且与对照组差异显著，归因于机遇的受访者态度较积极；自身所属阶层与父辈所属阶层相比有变化、希望子女所属阶层与其个人当前所属阶层相比有变化的群体，对阶层关系的态度与对照组有显著差异，即认为阶层关系不和谐。模型 3 显示，与较低阶层相比，当中间阶层和较高阶层利益受损时，他们通常采取更为积极的应对方式；将社会阶层流动的原因归为非正规途径的受访者在自身利益受损的情况下通常采取相对消极的应对方式，而归因于个人努力的受访者在自身利益受损的情况下通常采取积极的应对方式并与对照组差异显著，且归因于机遇和社会发展的受访者应对方式较积极；自身所属阶层与父辈所属阶层相比有变化的群体在自身利益受损时通常采取的应对方式较消极且与对照组有差异，而希望子女所属阶层高于其个人当前所属阶层的群体与其他 2 个群体相比，当利益受损时通常采取相对消极的应对方式，其中希望子女所属阶层低于其个人当前所属阶层的群体与对照组有差异。自我阶层归属、自我归因和对子女所属阶层的期待在 3 个模型中均表现出显著性差异，这说明阶层认知与阶层认同之间存在明显的交互作用。从模型的解释力来看，当在模型 2 中加入模型 1 中的因变量，即对未来 5 年阶层等级流动的预期时，模型 2 的解释力立即提高，达到 15.5% 的解释水平，而且呈现正相关，即认为未来 5 年阶层等级流动越快，越会认为阶层关系比较和谐。而在模型 3 中加入模型 1 和模型 2 的因变量，发现解释力水平累积达到 41.1% ，特别是对阶层关系的态度影响明显高于对未来 5 年阶层层级流动的预期，从而表明以态度为核心的阶层认同变量对阶层冲突起中介作用。

表9　阶层认知与阶层认同的交互作用及其
对阶层冲突的影响（Logistic 回归分析）

自变量	测量维度	模型 1 未来 5 年阶层 等级流动预期	模型 2 对阶层关系的 态度	模型 3 自身利益受损时 采取的应对方式
		标准系数	标准系数	标准系数
（常数）		2. 846 ***	2. 179 ***	2. 613 ***
自我阶层归属	较低阶层 +	0. 010	− 0. 051	0. 052
	中间阶层	0. 382 *	0. 544 **	0. 475 **
	较高阶层	0. 508 **	0. 305 *	0. 273 *
自我归因	非正规途径 +	0. 046	− 0. 038	− 0. 017
	个人努力	0. 503 **	0. 654 **	0. 480 **
	机遇	0. 232 *	0. 170	0. 155
	社会发展	0. 119	0. 308 *	0. 109
自身所属阶层与 其父辈所属阶层 相比	相同 +	0. 028	0. 394 *	0. 286 *
	高于	0. 410 *	− 0. 010	− 0. 034
	低于	0. 362 *	− 0. 032	− 0. 099
希望子女所属 阶层与其个人当前 所属阶层相比	相同 +	0. 023	0. 279 *	0. 221
	高于	0. 475 **	− 0. 186	− 0. 021
	低于	0. 302 *	0. 681 **	0. 335 *
R^2		15. 5%	25. 6%	10. 5%

注：① + 表示对照组；** 表示 $p < 0.01$，* 表示 $p < 0.05$。
②评定指标效价：模型1——未来 5 年阶层等级流动预期：流动为正直，稳定为负值；模型2——对阶层关系的态度：积极为正直，消极为负值；模型3——自身利益受损时采取的应对方式：积极为正值，消极为负值。

四　城乡居民阶层意识的总体分析与讨论

（一）城乡居民社会阶层意识的总体状况

问卷的信效度检验结果表明，城乡居民的阶层认知与阶层认同之间存在一定的正相关，也就是说，如果被试有着较为清晰的阶层认知，其也必然具有较为明确的阶层认同，但两者的相关只是较强，并非之前所设想的两者之间可能存在强相关。这也再次证明了前面的理论假设及通过探索性和验证性因素分析最后得出的社会阶层意识结构图。良好的阶层认知是人们阶层认同的前提条件，反过来，良好的阶层认同又会进一步促进人们的阶层认知，两者相辅相成，共同决定着人们的社会阶层意识。

在"城乡居民社会阶层意识问卷"的6个维度中，对社会分层的感受与评价这一维度的平均得分最高，说明随着社会的高速发展，贫富差距的逐渐拉大，社会舆论的公正、公开等，人们能明显地感受到社会分层的存在，并且能做出客观或主观的评价，特别是在性别、居住地、年平均收入等特征上存在差异，从而进一步说明以甘肃省城乡居民为样本的数据分析具有一定的推广应用性，它标志着中国大陆的城乡居民具有较强的社会阶层意识。自我阶层归属这一维度的平均得分最低，在某种程度上说明了社会身份认同的"断裂"。我国社会阶层结构变迁过程中，出现了众多的交叉群体，他们具有双重甚至多重的阶层属性，在不同所有制、不同行业、不同地域之间流动，其职业、身份经常变动。

（二）城乡居民社会阶层意识的影响因素

人们对阶层的主观观念与客观阶层地位有一定关联。而有些研究更为强调客观阶层结构对阶层认同的决定作用，他们在对经验数据的分析中发现，个人收入、职业地位、政治面貌和教育程度以及父辈阶层地位对个人的阶层认同有显著一致性影响（中国社会科学院"当代中国人民内部矛盾研究"课题组，2004）。本研究顺着这一研究思路，通过城乡居民阶层意识的差异比较发现，不同自然或社会属性的甘肃省城乡居民在社会阶层意识各维度上没有显著性差异。众所周知，目前社会上存在的各种分层标准不外乎组织资源、经济资源、文化资源等，而对社会各阶层的基本认知不会因性别、年龄、婚姻状况、文化程度、职业等的不同而不同。例如，人们所从事职业的不同，并不会对其社会阶层意识产生影响，即使有影响，这种影响还不至于显著。该结果在某种程度上说明了随着现代社会的进步，人们因职业的不同所带来的其他方面的不同（包括人们的社会阶层意识）已逐渐缩小。但是，研究结果表明，拥有其他一些社会属性（如长期居住地、年平均收入）的城乡居民在对本阶层及其他阶层的感受与评价这一维度上存在显著性差异。进一步多重比较发现，长期居住于城市的人要比长期居住于农村的人对本阶层及其他阶层的感受与评价更为强烈。相对于城市，农村在信息的流动性等各个方面有所滞后，从而也会影响到人们对很多事物的认识和看法。另外，很多年轻人进入城市务工，其长期居住地已由农村转为城市；而一直生活在农村的老年人获取外界信息的途径很少，不大关心新鲜事物，从而造成取样上的障碍。

此外，在本研究中，将年平均收入分为 8 个层次，即 5000 元以下、5000～10000 元、10001～30000 元、30001～50000 元、50001～100000 元、100001～150000 元、150001～200000 元、200000 元以上。年平均收入200000 元以上的人对阶层关系的感受与评价要高于年平均收入在 5000 元以下和 5000～10000 元的人。经济地位高的群体在看待阶层关系时通常会更加客观，会从总体和全局来看待问题，并且对未来有着更加明确的方向和积极的奋斗目标；相反，经济地位低的群体由于受到本身经济收入的限制，势必决定他们在自身生活质量上要低于高收入人群。参照群体的不同，使得他们的"相对剥夺感"更加严重。经济地位处于劣势，会使他们的社会阶层意识较之经济地位高的人群弱，尤其在阶层认同方面更是如此。而且，在各方面均处于劣势的群体势必会对阶层关系的感受与评价更加极端。近几年，随着贫富差距而来的"仇富"现象，以及一些跟财富有关的不公平现象，都会促使他们对阶层关系做出不好的评价，并对阶层关系的改善持有不太乐观的态度。而长期的消极态度会使他们更多地关注和不断地放大负面信息，使贫富差距带来的后果更加恶化。

中国社会科学院"当代中国人民内部矛盾研究"课题组（2004）的研究表明，女性对自己的阶层地位等级归属倾向于做出较为中庸的评价，而男性则倾向于做出较为极端的评价。影响男性自我阶层归属的指标主要有生活保障、工作自由度及消费水平，并且呈正相关；而影响女性自我阶层归属的指标则主要有婚姻、家庭背景和就业保障。此外，对于已婚的男性来说，自我阶层归属只是一种男性派生的现象；而对于已婚的女性来说，其自身和丈夫的特性都很重要。本研究结果显示，城乡居民的自我阶层归属不同将影响其对社会各阶层的基本认知。进一步多重比较发现，自我阶层归属为中上层的群体比自我阶层归属为中下层的群体对社会各阶层的基本认知度高。自我阶层归属不单是一种对客观社会事实的简单反映，还包括复杂的个人心理和文化因素，它的形成与个人的成长经历和环境等都有着紧密的联系。

性别与自我阶层归属之间存在显著的交互作用，共同对城乡居民的社会阶层意识产生影响（见图4）。除中下层以外，邻近阶层（底层、中中层、中上层、上层）的女性的社会阶层意识均高于男性；除上层之外，不同性别与底层、中下层、中中层及中上层均存在显著交互作用；不同性别的对应阶层（中上层、中下层），其社会阶层意识会表现出一定的差异性。通过这些结果推测，无论男性还是女性，凡是自我阶层归属为上层的城乡居民，由于较高的社会地位和物质生活保障，使他们处在一个相对优势的地位，表现出果断、坚决、谨慎等处事风格，因此，性别的影响不突出。这一结果也进一步验证了"中层以上"认同论（李强，2000）。该理论认为，由于城镇居民在改革开放后实际生活水平得到提高，多数人在阶层归属感上趋于"中层以上"。

（三）城乡居民阶层意识的归属与偏移对社会阶层关系的影响

本研究发现，阶层认同作为调节变量，在城乡居民的客观社会位置与阶层认知之间具有中介效应，从而产生自我阶层归属或偏移现象。客观社会地位（收入水平、教育层次、职业类别等）与自我阶层归属不一定呈正相关，这与阶层认知与阶层认同的交互作用有关。进一步探索阶层认知与阶层认同的交互作用发现，自我阶层归属、自我归因、代际阶层归属等心理变量对在社会变革过程的主观阶层观念重构起调节作用，具体表现为三个方面。

第一，个体对阶层认同和阶层流动性预期会影响其对阶层关系的认知和判断。一般来说，处于社会底层的人或社会经济地位下降的人，对阶层关系的态度和应对方式更加消极，而处于社会上层的人、社会经济地位稳定且波动不大的人或社会经济地位上升的人，对阶层关系的态度和应对方式更加积极；越是感觉自身社会地位会在未来得到提高的人，越认为过去贫富差距程度没有发生太多的变化，而且贫富差距越不会严重影响和谐社会阶层关系；越是不满意当前社会地位的人，就越可能做出社会不公的认知判断。这些结果可以说明以下两个问题。①人们所处的社会阶层是一个不断演变的动态过程，这种阶层流动性打破了凝固化状态，给底层带来跻身中上阶层的希望，抵消了因阶层差别而引起的阶层认同偏见。但同时也要看到，如果人们被调动起来的阶层流动愿望未能得到满足，将会引起阶层关系紧张甚至阶层冲突。②社会成员是否能够充分地获得通过自身努力向上流动的机会，以及国家能否通过有效的资源配置机制防止阶层间的两极分化，进而保障社会成员共享发展成果是判断一个社会的阶层结构是否公平、开放与合理的主要依据。这也从某种层面印证了前人的研究，即培养大规模具有中间阶层意识的社会群体对构建和谐阶层关系和和谐社会均具有十分重要的政治意义（王春光、李炜，2002）。在社会结构以中间阶层为主的社会中，占主导地位的意识形态一般都偏向温和、保守，使得中间阶层成为维护社会稳定和均衡发展的根本力量（王培刚，2008）。

第二，从社会阶层意识模型的解释力来看，流动机会的封闭程度越强，越容易形成阶级的冲突；反之，流动机会的开放，则可以缓解阶级关系的紧张。研究认为，上升流动是社会稳定的"安全阀"，所以应该尽可能地推进社会中的上升流动（翁定军，2010）。在阶层意识和阶层冲突之间存在一种调节变量——态度倾向。人们的态度倾向体现出阶层影响，阶层认知水平低、流动性慢的人，容易对所属阶层外的社会群体表现出"偏狭"倾向；客观社会位置高的人、流动性快的人，容易出现"宽容"倾向。从个体在解决自身利益时所采取的应对方式可以看出，这种态度倾向起到了内隐的、潜在的调节作用，成为外显行为的预测变量之一。此外，家庭代际影响和代际传承的作用也对个体的态度倾向和应对方式产生影响。父辈社会地位，亦可称为初始社会地位或家庭出身，人们生来就会因为家庭等先赋因素进入某一阶层，而这种先赋的阶层影响着一个人在资本数量和资本结构占有上的优势或劣势地位，并产生了阶层惯习（张伟，2005）。依据美国社会学家布劳和邓肯对影响个人地位获得因素所做的"先赋性"与"自致性"因素的区分可以发现，先赋性因素无疑是当前影响中国城市公众主观阶层认同的更为重要的因素。Lin（1991）、李路路（2002）等的研究结果都表明，在中国，先赋性因素（如父辈社会地位）对子女的社会地位获得仍起着相当重要的作用，而且这种阶层关系的再生产模式并不会随着市场经济的发展和社会结构的变化有根本的改变。不过近年来的研究发现，这种代际影响似乎正在逐渐地减弱。

第三，由阶层不平等意识增强而导致的幸福悖论。2010 年首届中国国际积极心理学大会上，来自中、美等 20 多个国家的专家学者 300 余人齐聚一堂，探讨社会转型时期经济发展与国民幸福的关系，其中就指出了幸福悖论有着深层的心理学因素。幸福悖论是指尽管国家经济大量增长，但国民幸福水平却并未随之提高的现象。我国幸福悖论产生的主要原因是：经济社会转型使人们的阶层不平等意识不断增强，导致整体的社会幸福陷入了"囚徒困境"；由于制度不健全导致的收入竞争过程的不公平，影响了人们对贫富差距的归因认知，进而降低了国民幸福感。究其形成机制，目前比较多的心理学理论解释有：自利理论、公正世界信念理论、归因理论和意识形态理论等。对这些理论的比较研究发现，预测力最强的是归因理论，即阶层不平等意识依赖于个体对社会分层作内部（个人）归因还是外部（情境）归因。如果倾向于作内部归因（如个人的能力、努力），其阶层不平等意识就较弱；反之，如果倾向于作外部（情境）归因（如机会不平等、腐败），其阶层不平等意识会较强。王甫勤以"上海市民生活状况调查"（2008）的数据为研究基础，发现人们对收入不平等的归因偏好作为分配公平感的解释机制具有相当的稳定性，当人们将收入不平等完全归因于内因时，认为个人收入分配公平的比例是那些将收入不平等归因于外因的人的 3.1 倍，是那些将收入不平等同时归因于内因和外因的人的 1.9 倍。其他一些社会调查也间接支持了归因理论（李春玲，2003）。这些结果与本研究的调查相互印证，即对阶层关系的态度由自我归因倾向决定。倾向于作内部归因的个体，在阶层关系上易表现出积极心态，认为社会各阶层之间的关系较为和谐，并不存在所谓的不可调和的矛盾；而倾向于作外部归因的个体易产生消极心态。

此外，群体参照效应也是影响阶层意识的不可忽视的因素之一。具有相同阶层认同的人，因其在经济收入、生活环境等方面的相似性，使其在价值观念、态度取向以及行为方式上也都更趋于一致。那么，当社会阶层处于对应关系时，某阶层内的个体对其他阶层成员是否会保持这种态度一致性还是会表现出区隔性认同？当人们强烈地感受到阶层间的差别时，处于底层的弱势群体必然会产生不同程度的社会不公平感。本研究和以往研究共同揭示出：所处社会阶层越低的人越有可能认为阶层间的关系不和谐，而所处社会阶层越高的人越有可能认为阶层间的关系是和谐的。人们在进行社会比较时，更偏爱选择与自己相对应的群体作为参照。近年来，新闻媒体在言论自由方面有了极大的提高，使人们有机会了解更多的对应阶层间的矛盾，如干群关系、贫富关系、城乡关系等，有很多此类事件已经激起了民愤，这些负面信息更加剧了人们对阶层关系的消极态度，从而容易激活潜伏的阶层冲突心理。对此，上述研究结论可以凝集为两个方面的对策建议：一方面，要完善社会流动机制，创造公平的竞争环境；另一方面，要特别关注弱势群体人力资本和心理资本的提升。只有让广大群众先"中产"起来，才能实现阶层意识的常态化，缩小阶层分化。

参考文献

陈占江，2007，《阶层意识与社会秩序——对建国以来历史和现实的考察》，《理论研究》第 6 期。

邓凌，2011，《当代中国社会转型中的阶层分化》，《中央社会主义学院学报》第 2 期。

李春玲，2006，《当前中国人的社会分层想象》，载《当代中国社会分层：理论与实证》，社会科学文献出版社。

李静、郭永玉，2011，《如何破解中国的"幸福悖论"》，《华中师范大学学报》（人文社会科学版）第 6 期。

李路路，2002，《制度转型与分层结构的变迁——阶层相对关系模式的"双重再生产"》，《中国社会科学》第 6 期。

李路路、王宇，2008，《当代中国中间阶层的社会存在：阶层认知与政治意识》，《社会学研究》第 10 期。

刘欣，2001，《转型期中国大陆城市居民的阶层意识》，《社会学研究》第 3 期。

王春光、李炜，2002，《当代中国社会阶层的主观性建构和客观实在》，《江苏社会科学》第 3 期。

王培刚，2008，《当前各社会阶层对贫富差距状况的动态认知研究》，《社会科学研究》第 6 期。

翁定军，2010，《阶级或阶层意识中的心理因素：公平感和态度倾向》，《社会学研究》第 1 期。

张伟，2005，《冲突与变数——中国社会中间阶层政治分析》，社会科学文献出版社。

Bourdieu, P., 1984. *Distinction: A Social Critique of the Judgement of Taste*. Cambridge: Harvard University Press.

Jackman M R, Jackman R., 1973. An Interpretation of the Relation between Objective and Subjective Social Status. *American Sociological*, (38): 569 – 582.

Lin, Nan, Yanjie, Bian. 1991. Getting Ahead in Urban China. *American Journal of Sociology*, (97): 657 – 688.

The Ascription and Deviation of Urban and Rural Residents' Stratum Consciousness: A Mental Survey Based on Gansu Province

Cui Yichen, Chang Jiangxiao, Hou Jing, Wang Pei

Abstract: The study on stratum consciousness is not only a hot topic among all circles such as educational circle but also a great strategic project concerning the structure of the stratum theory, the rebuilding of people's mentality and the construction of a harmonious society. Through analyzing theoretically, it is found that stratum consciousness is the cognition and identification of stratum of an individual in one specific stratum. "The questionnaire about local urban and rural residents' stratum consciousness" is based on the operational definition of stratum cognition and identification. It has six dimensions in total: the feeling and assessment of the social stratification, the standard of dividing the stratum, the basic cognition of each stratum, the self class ascription, the feeling and assessment about your own class and other classes and the feeling and assessment about the stratum relation. Among them, the former three dimensions are together called stratum cognition and the next three stratum identification. In the way of interviewing, questionnaire survey, mathematical statistics and so forth, the case of urban and rural residents' stratum consciousness in Gansu province were analyzed. The study turns out that: ①Urban and rural residents have clear stratum cognition and specific stratum identification. They have strong stratum consciousness. ②Urban and rural residents' stratum cognition and identification have interaction and they together influence people's stratum conflicts. ③Between urban and rural residents' objective social class and stratum cognition, stratum identification play the role of regulating and then affect the formation and development of stratum consciousness. ④Urban and rural residents have low consistency between self-identified class and objective class and self class have low ascription. ⑤Urban and rural residents have positive attitudes towards stratum relation. In other words, they think, nowadays, the stratum relation is harmonious. There's no so-called conflicts that cannot be solved.

Key Words: stratum; stratum consciousness; stratum cognition; stratum identification; self class ascription.

（责任编辑：肖 锐）

中国社会心理学评论 第 11 辑
第 127~145 页
© SSAP，2016

跨界民族大学生国家认同的内容及其测量[*]

于海涛 李嘉诚 张靓颖[**]

摘 要： 本研究采用质性分析和问卷调查的研究方法，以新疆地区的跨界民族（维吾尔族和哈萨克族）大学生群体为对象，编制出符合我国特点的跨界民族国家认同问卷，对跨界民族国家认同现状进行调查并分析。研究结果显示，跨界民族大学生的国家认同内容包含文化认同和公民认同，且其更多关注公民认同内容。跨界民族大学生国家认同总体水平较高。维吾尔族和哈萨克族大学生的文化认同和公民认同差异不显著，维吾尔族和哈萨克族大学生的文化认同均显著高于公民认同。来自纯本民族居住地区和与少数民族杂居地区的跨界民族大学生的文化认同均显著低于来自与汉族杂居地区的跨界民族大学生。跨界民族的文化认同越高，其与符号行为有关的活动越多；公民认同越高，其与功能行为有关的活动越多。

关键词： 跨界民族 国家认同 质性分析 问卷编制

20 世纪 40 年代末，Piaget 和 Weil 访谈 4 岁到 15 岁的儿童和青少年，了解他们对国家的理解（Piaget & Weil，1951），开创了心理学对国家认同

---

* 在撰写本文期间，于海涛以博士后身份工作于香港中文大学亚太研究所，感谢香港中文大学 Gloabal China Research 项目的资助，感谢合作导师康萤仪教授的诚挚邀请。本文还受到国家自然科学基金（31460253）、石河子大学青年教师与名校名师结对子项目（1505）和石河子大学 SRP 项目（2015014）的资助。

** 通信作者：于海涛，石河子大学师范学院心理系副教授，e-mail：psyhtyu@ gmail. com；李嘉诚，北京师范大学心理学院研究生；张靓颖，上海交通大学研究生。

的研究。随后，研究者们开始关注儿童的国家地理知识、儿童对国家的认知、儿童国家概念的出现等问题（Barrett & Oppenheimer，2011）。20 世纪 70 年代，受社会认同理论的影响，越来越多的研究者开始关注国家认同研究（佐斌，2000）。到了 20 世纪 90 年代，随着欧洲一体化进程不断加深，人们面临着如何协调族群认同与国家认同的关系，使国家认同、族群认同、文化的冲突与融合等问题浮现出来并成为研究者们关注的热点（于海涛、金盛华，2013）。

21 世纪全球化迅速发展，其内容涵盖政治、经济、文化等方面，各个领域相互促进融合共进。由于这种世界范围的交流，人们被"混置"于不同的制度、文化、思想和信仰的环境下。不同民族之间的交流为不同文化和价值观念的冲突与碰撞提供了场域，人们需要重新界定自己的国家身份（Arnett，2002）。跨界民族是指所有因政治疆界与民族分布地域不相一致且跨国界而居的民族（梁茂春，2012；于海涛，2012）。由于跨界民族的特殊身份，跨界民族如何建构自己的国家认同？随着全球化的推进国家认同会发生哪些变化？这些问题开始逐渐引起研究者的关注（Parker，2010；秦秋霞、于海涛、乔亲才，2015）。

一 国家认同的内容

从 20 世纪 70 年代起，人们一直将国家作为身份认同和自我界定的重要对象。只不过，由于关注视角和关注焦点的不同，人们看待国家的方式存在差异。有人关注国家在国际上的地位，有人关注国家的社会功能，有人关注国家的历史传承和传统文化，有人关注国家的公民权利和义务（于海涛、张雁军、乔亲才，2014）。

Routh 和 Burgoyne（1998）用两种依恋来反映人们对国家的知觉：一种是文化依恋，即对国旗、货币等国家符号、文化符号和历史符号的自豪；另一种是功能依恋，即对教育、健康关爱和经济体制等社会服务和机制好坏的判断，并在此基础上形成的国家知觉。Schatz 和 Lavine（2007）认为由国家符号、文化符号和历史符号等唤起的文化依恋将国家作为抽象的社会实体，关注的是国家能为自己带来的自豪感和积极认同；而由政治体制、民生政策和经济发展等唤起的功能依恋将国家作为具体的功能系统，关注的是国家社会、政治、经济体制的实用性，以及这些体制能为国家公民带来的实惠。

Smith（1991）认为，人们对国家有两种不同的观点：一种观点认为国家是政治实体，公民资格由司法界定，不需要考虑民族血统，基于公民权利和义务的政治文化是人们的共享文化；另一种观点认为国家的核心是传承，通过祖先和血统来界定国家身份，共享文化来源于民族传统和民族符号。根据这两种观点，Rothì、Lyons 和 Chryssochoou（2005）将国家认同区分为传统文化认同和公民身份认同。基于共享历史和传承的心理边界划分，再加上对国家符号和传统文化的依恋，反映的是人们的传统文化认同；基于共享政策的心理边界划分，再加上对国家公民实践的依恋，反映的是人们的公民身份认同。通过验证性因素分析，他们发现传统文化认同和公民身份认同并不是相互对立的，而是正交关系。两者区分的侧重点在如何确定国家身份的心理边界上，而不在个体是否认同国家上（Rothì et al.，2005）。

二 跨界民族国家认同的内容

跨界民族作为一个同时具有不同身份属性的特殊群体，他们的国家认同具有复杂性、模糊性和不稳定性。随着全球化的推进，人们可以更容易地将两个国家的经济发展水平、政治稳定性、政府部门的管理效能、法律体系的健全程度进行比较，人们在身份界定上更强调个体的感受，不再依赖传统和权威（Audi，2009）。其次，在现实中，跨界民族因其分布格局的文化多样性、地区差异性等特点，以及越来越频繁的人口流动、迁移的趋势，使得散杂居地区与聚居地区的国家认同有着明显的差异。边疆聚集地区的底层民众家族或血缘意识较强，地域认同意识浓厚，他们更多关注血亲、姻亲以及族群观念，国家认同和国民身份认同淡漠。另外，跨界民族地区远离国家权力中心，国家在边民的意识中只是一个抽象的概念（龙耀、李娟，2007）。最后，跨界民族因同一民族跨界而居形成了与他国同族居民的社会文化网络，使以地缘为基础、以族缘为纽带的跨国流动便利而频繁，致使跨界民族的国家认同极不稳定（何明，2010）。郑宇和曾静（2010）的研究表明，边民的跨国流动与国家认同的不稳定密切相关，流动方向与国家认同选择及其强弱变化之间拥有一致性。一旦跨界民族的国家认同偏低，就会影响跨界民族的国家情感，危及边疆地区甚至国家的社会稳定。

我国的跨界民族主要有蒙古族、朝鲜族、俄罗斯族、哈萨克族、柯尔克孜族、乌孜别克族、塔吉克族、京族等，大多数主要分布在新疆地区。新疆有 47 个少数民族，其中维吾尔族、哈萨克族、柯尔克孜族、塔吉克族、蒙古族、俄罗斯族、乌孜别克族等民族跨界而居，哈萨克族、蒙古族、吉尔吉斯族（柯尔克孜族）、乌孜别克族、塔吉克族和俄罗斯族分别为哈萨克斯坦、蒙古人民共和国、吉尔吉斯斯坦、乌兹别克斯坦和俄罗斯联邦的主体民族。维吾尔族占新疆人口的 45.21%，哈萨克族占新疆人口的6.74%，是人口最多的两个跨界民族。

由于我国历史文化的特殊性，对于跨界民族的国家认同的研究不能完全参照国外已有研究。相对于美国和欧洲大多数国家来说，基督教是民众的主流宗教信仰，而犹太教、伊斯兰教是外来移民的主要信仰。在中国的主流群体中不存在宗教信仰，而维吾尔族、哈萨克族等民族信仰伊斯兰教，其国家认同中是否存在宗教成分？其国家认同是否也由文化认同和公民认同构成？Kunovich（2009）以 31 个国家的研究发现，相对于文化认同，少数民族群体更强调公民认同。维吾尔族等跨界民族群体是否更强调公民认同呢？

为了回答以上问题，本研究将采用质性分析和问卷调查相结合的方法，对我国跨界民族国家认同的内容及其测量进行深入研究。旨在编制出符合跨界民族实际状况的国家认同测量工具，即跨界民族国家认同调查问卷，并利用所编制的问卷调查并分析维吾尔族和哈萨克族大学生的国家认同现状。

三　质性访谈及编码

（一）研究对象

本研究采用方便抽样的方法，选取石河子大学维吾尔族大学生和哈萨克族大学生各 10 名（其中男生 9 人，女生 11 人），他们能够熟练使用汉语进行正常的沟通交流。

（二）研究工具

录音笔、Nvivo 8.0 软件。

（三）研究过程

1. 访谈

根据研究目的设计访谈提纲，访谈提纲主要包括六点，分别从联想国家符号、中华民族划分、公民身份、宗教信仰冲突、国家政策影响、移民问题这几个角度在不带主观感情色彩的前提下，依据提纲对选取的少数民族大学生进行面对面访谈。说明研究目的并经访谈对象同意后对访谈内容进行录音。

2. 转录

使用 word 软件对访谈收集到的录音进行逐字转录，生成电子文稿。在转录时，注意根据录音进行逐字转录，转录者不能随意根据自己的主观臆断和感情倾向对转录信息进行添加和修改，以免影响后续的质性分析结果。同时，除了要对被访谈者口头信息进行准字转录，还要注意访谈过程中被访谈者的身体语言，如体态变化、面部表情、手势等，这些非言语信息对于质性分析具有重要的帮助，人的无意识动作往往会暴露更加真实的内心倾向。因此，在转录时需要将这些信息也收录在转录稿中，以便进行进一步的编码分析。

3. 编码

依据扎根理论，使用 Nvivo 8.0 软件对访谈内容进行编码，包括开放编码、主轴编码和选择编码，收集即将编制问卷的条目。

（四）研究结果

1. 开放编码结果

通过开放编码，共收集到有关国家认同内容的条目 53 个，参考点 149 个，其中"汉语""医保""国旗""祖先或血统""经济发展""奖助学金"是编码比例较高的几个条目。可见跨界民族大学生对于国家的关注点不仅集中在"汉语""国旗"等文化角度，也涉及国家的政策及经济发展等公民建设性角度。而所占比例最高的条目"汉语"和"医保"，编码比例均为 8.05%，这说明了与跨界民族生活息息相关的内容是其国家认同感最基础的立足点，具体见表 1。

表 1　开放编码结果

单位:%

条目	参考点	编码比例	条目	参考点	编码比例
故宫	1	0.67	治安问题	3	2.01
天安门	1	0.67	长城	1	0.67
历史传统	3	2.01	公安局	1	0.67
祖先或血缘	8	5.37	警察	1	0.67
中医	5	3.36	法律	2	1.34

续表

条目	参考点	编码比例	条目	参考点	编码比例
孔子学院	1	0.67	国外政策	6	3.77
国外人均收入	3	2.01	国外宗教氛围	1	0.67
文学家、作家	5	3.36	国家军备	1	0.67
古尔邦节	2	1.34	跨国贸易	1	0.67
春节	1	0.67	纪念日	1	0.67
习俗	3	2.01	人口数量	2	1.34
汉语	12	8.05	基础设施	2	1.34
团徽党徽	1	0.67	经济发展	8	5.37
国歌	3	2.01	社会主义	1	0.67
国旗	5	3.36	参军政策	1	0.67
共产党员	2	1.34	宗教政策	2	1.34
宗教活动	1	0.67	农业禁令	1	0.67
言论受限	1	0.67	农业生产补助	3	2.01
公平受限	2	1.34	西部大开发	2	1.34
戴头巾	9	6.04	援建喀什	2	1.34
国籍	1	0.67	放假	1	0.67
遵守法律	1	0.67	修路	3	2.01
政治权利	1	0.67	盖楼	4	2.68
反腐败、贪污	2	1.34	贫困补助	1	0.67
政府行政	1	0.67	公平保障	1	0.67
低保制度	3	2.01	医院挂号	1	0.67
医保	12	8.05	九年义务教育	2	1.34
高考考研政策	2	1.34	助学金、奖学金	7	4.70
双语教学	4	2.68			

2. 主轴编码结果

根据开放编码的结果进行主轴编码，将可以归属到同一类别下的项目进行归纳，结果包含 6 个主轴编码项目，其中国家政策和文化符号是参考点最多的两个条目。在主轴编码的过程中并未发现有明显的宗教成分，虽然有被访谈者提到过"戴头巾"这样的相关宗教特征，但是通过访谈分析发现主要是在谈及国家的政策设置时涉及，针对的对象也并不是宗教本身，所以没有单独归类，见表 2。

表 2   主轴编码结果

单位:%

条目	参考点	编码比例
历史符号	14	9.40
文化符号	31	20.80
国家符号	10	6.71
公民身份与权利	13	8.72
国家概况	22	14.76
国家政策	59	39.60
总数	149	100

3. 选择编码

最后根据主轴编码的结果,进一步将这 6 个项目进行维度归类,这个过程参考开放编码的结果以及条目所在的具体语境,最终共得到 2 个因素,分别为"文化认同内容""公民认同内容"。所得到的编码内容与 Perhron 和 Green (2010) 的研究结果较为相符,有一定的适用性。其包含的开放编码数及所占比例见表 3。

表 3   选择编码结果

单位:%

条目		参考点	编码比例
文化认同内容	历史符号	55	36.24
	国家符号		
	文化符号		
公民认同内容	公民身份与权利	94	63.76
	国家政策		
	国家概况		
总数		149	100

(五) 结论

通过对访谈结果的编码分析,得到以下结论。

首先,对于跨界民族国家认同的成分分析,并未发现存在宗教成分,其国家认同成分主要由"文化认同"和"公民认同"两部分组成。且对于公民认同的编码比例 (63.76%) 高于对文化认同的编码比例 (36.24%)。

这说明跨界民族大学生对于国家的政策、体制、公民身份等更为关注。

其次，初步构建了本研究编制问卷的理论结构，完成了初始条目的收集。在访谈过程中了解到的信息将对后续研究起到一定的帮助，如很多被试在访谈过程中提到国外的生活水平、收入、福利等要优越于国内，这是造成移民的一个重要原因。对访谈材料的质性分析，为我们提供了更丰富更具体的实事资料，并能了解到被试最真实的感受。这是大多数量化研究很难做到的，为后续的研究奠定了坚实的基础。

四　跨界民族国家认同问卷的编制

（一）研究对象

本研究选取石河子大学维吾尔族和哈萨克族大学生共 100 名作为研究对象，发放初步编制的调查问卷，得到有效问卷 74 份，有效率 74%。

（二）编制过程与数据分析

1. 初步编制

根据访谈编码的结果，参考 Rothì、Lyons 和 Chryssochoou（2005）的问卷，本研究编制了 20 道题目的国家认同初测问卷。

2. 项目分析

本研究对问卷项目的分析主要考察两个条件，即区分度和因素分析。

区分度也称鉴别力，是对测验项目进行分析的重要方式，是评价和筛选项目的主要指标与依据。项目区分度越高，说明问卷质量越好，每个项目的区分度是求各题得分与问卷总分的相关。根据美国测量学家伊贝尔提出的区分度标准，区分度指数在 0.2 以下的题项应予以淘汰，区分度指数在 0.2~0.4 的题项一般有待改善，区分度指数在 0.4 以上的题项较好。

本研究采用各题得分与问卷总分的相关进行区分度分析，对初测问卷中共计 20 个题项做区分度分析，结果发现，20 个题项的区分度指数在 0.29~0.67，所有的区分度指数均在 0.2 以上，80% 的题项还在 0.4 以上，因此所有因子都可以进行探索性因素分析。

在进行因素分析前，先进行 Kaiser-Meyer-Olkin（KMO）检验和因素模型的适合性检验（即 Bartlett 球形检验）。结果表明 KMO 值为 0.927；Barlett 球形检验值为 3113.35，$p < 0.01$，极其显著。这说明可以对数据进行因素分析。

采用主成分分析，提取公共因素，求得初始因素负荷矩阵，然后使用正交旋转法求出旋转因素负荷矩阵，在初次分析删除 2 道表达有歧义的题目后，可以抽取出三个因素。因素一可解释变异量的 27.75%，因素二可解释变异量的 23.06%，因素三可解释变异量的 8.87%，三个因素共可解释变异量的 59.68%，具体见表 4。

表 4　探索性因素分析 1

项目	因素一	因素二	因素三
其他国家的公民体系比中国更好（反向）			0.77
我信赖中国的社会保障体系		0.65	
我有责任与其他中国人保持一致		0.61	
我的家族已经在中国生活了好几代	0.64		
我忠于人民代表大会制度	0.60		
国家重视每个公民的权利		0.55	
中国是一个民主的国家		0.61	
我为中国的五千年传统文化感到骄傲		0.63	
我的民族是中国的传统民族	0.62		
看到国旗时我感到十分自豪	0.68		
其他国家的文化对我更有吸引力（反向）			0.80
我相信自己是中国社会中的一员	0.78		
我信赖中国的法律体系		0.70	
我愿投身于中国社会建设	0.61		
每个中国人都应忠于祖国	0.76		
我自觉遵守公民的义务		0.78	
中国的历史对我很重要		0.48	
我遵循中国传统的生活方式		0.75	
特征值	5.00	4.15	1.60
贡献率（%）	27.75	23.06	8.87
累积贡献率（%）	27.75	50.81	59.68

第三个因素包含 2 道反向条目，其中条目"其他国家的文化对我更有吸引力"属于因素二的范畴，"其他国家的公民体系比中国更好"属于因素一的范畴。可能是因为反向条目，这 2 道条目抽取出因素三。基于此，本研究考虑删除这 2 道条目，在此基础上进行探索性因素分析，并参照以

下标准确定最后因素数目：因素的特征值（eigenvalue）大于1；因素解符合陡阶检验（screen test）；碎石图（screen plot）拐点。

图1显示，因素特征值大于1的因素共有2个。

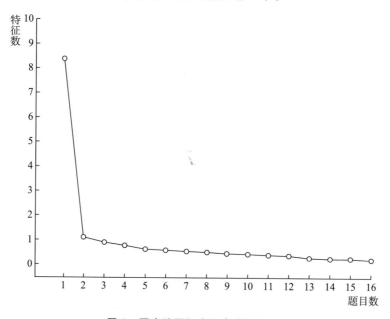

图1 国家认同问卷因素分析碎石

根据表5可知，2个因素可解释变异量的59.21%，删除2道题目后可解释的变异量并没有减少多少。遵循最简原则，本研究删除这2道题目。所有题项的最高负荷为0.82，最低负荷为0.52。参照本研究的理论构想、已有文献综述和问卷的主要理论框架，结合研究一的访谈编码结果，以每个维度负荷最重的那个因子对因素进行命名。因素一包含的8题项涉及个体对国家的历史、符号、传统以及整体文化等的态度，命名为"文化认同"。因素二包含的8个题项涉及对国家的制度、法律及公民责任与权利等的态度，命名为"公民认同"。与Rothì等（2005）的研究存在一致性，且与访谈编码结果较为符合，基本符合本研究的理论构想。

表5 国家认同问卷因素负荷矩阵

项目	因素一	因素二
我信赖中国的社会保障体系		0.66
我有责任与其他中国人保持一致		0.62
我的家族已经在中国生活了好几代	0.60	

续表

项目	因素一	因素二
我忠于人民代表大会制度	0.61	
国家重视每个公民的权利		0.55
中国是一个民主的国家		0.61
我为中国的五千年传统文化感到骄傲		0.64
我的民族是中国的传统民族	0.65	
看到国旗时我感到十分自豪	0.68	
我相信自己是中国社会中的一员	0.82	
我信赖中国的法律体系		0.72
我愿投身于中国社会建设	0.59	
每个中国人都应忠于祖国	0.77	
我自觉遵守公民的义务		0.80
中国的历史对我很重要	0.52	
我遵循中国传统的生活方式		0.77
特征值	5.21	4.26
贡献率（%）	32.61	26.61
累积贡献率（%）	32.61	59.21

3. 信度检验

采用内部一致性信度和分半信度加以检验，由表 6 可知，总量表的内部一致性信度（Cronbach）系数为 0.94，分半信度系数为 0.90；各维度的内部一致性信度系数，文化认同维度为 0.91，公民认同维度为 0.87，都在 0.50 以上；分半信度系数，文化认同维度为 0.89，公民认同维度为 0.87，且均达到 0.01 的显著性水平，作为一种社会态度问卷，信度指标可以接受。

表 6　国家认同问卷及各因素内部一致性信度和分半信度检验

	文化认同	公民认同	总量表
Cronbach α 系数	0.91	0.87	0.94
分半信度	0.89	0.87	0.90

4. 结构效度检验

根据测量理论，各维度与总量表得分的相关超过各维度之间的相关说明问卷具有良好的结构效度。从表 7 可以看出，两个维度之间的相关为 0.80，各维度与总量表之间的相关在 0.94 ~ 0.95，维度与量表总分的相关超过了维度之间的相关，问卷具有较好的结构效度。

表 7 各维度之间及其总量表的相关

	文化认同	公民认同	总量表
文化认同	1.000		
公民认同	0.80 **	1.000	
总量表	0.95 **	0.94 **	1.000

*p < 0.05，表示存在显著差异；**p < 0.01 表示差异极其显著；***p < 0.001 表示差异非常显著，以下各表同。

（三）结论与讨论

本研究分析跨界民族国家认同的理论内涵，参考不同理论框架的国家认同量表的维度设计和具体条目，并结合对维吾尔族、哈萨克族国家认同的深度访谈，进行了跨界民族国家认同量表的维度和测量条目的设计。结合调查研究数据，采用项目分析、探索性因素分析等方法进行问卷维度的检验和问卷研究适用性的检验。最终问卷共 16 道题目，包括文化认同、公民认同两个维度，各量表的信效度均符合心理测量学标准。其中各维度的具体含义为：文化认同维度，以共享历史和传承为基础的心理边界划分，再加上对国旗、货币等国家符号和传统文化的依恋；公民认同维度，以共享的政治、经济、文化政策为基础的心理边界划分，再加上对教育、健康关爱和经济体制等社会服务的依恋。两个维度的侧重点在于个体如何确定国家的心理边界。

五 跨界民族国家认同的现状分析

（一）研究对象

以乌鲁木齐市 3 所高校的维吾尔族和哈萨克族大学生为调查对象，本研究共发放调查问卷 600 份，有效问卷 419 份（维吾尔族 336 份，哈萨克族 83 份），有效率为 69.8%。

（二）研究工具

国家认同问卷 采用自编国家认同问卷，包括文化认同和公民认同两个维度，问卷共 16 个题目，问卷内部一致性信度为 0.94，具有较好的结构效度。

爱国行为问卷 采用 Schatz 和 Lavine（2007）编制的国家依恋行为问卷，

其中符号行为包括 13 道题目，功能行为包括 13 道题目，经检验其在维吾尔族和哈萨克族大学生群体中具有良好的信效度，内部一致性系数为 0.78。

（三）效标效度检验

将文化认同和公民认同的得分以高于平均值一个标准差作为高分组，低于平均值一个标准差作为低分组，对爱国行为进行独立样本 T 检验。结果表明，跨界民族大学生在文化认同上得分越高，越喜欢效忠誓言、升旗仪式和重修英雄纪念碑等符号性行为，见表 8；在公民认同上得分越高，越愿意了解政府的体制，关注国家的教育政策、医疗改革、公共基础设施建设等功能性行为，见表 9。

表 8　文化认同高低分组在符号行为上的差异

文化认同	符号行为			
	N	Mean	t	Sig.
高分组	81	3.06	2.03 *	.045
低分组	38	2.91		

表 9　公民认同高低分组在功能行为上的差异

公民认同	功能行为			
	N	Mean	t	Sig.
高分组	68	3.73	6.73 ***	.000
低分组	52	3.19		

（四）研究结果与分析

1. 跨界民族国家认同总体分析

跨界民族大学生的文化认同得分高于中值（3.0 分），进行均值比较后发现，跨界民族大学生持有较高的文化认同 ［t（419）＝43.52，Sig.＝0.000］。其公民认同得分高于中值，进行均值比较后发现，跨界民族大学生持有较高的公民认同 ［t（419）＝31.03，Sig.＝0.000］，见表 10。

表 10　跨界民族大学生国家认同总体现状（N＝419）

	Mean	SD	t
文化认同	4.22	0.58	43.52 ***
公民认同	3.97	0.64	31.03 ***

2. 跨界民族大学生的国家认同的民族差异分析

根据表11可以看出，维吾尔族大学生和哈萨克族大学生在文化认同、公民认同上差异不显著。无论是维吾尔族还是哈萨克族大学生的文化认同都显著高于公民认同。

表11　跨界民族大学生国家认同的民族差异比较（N=419）

	文化认同		公民认同		t
	M	SD	M	SD	
维吾尔族（n=336）	4.25	0.54	3.97	0.63	12.60***
哈萨克族（n=83）	4.14	0.69	3.98	0.69	2.63**
t	1.57		-1.290		

3. 跨界民族大学生国家认同的居住地类型差异分析

表12表明，不同居住地的跨界民族大学生在文化认同上差异显著，在公民认同上差异不显著。

表12　跨界民族大学生国家认同的居住地差异分析（N=416）

	文化认同		公民认同	
	M	SD	M	SD
纯本民族居住（n=100）	4.09	0.62	3.89	0.70
与其他少数民族杂居（n=46）	4.11	0.67	3.95	0.71
与汉族杂居（n=270）	4.29	0.53	4.00	0.61
F	5.63***		1.11	

事后检验结果表明，与汉族杂居的跨界民族大学生文化认同得分显著高于纯本民族居住的跨界民族大学生文化认同得分，也显著高于与其他少数民族杂居的跨界民族大学生文化认同得分。纯本民族居住的跨界民族大学生和与其他少数民族杂居的跨界民族大学生在文化认同得分上差异不显著。与汉族杂居的跨界民族大学生文化认同得分最高。

（五）结论与讨论

国旗、国徽等国家符号跟升国旗、唱国歌等仪式行为之所以能唤起强烈的爱国情感，主要在于这些符号和行为能够强调自己国家成员的独特身份，能为国家成员带来自豪感和荣耀。而由政治体制、民生政策和经济发展等唤起的爱国情感主要是这些体制和政策能够彰显国家的先进，能为国家公民带来实惠和权益。爱国行为一直存在两种不同表现,一种行为是通过展示国家符号来表达自己的爱国行为,如唱国歌、升国旗、了解国家历史等;一种行为是通过关注国家的发展来表达对国家的热爱,如积极关注国家的政策制定、公共基础设施的建设等(Schatz & Lavine,2007)。本研究发现,跨界民族大学生在文化认同上得分越高,越喜欢效忠誓言、升旗仪式和重修英雄纪念碑等符号性爱国行为;在公民认同上得分越高,越愿意了解政府的体制,关注国家的教育政策、医疗改革、公共基础设施建设等。这表明侧重国家认同不同方面的国家成员在爱国行为上有差异,因而对国家认同内容的区分是有必要的。

六　总结与讨论

(一) 研究结论

跨界民族大学生的国家认同状况不仅是其自身政治素质的体现,更关乎民族的团结友爱与国家的稳定统一,在全球化日益加深的今天尤为重要。本研究以质性分析和问卷调查相结合的方式,对跨界民族大学生国家认同的内容及其测量进行了探讨,得到了如下结论。

(1) 跨界民族大学生的国家认同内容包含文化认同和公民认同两种成分,且更多关注公民认同内容。

(2) 跨界民族大学生国家认同总体水平较高。

(3) 维吾尔族大学生和哈萨克族大学生的国家认同差异不显著,维吾尔族和哈萨克族大学生的文化认同均显著高于公民认同。

(4) 来自与汉族杂居地区的跨界民族大学生的文化认同显著高于来自纯本民族居住地区的跨界民族大学生的文化认同,也显著高于来自与少数民族杂居地区的跨界民族大学生的文化认同。

(二) 讨论与建议

跨界民族大学生是民族地区的精英群体,是民族地区未来发展的希望和栋梁,也是实现民族融合与国家稳定团结的重要力量,其国家认同的状况不仅对民族地区甚至对国家的未来都有着深刻的影响,必须予以重视,寻求合理路径以增强跨界民族大学生的国家认同刻不容缓。

首先,总的来说,跨界民族大学生国家认同总体水平较高。在对跨界民族大学生国家认同的成分分析中,并未发现存在宗教成分,其国家认同成分主要由"文化认同"和"公民认同"两部分组成，且公民认同的编码比例（63.76%）高于对文化认同的编码比例（36.24%）。这说明跨界民族大学生对于国家的政策、体制、公民身份等更为关注。在对其访谈材料进行编码时我们也发现所占比例最高的条目分别是"汉语"和"医保"，编码比例为 8.05%，这说明与自身生活息息相关的内容是跨界民族大学生国家认同感最基础的立足点。

Huddy 和 Khatib（2007）以大学生和成人为被试的研究发现，国家依恋可以分成两种形式：一种是盲目的依恋，共同的血缘、种族、地理，特别是语言、历史和宗教等文化内容，是这种依恋的基础；另一种可称为理性或建设性的依恋，其基础是对国家基本制度的深刻理解，认为自己国家的主要制度确实是致力于保护公民权利，能够为公民幸福提供坚强的保障，因而愿意恪尽公民职责，全力维护这些制度及其人格化的实体——国家。从跨界民族大学生对国家的关注点来看，他们更愿意关注国家的政策、体制，可以归属为理性的国家依恋，是一种良性的发展。

其次，维吾尔族和哈萨克族大学生的文化认同均显著高于公民认同。并且，跨界民族大学生在文化认同上得分越高，越喜欢效忠誓言、升旗仪式和重修英雄纪念碑等符号性行为。以往研究表明，国家符号可以产生显著的心理和社会效应，对群际关系有重要意义（Schatz & Lavine, 2007）。国家符号可以增加国家认同，自动启动与国家身份有关的概念。另外，不同居住地类型影响文化认同，来自汉族杂居地区的跨界民族大学生文化认同显著偏高。因此，注重增进跨界民族与汉民族之间的互动，提高文化教育的主流价值观的导向作用，对跨界民族国家认同的提高有着重要意义。

同时，很多被试在访谈过程中提到国外的生活水平、收入等要优于国内，这是造成人们移民的主要原因。西部大开发以来，少数民族地区的生产力有了很大提高，经济快速发展，人们生活水平显著提高。但是，跨界民族主要聚居在偏远的边疆地区，交通不便，资源有限，人们的生活水平与东中部地区居民的生活水平还有较大的差距。因此，以经济建设为中心，努力提升综合国力，大力发展经济，为科技、教育、卫生事业奠定坚实的物质基础，为少数民族人们的生活水平提供保障，是解决现如今跨界民族国家认同问题最根本的举措。同时，坚持民族区域自治政策，继续实施各项民族优惠政策，加大国家对少数民族地区的扶持与帮助，促进少数民族地区各项事业的发展与完善，让更多的少数民族成员感受到国家政策带来的优惠和福利，享受到国家现代化建设的伟大成果，真正实现民族间的平等，亦是增强其对国家的自豪感和荣誉感，增强其对国家的认同感和归属感的重要举措。

由于本研究所选取的被试为少数民族，在沟通交流中，有时会出现一些理解不清、沟通不畅的问题。尤其在访谈过程中，少数民族会带有一些防御倾向，导致问卷的有效回收率不高。以后的研究可以考虑采用内隐国家认同的测量，如 Devos & Debbie（2008）使用 IAT 和 GNAT 技术探讨了个体建构在国家身份内隐归属中的作用。

参考文献

何明，2010，《国家认同的建构——从边疆民族跨国流动视角的讨论》，《云南师范大学学报》（哲学社会科学版）第 4 期。

梁茂春，2012，《"跨界民族"的族群认同与国家认同——以中越边境的壮族为例》，《西北民族研究》第 2 期。

龙耀、李娟，2007，《西南边境跨国婚姻子女的国家认同——以广西大新县隘江村为例》，《民族研究》第 6 期。

秦秋霞、于海涛、乔亲才，2015，《全球化时代跨界民族国家认同的心理机制》，《心理科学进展》第 5 期。

于海涛，2012，《试论跨界民族国家认同的特点》，《兵团教育学院学报》第 4 期。

于海涛，2013，《民族内隐观在民族心理融合中的作用机制研究》，北京师范大学博士学位论文。

于海涛、金盛华，2013，《国家认同的研究现状及其研究趋势》，《心理研究》第 6 期。

于海涛、张雁军、乔亲才，2014，《全球化时代的国家认同：认同内容及其对群际行为的影响》，《心理科学进展》第 5 期。

佐斌，2000，《论儿童国家认同感的形成》，《教育研究与实验》第 2 期。

郑宇、曾静，2010，《跨国民族流动与国家认同构建——以云南省文山州马关县箐脚村苗族为例》，《北方民族大学学报》（哲学社会科学版）第 4 期。

Arnett, J. J. (2002). The psychology of globalization. *American Psychologist*, 57, 774 – 783.

Audi, R. (2009). Nationalism, patriotism, and cosmopolitanism in an Age of globalization. *The Journal of Ethics*, 13, 365 – 381.

Barrett, M., & Oppenheimer, L. (2011). Findings, theories and methods in the study of children's national identifications and national attitudes. *European Journal of Developmental Psychology*, 8, 5 – 24.

Devos, T. & Debbie, S. M. (2008). Is Kate Winslet more American than Lucy Liu? The impact of construal processes on the implicit ascription of a national identity. *British Journal of Social Psychology*, 47, 191 – 215.

Huddy, L. & Khatib, N. (2007). American patriotism, national identity, and political involvement. *American Journal of Political Science*, 51: 63 – 77.

Kunovich, R. M. (2009). The sources and consequences of national identification. *American Sociological Review*, 74, 573 – 593.

Parker, C. (2010). Symbolic versus blind patriotism distinction without difference. *Political Research Quarterly*, 63, 97 – 114.

Pehrson, S., & Green, E. G. T. (2010). Who are and who can join us: National identity content and entry criteria for new immigrants. *Journal of Social Issues*, 66, 695 – 716.

Piaget, J., & Weil, A. (1951). The development in children of the idea of the homeland and of relations with other countries. *International Social Science Bulletin*, 3, 561 – 578.

Routh, D., & Burgoyne, C. (1998). Being in two minds about a single currency: A UK perspective on the euro. *Journal of Economic Psychology*, 19, 741 – 754.

Rothì, D., Lyons, E., & Chryssochoou, X. (2005). National attachment and patriotism in a European nation: A British study. *Political Psychology*, 26, 135 – 155.

Schatz, R. T., & Lavine, H. (2007). Waving the flag: National symbolism, social identity, and political engagement. *Political Psychology*, 28, 329 – 355.

Smith, A. D. (1991). *National Identity*. London: Penguin.

The Content and its Measurement of National Identity in Cross-border Ethnicity

Yu Haitao, Li Jiacheng, Zhang Jingying

Abstract: Through the qualitative analysis and the questionnaire survey, this study designed the questionnaire of in accordance with Chinese characteristics, and then investigated 419 cross – border ethnic undergraduates in Xinjiang (Uygur and Kazak). Results showed that national identity of cross – border ethnic college students' included cultural identity and citizen identity, and they paid more attention to citizen identity. The undergraduates of Cross – border ethnicity hold higher national identity. The difference of cultural identity and citizen identity between Uygur and Kazak was not significant, the cultural identity of Uygur and Kazak were significantly higher than citizen identity. The cultural identity of cross – border ethnic undergraduates who lived in mono – ethnic area or mixed minority areas is lower than who lived with Han. The undergraduates who hold higher cultural identity of the cross – border played more symbol behaviors, the undergraduates who hold higher citizen identity played more functional behaviors.

Key words：cross－border ethnicity；national identity；qualitative analysis；questionnaire compilation

（责任编辑：任晓霞）

中国社会心理学评论　第 11 辑
第 146~161 页
© SSAP, 2016

跨文化心理测量：文化变量的
多样性与互动关系

赵志裕[*]

摘　要： 在跨文化心理学和文化心理学，跨文化心理测量都是研究文化与行为间关系的重要方法。文化有多种面相，包括：①文化地区内众人认同的心理特征；②被广泛认定为在文化地区内十分普遍的心理特征；③地区文化的历史、制度、自然与人为生态。这些文化变量间只有松散的联系。此外，研究者可以在个人和文化层次测量文化心理变量。文化内容的各种面相和在不同层次测量的文化变量经常发生互动，动态地影响行为。在本文中，我指出文化变量的多样性及其互动对跨文化心理测量在概念和方法上的启示。

关键词： 跨文化测量　文化面相　多层次分析　文化与心理

引　言

我曾在《文化社会心理学》指出跨文化心理学与文化心理学在研究目标与测量方法上的异同（Chiu & Hong, 2006）。跨文化心理学放眼全球，尝试寻找抽象的文化心理维度（universal dimensions），编制全球文化地图，量化文化间的同异。由于跨文化心理学的研究重点在比较文化，在设计和

---

　　* 通信作者：赵志裕，香港中文大学心理学系，教授，博士生导师，e-mail: cychiu@ cu-hk. edu. hk。

编修测量工具时，研究者特别留意工具在测量上的可比性（measurement e-quivalence；Chen，2008）。在寻找适用于全球文化的心理维度时，跨文化心理学者特别留意在每一个社会都必须处理的问题。例如，Schwartz（2009）相信所有社会都必须处理个人与社群间的关系，建立能诱发合作和积极行为的机制，制定分配管理有限资源的规则。因为不同的社会倚重不同的方法解决这些共同问题，文化间的差异便可以被理解为在选择如何处理相同问题（common issues）时的方法偏好（biases in means）。例如，个人与社群间的关系是不同社会都要处理的问题，不同的处理方法可以排列在个人自主对角色镶嵌这一维度上：有些社会强调个人是独立的行动者，有些社会则强调个人是镶嵌于某个社会角色的演员。又例如，为了能诱发合作和积极行为，有些社会把每一个人视作具有同等尊严和价值、能自发地贡献社会的道德主体，但有些社会却强调个人是上下关系中的一员，期待人们各司其职，为群体效力。在这个例子中，诱发合作和积极行为是所有社会都需要解决的问题，而不同的解决方法可以排列在平等均权对上下有序这个维度上。最后，每个社会都需要制定管理有限资源的规则。个别社会赖以解决这些共同问题的方法可以排列在天人合一对人定胜天这个维度上：有些社会强调顺其自然，齐物无为，但有些社会却追求征服自然，解弦更张。

文化心理学的旨趣在了解文化与心理的共构共创历程：在特定时空背景下的文化内容和文化历程如何塑造当时当地的心理结构和特征，当时当地的心理结构和特征又如何影响文化的延续、再生、扩展和蜕变。

文化比较研究、实验法和民族志同为研究文化与心理的常用方法。因为本特刊的主题是测量，在本文中，我集中讨论文化比较研究的测量问题。因为我已在近作中介绍过文化与心理学的主要测量工具（Chiu，Chia，& Wan，2015），和测量文化内容与变迁历程的统计方法（Tay，Woo，Klafe-hn，& Chiu，2010），我便不在本文中复述这些方面的论说。

在本文中，我拟集中介绍以下 5 个议题和它们对文化测量的意义：①比较文化研究的理论贡献；②文化比较研究的数据类型；③文化差异的多样性；④文化内容的一致性；⑤文化内容的交互作用。

一　比较文化研究的理论贡献

在跨文化心理学中，研究者通过文化比较研究寻找可以用来解释文化间心理同异的普世心理维度。跨文化心理学强调测量工具的测量可比性，认为理想的文化心理测量工具，最像用来测量温度的温度计，不管在哪个国家，录到摄氏零度便是冰点，录到摄氏 100 度便是沸点。而且，不管在哪个国家，研究员对冰点和沸点的理解都是相同的（Chen, 2008）。

在文化心理学中，文化比较研究用来彰显文化的心理作用，而不是研究的最终目标。文化心理学者能接受同样的心理构念，在不同文化中，需要用不同的工具来测量。例如，在北美，高自尊的人会承认自己有很多良好的素质，否认自己具有不良的素质。在东亚，高自尊的人会表现出不亢不卑，会否认自己具有消极的素质，但却不急于承认自己拥有很多积极的素质（Kim, Peng, & Chiu, 2008）。文化心理学者也能接受：同一工具，在不同文化中所测量的心理内容可能南辕北辙。例如，在鼓励人们自夸的北美文化中，撒谎量表测量的是寻求社会赞许的自我表现倾向。在鼓励人们谦卑的东亚文化中，撒谎量表测量的可能是违反文化期望的适应困难（Lalwani, Shrum, & Chiu, 2009）。

如果在可以有效地做比较的维度上确定文化间的同异，便可利用这个心理维度解释文化间的同异，建构文化与心理间关系的理论。如果发觉同一心理现象在不同文化中需要通过不同的工具来测量，或同一工具在不同文化所测量的心理现象是不同的，便可借此推论文化对建构相关心理现象的影响。

二　文化比较研究的数据类型

在文化比较研究中，分析单位是文化，不是个人。文化比较研究使用的数据，有些是个别文化区域的整体数据，例如国家或地区的国民平均生产值、创新表现、奢侈品消费占总消费的比例等。这些数据或可从国际数据库获得。一些国际组织建立的数据库对研究心理行为贡献很大，例如 GMID Euromonitor 的国民消费数据库，提供 80 多个国家或地区的人民的多种类型消费（例如奢侈品消费、教育消费、健康食品和医疗服务消费）占总消费的比例，这些数据对了解物质主义、教育和健康在不同国家被重视的程度帮助很大。又例如 LaFleur's 2014 World Lottery Almanac 每年发表 80 多个地区的国民在买彩票上的平均支出，为了解不同地区的赌博行为提供了重要的数据。又例如每年公布的"环球创新指数"（Global Innovation Index）列出了百多个地区或国家为发展创新所做的投资和创新成就表现，为创新行为的跨国研究提供了一个资料宝库。

这类数据的特点是数据量不大，通常只有数十至 100 多个国家或地区的数据。因为全球只有百多个国家或政治实体，所以虽然这些数据库的数据量有限，但其代表性却很高。而且这些数据来自行为和表现的实际记录，很少依赖国民的自我报告，因此比较客观。像"环球创新指数"等常用的数据库，更经过严谨独立的审查，其可信程度甚高。因为数据每年更新，所以其对研究国家与地区近年的文化变迁特别重要。虽然如此，建立这些资料库的机构，有时会因为不同的理由更改其指数的组成内容和理论模型。因此，在使用这些指标来追踪国家或地区的相关行为的短期变化时，要特别留意这些数据的跨年可比性。

另一类文化比较心理研究的数据来自跨文化调查。研究员邀请不同地区或国家的被访者回答"相同"的问题，有些题目来自标准化的人格量表，如跨文化（中华）人格测量量表［Cross – Cultural（Chinese）Personality Assessment Inventory；Cheung，Cheung，& Zhang，2004］，有些来自研究员自己编制的价值量表或信念量表（如 Leung & Bond，2004；Schwartz，2009）。通过严谨的翻译程序和统计分析，研究员把在概念上和测量上跨区可比性低的题目淘汰。有关这些去芜存菁的过程（Van de Vijver & Leung，1997），和一些常用的跨文化测量工具（Chiu，Chia，& Wan，2015），已有很详细的介绍和论述，不必在这里赘述。

值得一提的是这些数据的优点和缺陷。由于测量工具多是研究员自己编制的，他们可以随心所欲地按他们提出的理论，编写适当的题目，这是一个很大的优点。其次，在跨国调查中，研究员可以获得多个国家（国家层次）国民（个人层次）的数据，因此，研究员可以使用这些数据做多层次数据分析（multilevel analysis）和跨层次数据分析（cross – level analysis）。

跨文化调查的缺点也不少。首先，能通过去芜存菁过程被保留下来适用于所有被测量的国家或地区的题目，一般来说，其抽象程度高，不能捕捉个别国家或地区的文化特色及其相关的心理现象。从这些数据推论出来的泛文化维度，如个人主义（Singelis，Triandis，Bhawuk，& Gelfand，1995）、独立我（Singelis，1994）、文化宽紧度（Gelfand et al.，2011），为文化间在心理上的异同提供了一张鸟瞰图，却不能让研究员透视微观文化在个别地区发生的心理作用。

由于跨文化调查需要大量人力和财力，要在落后地区或威权国家收集资料并不容易。因此，往往只有 30 至 60 多个国家或地区参与同一项跨文化调查（如 Gelfand et al.，2011）。这些国家/地区通常是发达国家/地区或政治较开放的国家/地区，这些限制造成样本上的偏差。较多跨文化比较研究只比较来自 2 至 3 个文化地区的调查或实验结果（Bierbrauer, Meyer, & Wolfradt, 1994；Menon, Morris, Chiu, & Hong, 1999），最常见的是比较欧、美、澳某文化区和亚洲某文化区的心理同异。这类研究无助于发现泛文化维度，也不符合跨文化心理学在方法论上的要求，但却可以把它们视作定量民族志，其对了解文化与心理的共构共创历程，仍有启迪作用。

由于跨文化调查通常依赖被访者的自我陈述来测量被访者所属的文化地区的价值观、信念和人格特征，所以数据的主观性较强。此外，参与跨文化调查的被访者通常是大学生、教师或跨国企业的员工，他们代表中产阶层、知识分子和社会精英。议者（Schwartz, 2009）或认为这种样本上的偏差对测量文化无伤大雅，因为中产阶层与文化精英的价值观较能代表文化地区的核心价值观。可是，同一核心价值观在精英文化和世俗文化中可能存在很大的差异（何友晖、彭泗清、赵志裕，2006）。例如在中国，"义"和"中庸"等价值观在精英文化中的意义与其在市井文化中的意义并不相同，其对行为的影响在精英阶层和在市井阶层也不一样。最后，由于调研数据不会经常更新，调研结果对掌握某些地区快速变迁的社会文化有其限制。

除了使用国际数据库和进行跨文化调查外，随着数据科学的急速发展，已有学者利用社交媒体上录得的行为余迹，进行文化比较研究。这种研究方法的最大优势是它让学者从海量的行为数据中测量行为的文化差异。例如，通过分析双语人在中文社交媒体和在英文社交媒体留下的行为余迹，发现双语人偏向在英文社交媒体中做自我表达，在中文社交媒体中分享他人的信息。海量数据分析在文化比较研究中也有它的限制（Qiu, Lin & Leung, 2013）。最明显的限制是：互联网的使用在一些国家尚未普及。在同一国家中，互联网的使用率在不同的年龄段分布不同：年轻人比老人更经常地使用电子媒体。

三　文化差异的多样性

文化的内容具有多样性，包括文化区域内的个人特征，人们对其地区内他人和地区文化的认知与共识，以及地区文化的历史制度（Chiu, Ng & Au, 2013）。要全面测量文化，必须采用全方位测量策略，并了解文化中不同内容的互动关系。

在文化比较研究中，分析单位是文化，不是个人。文化间在心理与行为上的差异，往往不能还原到文化间的个别差异。很多文化间在心理与行为上的差异，也不能采用个体心理学来解释。举例来说，学能表现较良好的学生自尊心较强，这种关系差不多在每一个社区都存在，可算是个体心理学中的定理（Kim, Chiu, & Zou, 2010）。可是在文化层面上，在学生平均学能较高的地区，学生的平均自尊较低。原因是生长在平均学能较高地区的学生，看到周遭的同侪在学能上都有良好的表现，即使自己表现也不错，仍不敢妄自尊大，觉得自己不过是大池中的小鱼。但在学生平均学能较低的地区，能力稍强的学生看到周遭的同学学能表现平平，觉得自己已是小池中的大鱼（Marsh et al., 2013）。因此，文化间的行为差异，可能并不源于个人的心理特征，而是来自个人对他人的知觉和社会比较。又例如收入与博彩行为间的关系，在很多国家，收入较低的人会把更大部分的收入用来购买彩票（Burns, Gillett, Rubinstein, & Gentry, 1990），似乎收入更低的人更依赖财运来改善自己的生活。可是国家层面的分析却发现，经济越发达的国家，人们越会把收入的更大部分花在彩票购买上。这个结果看似不合理。可是，如果把两个层次的结果综合分析，便会发现：富裕国家的穷人在彩票上花费最大。在发达国家，一般人都过着相对富裕的生活，在这些地区的穷人，会感受到较强的相对剥夺感，因而产生无助和外控感，觉得只能依靠财运改善生活（Hong & Chiu, 1988）。

再以创新表现为例，文化间在创新表现上的差异，并非完全因为某些地区的人较其他地区的人更具创新能力。根据每年更新的"环球创新指数"，亚洲国家的创新表现普遍落后于发达的欧美国家。这个差距让人们认为，与欧美人比较，亚洲人普遍欠缺创意（Mahbubani, 2009）。可是，比较欧美人和亚洲人标准化创意能力测验表现的研究，却找不到亚洲人的创意能力比欧美人的创意能力逊色的证据（Erez & Nouri, 2010; Morris & Leung, 2010）。反之，研究发现：中国人和美国人对创新的理解不同。美国人觉得原创是创新的必要条件；虽然美国人也重视原创品的实用价值，但对他们来说，不能破旧立新就算不上创新。中国人对创新的定义比较宽泛。对他们来说，原创而实用固然是创新，但旧瓶装新酒，为已有的物器找到新的应用，也是创新（Loewenstein, Mueller, in press）。因此，中国人不会轻视通过在别人的原创品上巧妙地加工和增值产生的作品，也不急于开发石破天惊的原创作品。旧瓶新酒，只要是好酒，便值得举杯赞赏。虽然旧瓶新酒式的二次创作会被攻忤为拾人牙慧的次等创作，但在新兴经济，却是驱动经济起跑的力量。要发展石破天惊的创新科技，要投放大量资源，而且风险高，不是一般新兴经济能负担的。当然，在中国，要保持可持续的经济高增长，不能单靠种植旧瓶新酒式的"小米"，还要培植出生于中国的"苹果"。

要创造石破天惊的创新产品，除了大量投资外，仍需要丰腴的文化土壤。在中国，虽然国家已投入大量资源，设立百人计划、千人计划、万人计划，积极招揽人才，同时不惜重金，建设让全球科学家羡慕的国家重点实验室，但研究结果显示，这些投资，只促进了发展有利国计民生的科技，没有显著地提高国家开拓足以领导全球的颠覆型创新科技的能力（Chiu, Kwan, & Liou, 2016）。这一现象再次说明：一个文化地区内的创新表现，不完全决定于该地区内是否拥有充足的创新人才。

在中国文化中，逃避风险和实用取向成为国家开拓颠覆型创新的绊脚石。虽然和美国人相比，中国人在标准化创意能力测验的表现中毫不逊色，但当他们想到创意十足的点子时，却会因为顾虑想法过于惊世骇俗，曲高和寡，不容易为时人接受，甘愿放弃这些想法，改为采取中庸之道，发展一些略具新意，发而中节的想法（Li, Kwan, Liou, & Chiu, 2013; Liou, & Lan, in press）。因此，具备创新能力的人，会因为揣测文化和附和文化中众人的价值观，没有全面地发挥他们的创新潜能。

造成文化间在心理与行为上的差异的，除了文化地区内人们的个人特质，和人们如何建构他人和主流文化的价值观与想法外，还有其他因素，其中较重要的是制度与历史。再以创新表现为例，跨文化研究证实：一个国家在创新上的投入与成果，与该国能否建立支持创新的制度和人们对该制度是否有信心有着非常密切的关系（Kwan & Chiu, 2015）。一个国家若拥有廉洁透明的政治和法律制度，人民便觉得有自由表达思想的空间，个人的财产和知识产权能得到保障。这些国家会较其他国家有更好的创新表现。一些已积极招揽国际专才，培养本地人才的国家，如果能致力建设开明清廉的政治和法律制度，对发展颠覆型领导全球的创新科技，便如鱼得水。反之，只有人才，没有制度，龙鲸也只能游于浅水，无法发挥他们的作用。

中国正积极强化其政治和法律制度，肃贪倡廉，这是可喜的现象。从创新科技发展的角度来说，制度的建立与巩固，其重点应在让人们觉得自己的表达自由得到肯定，在追求知识时可以畅所欲言，可以言无不尽，觉得自己的财产和知识产权能得到保障。研究也显示，在制度正在发展但尚未完备的国家，要提高创新表现，其中一个重点是让人们相信制度，愿意通过制度处理风险，包括愿意通过具规范性的财经制度，而非不正式人情网络来管理投资和融资的风险（Chiu & Kwan, in press）。

一个国家的制度与规范有其历史因缘。以中国为例，明朝中叶是中国科技史上的分水岭。在此之前，中国的科技成就傲视寰宇，领导全球。但在此之后，却原地踏步，渐渐落后于快速崛起的西方列强。到了明朝中叶，在宋朝盛极一时，强调格物致知的理学，渐为强调主观的心性之学取代；清代盛行小学，重训诂而轻创新；百年国耻，进一步打击民族自信，人们崇拜洋学而轻视本土创作。以上的因素，让有利于开拓客观创新的知识传统在近代中国塞而不流（Liou, Kwan & Chiu, 2016）。中国现代的知识创新发展，常处于以洋学为体，中学为附的地位，国人努力为洋人创造的知识加工，能自成一家之言，进而影响全球的本土独创知识，十分罕见。

除此以外，在明朝中叶，外寇频扰，疫病蔓延，在内忧外患的威胁下，文化发展徐徐转向，强调纪律与规范，以便于动员群众抵御外侮，约束行为，防止疫患蔓延。同时，文化取向在朝廷中也发生变化。明朝皇帝有很大的法定权力，当皇帝喜欢特立独行，甚至任性妄为时，负责推行朝政的首辅大臣无法使用法制来限制皇帝的行为，便不得不尽力推销家法纲常，用各种道德规条来约束皇帝的行为。不巧明朝中叶以后，就出了几位很有个性的皇帝，德治渐渐取代法治成为管治的大原则，知识创新没有法治的配合，发展缓慢（Liou et al., 2016）。反之，在西方，政治与法律制度日趋完备，工业文明得到强而有力的制度支持，创新发展一日千里。

某一文化地区的制度是历史的结晶体，经过长时间慢慢凝聚而成，镶嵌于地域内的风俗和体制中。社会学者、经济学者、教育学者和政治学者，已为多个国家和地区建立了多种制度指标，供研究之用。

要之，文化间在心理与行为上的差异，受多种因素影响，不能还原到文化间的个别差异。某地区内人民的个人素质，不能全面反映该地区的文化全貌。因此，不能用跨文化调查中，某地区人民自评的相关价值、信念和人格特征取其平均值或总和来概括论定该地区的文化特征，或完全依靠这些平均值来预测该地区内人们的行为和表现（Chiu, Gelfand, Yamagishi, Shteynberg, & Wan, 2010）。现时已有工具测量人们对其主流文化的信念和规范的认知（House, Hanges, Javidan, Dorfman, & Gupta, 2004），也有工具测量人们对区域内其他人的价值和人格特征的认知（Bierbrauer et al., 1994；Terracciano et al., 2005）。这些工具提高了对文化间心理与行为差异的解释能力（Kreuzbauer, Chiu, Bae, & Lin, 2014；Zou et al., 2009）。对文化地区内他人心理特征的认知，其解释公开行为的能力，比其对私隐行为的解释力强（Fischer et al., 2009），其解释行为的能力，在强调和谐的文化地区，亦较在强调个人的文化地区强（Kwan, 2016；Savani, Wadhwa, Uchida, Ding & Naidu, 2015）。

亦有研究指出，某地区的核心文化价值和信念，不必是该地区内最多人拥有的价值和信念，但却必须是该地区中人们普遍认为是大多人支持的价值和信念（Wan et al.，2007）。多数人认为其他人会普遍支持的价值和信念，在现实中可能只得到少数人的支持。支持这些价值和信念的人对其身处的地区有较强的文化认同；不支持这些价值和信念的人倾向不认同甚至排斥其身处地区的文化（Kwan, Chiu, & Leung, 2014；Zhang & Chiu, 2012）。

四　文化内容的一致性

文化内容具有多样性，不同类型的文化内容互相影响，形成动态的文化行为。要了解文化的互动关系，必须先处理文化内容一致性的问题。有关文化内容一致性的讨论，有两个重要的议题。首先，在文化地区分析层次上，在理论上有相关的特征是否在统计关系上也呈现一致性？例如，在理论上，重视独立我的文化会有偏重个人主义价值、分析性思维、场境独立判断等特征；反之，重视互依我的文化会有偏重集体主义价值、整体性思维、场境依赖判断等特征。因此，生活在重视独立我国家的人们，也应较支持个人主义价值，更经常作出分析性思维和场境独立判断。反之，生活在重视互依我国家的人们，应较支持集体主义价值，更经常作出整体性思维和场境依赖判断。换言之，在以国家为单位的分析中，独立我与个人主义、分析性思维和场境独立判断应有正相关，与互依我、集体主义、整体性思维和场境依赖判断应有零相关，甚至负相关。同样的，互依我与集体主义价值，整体性思维和场境依赖判断应有正相关，与独立我、个人主义、分析性思维和场境独立判断应有零相关，甚至负相关。

可是研究结果却显示：独立我与个人主义、分析性思维和场境独立判断并无相关，而互依我与集体主义价值、整体性思维和场境依赖判断也没有相关（Na et al.，2010）。这些研究结果，似乎推翻了文化心理学中有关文化自我的理论（Kashima, 2009）。可是，这些结果是可以这样解释的：首先，理论上一致的文化心理特征，镶嵌于文化地区内不同的风俗和制度中。生活在某个地区里，人们经常接触到镶嵌着当地文化特征的风俗和制度，并会因此推论这些特征是在文化中普遍被重视的特征（Kwan, Yap & Chiu, 2015）。可是人们未必全盘认同这些特征：一些人选择性地认同某些特征，对其他特征不置可否，甚至拒之门外。其他人则接受另外一些特征，排斥其他特征。因此，整体来说，在文化地区分析层次上，在理论上相关的特征未必会呈现统计关系的一致性。虽然如此，当被测量的不是人们自评的价值和信念，而是他们对当地人和地区文化的认知和共识时，理论上一致的文化心理特征便会呈现一致性的统计关系：在人们普遍认为当地文化重视独立我的地区，人们也倾向于认为当地人较重视个人主义，并有较强的倾向作出分析性思维和场境独立判断。反之，在人们普遍认为当地文化重视互依我的地区，其成员也倾向于认为当地人较重视集体主义，并有较强的倾向作出整体性思维和场境依赖判断（Chiu et al.，2010）。

文化内容一致性的另一议题是：在同一文化内，某一心理特征的同质性有多高。在同一文化地区生活的人，应在较大程度上，比生活在不同文化地区的人共同拥有相关的特征。可是在跨文化研究中，往往能发现违背这一假设的结果：在同一文化内，心理特征的同质性偏低（Schwartz，2014）。因此，在跨文化调查中，在进行多层次或跨层次分析前，研究员必须先确定，来自同一地区的成员在某一心理特征上有颇高的同质性，即同一地区的成员普遍共同拥有该特征。文化内的同质性可以通过像组内相关（intra - class correlation）等统计方法测量（Bliese，2013）。如果组内相关系数偏低，表示文化中可能存在两个或以上的次文化，在这种情况下，研究员可采用潜组分析（latent class analysis；Tay et al.，2010）或由此衍生的统计方法（像文化共识模型，cultural consensus model；Keller & Loewenstein，2011）把次文化区分出来。

五　文化内容的交互效应

文化内容的互动可以分成两个类型，其一是不同文化内容在地区层次上的互动。例如，一般来说，经济越发达的国家，因为人们摆脱了经济枷锁，不需要为明天担忧，消费占收入的比例越大，储蓄占收入的比例越低，同时他们更向往个人主义、表达个性。可是经济发展对消费行为和个人主义价值的影响，却受到国家资源多寡的调节。在版图广阔、资源丰富的国家（如德国），当经济增长，人们对增长的可持续性较乐观，认为国家有丰富的资源支撑经济增长，于是减少储蓄，增加消费，通过消费追求个人理想、表达个性。反之，在版图狭小、资源贫乏的国家（如新加坡），即使经济增长，人们仍会担心以国家微薄的资源，未必能支撑国家经济的持续增长，觉得仍需要未雨绸缪，压抑自我，控制消费，积谷防饥。因此，经济发展对消费行为和个人主义价值的影响，较多出现在版图辽阔、资源丰富的国家（Chiu, Kwan, Li, Peng, & Peng, 2014）。以上的变量（经济发展、版图大小、消费占收入的比例、储蓄占收入的比例、个人主义和自我表达）都是地区层次的变量。

跨文化调查研究为我们提供了文化地区层次和个人层次的数据。另一类型的文化内容互动效应是跨层次的互动：在某一地区内，个人心理变量间的关系受地区层次的因素调节。例如，一般来说，在同一国家里，学生越用功，成绩会越好，自尊心会越强。可是个人努力程度与成绩和自尊间的正相关，只在较以学生为中心的教育文化（如加拿大的教育文化）中才会出现。在以学业竞争为中心的教育文化（如中国香港的教育文化）中，成绩较差的学生会被教师要求做更多的补充练习，同时这些学生的自尊心也较弱。因此在这种文化中，学生的努力程度与他们的成绩和自尊，均有可能出现负相关——越努力的学生，成绩越差，自尊心越弱（Salili, Chiu, & Lai, 2001）。在以上的例子中，努力程度、成绩和自尊都是个人层次的心理变量，而以学生为中心相对于以竞争为中心的教育文化，属文化地区层次的变量。

如前所述，在进行多层次或跨层次分析前，要先建立在同一文化内某一心理特征的同质性。如果同质性偏低，或需要把文化内的次文化区分出来。

六 总结

文化是一个复杂的构念，它涵盖不同层次的变量，其中包括文化地区层面的历史、制度、经济、生态变量，这些变量不是地区内人们心理特征的总和。文化也涵盖地区内人们在个人层次上的心理特征，这些特征包括了个人认同的信念、价值和人格特征，也包括人们对所属文化及文化内他人的特征的认知。文化中的个体可根据他们认同的自评特征和他们对当地文化特征的认知被分派到不同的具同质性的次文化中。不同层次间的文化变量可独立地，或相互地影响行为。由于文化变量的多样性和多层次性，分析个别差异的心理计量模型未必完全适用于文化心理特征的测量。在本文中，我提纲挈领地介绍了一些在测量多层次和多样性文化特征时值得注意的议题。因篇幅所限，我不能在此介绍处理这些议题的方法和技术。对这些方法技术感兴趣的读者可以参考本文引用的文献。

参考文献

何友晖、彭泗清、赵志裕，2006，《世道与人心》，北京大学出版社。

Bierbrauer, G., Meyer, H., & Wolfradt, U. (1994). Measurement of normative and evaluative aspects in individualistic and collectivistic orientations: The Cultural Orientation Scale (COS). In U. Kim, H. C. Triandis, Ç. Kağıtçıbaşı, S. - C. Choi & G. Yoon (Eds.), *Individual and Collectivism: Theory, Method, and Applications* (pp. 189 - 199). Thousand Oaks, CA: Sage.

Bliese, P. (2013). Multilevel modeling in R (2.5): A brief introduction to R, the multilevel package and the nlme package. Retrieved from https://cran. r - project. org/doc/contrib/Bliese_Multilevel. pdf.

Burns, A. C., Gillett, P. L., Rubinstein, M., & Gentry, J. W. (1990). An exploratory study of lottery playing, gambling addiction and links to compulsive consumption. *Advances in Consumer Research*, 17, 298 - 305.

Chen, F. F. (2008). What happens if we compare chopsticks with forks? The impact of making inappropriate comparisons in cross - cultural research. *Journal of Personality and Social Psychology*, 95, 1005 - 1018.

Cheung, F. M., Cheung, S. - f., & Zhang, J. - x. (2004). What is "Chinese" personality? Subgroup differences in the Chinese Personality Assessment Inventory (CPAI - 2). *Acta Psychologica Sinica*, 36, 491 - 499.

Chiu, C - y., Chia, S. I., & Wan, W. (2015). Cross - cultural measures of values, personality and beliefs. In G. Boyle, & D. H. Saklofske (Eds.), *Measures of Personality and Social Psychological Constructs* (756 - 772). Academic Press.

Chiu, C - y., Gelfand, M., Yamagishi, T., Shteynberg, G., & Wan, C. (2010). Intersubjective culture: The role of intersubjective perceptions in cross - cultural research. *Perspectives on Psychological Science*, 5, 482 - 493.

Chiu, C - y., & Hong, Y. (2006). *Social Psychology of Culture*. New York: Psychology Press.

Chiu, C - y., & Kwan, Y - Y. (in press). National and historical variations in innovation performance: A country level analysis. In A. Leung, L. Y - Y. Kwan, & S. Liou (Eds.), *Frontier Handbook of Culture and Creativity*. New York: Oxford University Press.

Chiu, C - y., Kwan, L. Y - y., Li, D., Peng, L., & Peng, S. (2014). Culture and consumer behavior. *Foundations and Trends in Marketing*, 7, 109 - 179.

Chiu, C - y., Kwan, L. Y - y., & Liou, S. (2016). The institutional and cultural contexts of creativity and innovation in China. In A. Lewin, J. P. Murmann, & M. Kenny (Eds.), *Building Innovation Capacity in China: An Agenda for the Middle Income Trap*. New York: Cambridge University Press.

Chiu, C - y., Ng, S. S - L., & Au, E. (2013). Culture and social cognition. In D. Carlston (Ed.), *Oxford Handbook of Social Cognition*. New York: Oxford University Press.

Erez, M. , & Nouri, R. （2010）. Creativity in a context: Cultural, social, and work contexts. *Management and Organization Review*, 6, 351 – 370.

Fischer, R. , Ferreira, M. C. , Assmar, E. , Redford, P. , Harb, C. , Glazer, S. , et al. （2009）. Individualism – collectivism as descrip – tive norms: Development of a subjective norm approach to cul – ture measurement. *Journal of Cross – Cultural Psychology*, 40, 187 – 213.

Gelfand, M. J. , Raver, J. L. , Nishii, L. H. , Leslie, L. M. , Lun, J. , Lim, B. C. , Yamaguchi, S. （2011）. Differences between tight and loose cultures: A 33 – Nation study. *Science*, 332, 1100 – 1104.

Hong, Y. Y. , & Chiu, C – y. （1988）. Sex, locus of control, and illusion of control in Hong Kong as correlates of gambling involvement. *Journal of Social Psychology*, 128, 667 – 673.

House, R. J. , Hanges, P. J. , Javidan, M. , Dorfman, P. W. , & Gupta, V. （Eds. ）. （2004）. *Culture, Leadership, and Organizations: The GLOBE Study of 62 Societies*. Thousand Oaks, CA: Sage.

Kashima, Y. （2009）. In R. S. Wyer, C. – Y. Chiu & Y. – Y. Hong （Eds. ）, Culture comparison and culture priming: A critical analysis. *Understanding Culture: Theory, Research and Application* （pp. 53 – 78）. New York, NY: Psychology Press.

Keller, J. , & Loewenstein, J. （2011）. The Cultural Category of Cooperation: A Cultural Consensus Model Analysis for China and the United States. *Organization Science*, 22, 299 – 319.

Kim, Y – H. , Chiu, C – y. , & Zou, Z. （2010）. Know thyself: Misperceptions of actual performance undermine achievement motivation, future performance and subjective well – being. *Journal of Personality and Social Psychology*, 99, 395 – 409.

Kim, Y – H. , Peng, S. , & Chiu, C – y. （2008）. Explaining self – esteem differences between Chinese and North Americans: Dialectical self （vs. self – consistency） or lack of positive self – regards. *Self and Identity*, 7, 113 – 128.

Kreuzbauer, R. , Chiu, C – y. , Bae, S. H. , & Lin, S. （2014）. When does life satisfaction accompany relational identity signaling: A cross – cultural analysis. *Journal of Cross – Cultural Psychology*, 45, 646 – 659.

Kwan, L. Y – y. （2016）. Anger and perception of unfairness and harm: Cultural differences in normative processes that justify sanction assignment. *Asian Journal of Social Psychology*, 19, 6 – 15.

Kwan, L. Y – y. , & Chiu, C – y. （2015）. Country variations in different innovation outputs: The interactive effects of institutional support and human capital. *Journal of Organizational Behavior*, 36, 1050 – 1070.

Kwan, L. Y – y. , Chiu, C – y. , & Leung, A. K – y. （2014）. Priming Bush （vs. Obama） increases liking of American brands: The role of intersubjectively important values. *Social Influence*, 9, 206 – 223.

Kwan, L. Y – y. , Yap, S. , & Chiu, C – y. （2015）. Mere exposure affects perceived descriptive norms: Implications for personal preferences and trust. *Organizational Behavior and*

Human Decision Processes, 129, 48 – 58.

Lalwani, A. K., Shrum, L. J., & Chiu, C – y. (2009). Motivated response style: The role of cultural values, regulatory focus, and self – consciousness in socially desirable responding. *Journal of Personality and Social Psychology*, 96, 870 – 882.

Leung, K., & Bond, M. H. (2004). Social axioms: A model for social beliefs in multicultural perspectives. In M. P. Zanna (Ed.), *Advances in Experimental Social Psychology* (Vol. 36, pp. 119 – 197). San Diego, CA: Academic.

Li, C., Kwan, L. Y – Y., Liou, S., & Chiu, C – y. (2013). Culture, group processes and creativity. In M. Yuki & M. Brewer (Eds.), *Culture and Group Processes*. New York: Oxford University Press.

Liou, S., Kwan, Y – Y. L., & Chiu, C – y. (2016). Historical and cultural obstacles to frame – breaking innovations in China. *Management and Organization Review.*

Liou, S., & Lan, X. (in press). Cultural differences in team creativity process. *Journal of Cross – Cultural Psychology.*

Loewenstein, J., & Mueller, J. (in press). Implicit theories of creative ideas: How culture guides creativity assessments. *Academy of Management Discovery.*

Mahbubani, K. (2009). *Can Asians think?* Singapore: Marshall Cavendish.

Marsh, H. W., Abduljabbar, A. S., Morin, A. J. S., Parker, P., Abdelfattah, F., Nagengast, B., Abu – Hilal, M. M. (2013). The big – fish – little – pond effect: Generalizability of social comparison processes over two age cohorts from Western, Asian, and Middle Eastern Islamic countries. *Journal of Educational Psychology*, 107, 258 – 271.

Menon, T., Morris, M., Chiu, C – y., & Hong, Y. (1999). Culture and the construal of agency: Attribution to individual versus group dispositions. *Journal of Personality and Social Psychology*. 76, 701 – 717.

Morris, M. W., & Leung, K. (2010). Creativity east and west: Perspectives and parallels. *Management and Organization Review*, 6, 313 – 327.

Na, J., Grossmann, I., Varnum, M. E. W, Kitayama, S., Gonzalez, R., & Nisbett, R. E. (2010). Cultural differences are not always reducible to individual differences. *Proceedings of National Academy of Science*, 107, 6192 – 6197.

Qiu, L., Lin, H., & Leung, A. K. – y. (2013). Cultural differences and switching of in – group sharing behavior between an American (Facebook) and a Chinese (Renren) social networking site. *Journal of Cross – Cultural Psychology*, 44, 106 – 121.

Salili, F., Chiu, C – y., & Lai, S. (2001). The influence of culture and context on student's motivational orientation and performance. In F. Salili, C – y. Chiu & Y. Hong (Eds.), *Student Motivation: The Culture and Context of Learning* (pp. 221 – 247). New York: Plenum.

Savani, K., Wadhwa, M., Uchida, Y., Ding, Y., & Naidu, N. V. R. (2015). When norms loom larger than the self: Susceptibility of preference – choice consistency to normative influence across cultures. *Organizational Behavior and Human Decision Processes*, 129, 70 – 79.

Schwartz, S. H. (2009). Culture matters: National value cultures, sources, and consequences. In R. S. Wyer, C. - Y. Chiu & Y. - Y. Hong (Eds.), *Understanding Culture: Theory, Research and Application* (pp. 127 - 150). New York, NY: Psychology Press.

Schwartz, S. H. (2014). Rethinking the concept and measurement of societal culture in light of empirical findings. *Journal of Cross - Cultural Psychology*, 45, 5 - 13.

Singelis, T. M. (1994). The measurement of independent and interdependent self - construals. *Personality and Social Psychology Bulletin*, 20, 580 - 591.

Singelis, T. M., Triandis, H. C., Bhawuk, D. P. S., & Gelfand, M. J. (1995). Horizontal and vertical dimensions of individualism and collectivism: A theoretical and measurement refinement. *Cross - Cultural Research*, 29, 240 - 275.

Tay, L., Woo, S. E., Klafehn, J., & Chiu, C - y. (2010). Conceptualizing and measuring culture: Problems and solutions. In G. Walford, E. Tucker, & M. Viswanathan (Eds.), *The Sage Handbook of Measurement.* Sage.

Terracciano, A., Abbel - Khalek, A. M., Adam, N., Adamovova, L., Ahn, C. - K., Ahn, H. - N., et al. (2005). National character does not reflect mean personality trait levels in 49 cultures. *Science*, 310, 96 - 100.

Van de Vijver, F., & Leung, K. (1997). *Methods and data analysis for cross - cultural research.* Thousand Oaks, CA: Sage.

Wan, C., Chiu, C. - Y., Tam, K., Lee, V. S., Lau, I. Y., & Peng, S. (2007). Perceived cultural importance and actual self - importance of values in cultural identification. *Journal of Personality and Social Psychology*, 92, 337 - 354.

Zhang, A. Y., & Chiu, C - y. (2012). Goal commitment and alignment of personal goals predict group identification only when the goals are shared. *Group Processes and Intergroup Relations*, 15, 425 - 437.

Zou, X., Tam, K - p., Morris, M. W., Lee, S - l., Lau, Y - m., & Chiu, C - y. (2009). Culture as *common* sense: Perceived consensus vs. personal beliefs as mechanisms of cultural influence. *Journal of Personality and Social Psychology*, 97, 579 - 597.

Cross-cultural Measurement of Psychological Characteristics: The Many Interacting Facets of Cultural Variables

Chiu Chi-Yue

Abstract: In both cross - cultural psychology and cultural psychology, cross - cultural measurement of psychological characteristics is an important tool for understanding the relationship of culture and behavior. Culture has many facets; it encompasses popular psychological characteristics, characteristics that are perceived to be popular in the culture, as well as the culture's history, institutions and ecology. These variables are loosely organized and hence lack internal coherence. In addition, culture can be measured at both individual and cultural levels. Multiple facets of culture and cultural variables measured at different levels often interact with each other to affect behaviors. In the current article, I review the implications of the many interacting facets of cultural variables for cross – cultural measurement of psychological characteristics.

Key Words：cross – cultural measurement；facets of culture；multilevel analysis；culture and psychology

（责任编辑：谢蕊芬）

中国社会心理学评论　第11辑
第 162~178 页
© SSAP，2016

正义动机研究的测量偏差问题：关于中国人世道正义观（公正世界信念）的元分析[*]

吴胜涛　潘小佳　王　平　加百利·诺德曼　李会杰[**]

摘　要： 早期关于正义动机的研究多以西方、受良好教育、工业化、富有、民主社会（western, educated, industrialized, rich, and democratic，WEIRD）的被试（特别是中产阶级家庭的大学生群体）为样本，并以个人主义、集体主义作为文化区分的理论基础，发现西方人表达个人正义动机多从独立的自我参照视角出发，相信自己生活在一个好有好报、恶有恶报的美好世界；而中国人表达正义动机却从互依或他人参照视角出发，认为社会整体是一个好有好报、恶有恶报的和谐世界。近年来，主流学者开始意识到这样的研究存在重大的取样偏差或自我偏差、情境偏差，其揭示的人类行为特征（WEIRD）也是奇怪的。本文利用元分析技术，对36个中国样本（$N = 8396$）的个人世道正义观（自我参照）与一般世道正义观（他人参照）的相关系数和均值差进行效

---

[*] 本研究得到中央高校业务经费项目"民族、文化冲突中的正义动机与公众情感传播"（0101-ZK1042）及国际合作项目"文化与补偿心理：中国人与犹太人的比较"（0101-K8216008）的部分支持。感谢张力同学在元分析方法上的协助。

[**] 通信作者：吴胜涛，厦门大学传播研究所传播与社会研究中心副教授，e-mail：michaelst-wu@xmu.eud.cn；潘小佳，厦门大学硕士研究生；王平，中国科学院心理研究所硕士研究生；加百利·诺德曼，马堡大学心理系，博士后；通信作者：李会杰，中国科学院行为科学重点实验室（中国科学院心理研究所）副研究员，e-mail：lihj@psych.ac.cn。

果值检验。结果发现，个人世道正义观与一般世道正义观之间存在强正相关（r = 0.64，Fisher's Z = 0.75），平均数差异显著，但效果值很小（d = 0.20）；进一步的调节变量分析发现，只有在非学生样本、弱势情境下（如生活逆境），被试的个人世道正义观得分才显著低于一般世道正义观，即认为"自己委屈、他人应得"。总之，中国人的正义动机呈现低自我参照、高情境区分的特点，并非"独立"或"互依"就能简单概括的。

关键词： 一般世道正义观　个人世道正义观　公正世界信念　元分析　年龄　情境　中国人

一　前言

正义动机理论（justice motive theory）认为，人类从根本上有一种相信"世界稳定有序，人们各得其所"的动机。在学龄前阶段，个体就树立了"好有好报、恶有恶报"的信念，这对其社会规范能力的发展至关重要（Lerner，1977）；甚至在八个月大的时候，婴儿就选择性地偏好惩恶扬善的卡通角色（Hamlin et al.，2011）。得其应得，也应得其所得（deserving），只有这样，个体才有信心面对他们所处的物理环境、社会环境，否则，个体将无法树立长远目标。由于其具有如此重要的适应价值，我们很难放弃这一观念。如果有证据表明这个世界实际上并非公平正义或井然有序，我们将会非常烦恼，于是，宁愿否认事实，也不愿转变观念（Lerner，1980；Lerner & Miller，1978）。

众多研究表明，正义动机是一把"双刃剑"（Furnham，2003）。一方面，作为一种朴素的世道正义观（belief in a just world，BJW，又译作"公正观"或"公正世界信念"），正义动机如同灰姑娘的励志童话，在日常生活中具有重要的适应价值，激励人们努力工作、与人为善。另一方面，它被"体面"的西方中产阶级知识分子当作一种反社会态度（anti - social attitude），因为正义动机促使个体去贬低穷人、失业者、老年人、被强暴者（他们都是应得的）。西方的研究确实表明，正义动机会在个体成年的过程中逐渐下降，到二十几岁就能懂得"好不一定有好报，恶不一定有恶报"的人情世故（Oppenheimer，2006）。正义动机功能的矛盾性，及其随年龄而递减的心理发展路径，是西方社会心理学关于正义动机研究的经典结论（Dalber，1999；Lipkus，Dalbert，& Siegler，1996；Sutton & Douglas，2005），这也与正视不公、同情不幸的西方自由主义价值观相一致（Rawls，1971）。

（一）取样偏差

值得注意的是，以往关于正义动机的研究多以西方、受良好教育、工业化、富有、民主社会（western，educated，industrialized，rich，and democratic，WEIRD）的被试（特别是中产阶级家庭的大学生群体）为样本。近年来，主流学者开始意识到这样的研究存在重大的取样偏差，其揭示的人类行为特征（WEIRD）也是奇怪的。我们梳理了西方非大学生样本的研究，结果发现，正义动机其实在成年期仍然会保持稳定，甚至在老年期会有所上升（Maes & Schmitt，2004），在受到威胁时还会进一步强化（Callan，Ellard，& Nicol，2006）。与之相类似，那些未能享受中产阶级或大学生优越生活的弱势群体（如接受住房救济的居民）的正义动机也较强（Sutton & Winnard，2007）。

针对这一取样偏差问题，我们在非西方（如中国）文化背景下，对正义动机的稳定性和心理适应功能进行了系统验证。结果发现，中国的成年人（如大学生、灾区民众）持有较高的一般世道正义观，并且它与生活满意度、情感幸福有显著的正相关（Wu et al.，2011，2013；吴胜涛等，2009；祝卓宏、吴胜涛等，2010）。这一结果与以往的跨文化研究结果类似，即和欧美人相比，东亚人通常持有较高的一般世道正义观（Furnham，1985，1993）。我们最近的研究认为，相对于强调现世苦难，进而追究理想彼岸世界的西方价值观，中国（或东亚）文化持有一种祸福相依、天道酬勤的动态价值系统，这能很好地解释中国人为何持有强烈的一般世道正义观：它既反映了中国传统文化对现世的接纳，又可作为个体改变命运的动力——所谓"天行健，君子以自强不息"就是这个道理（Cohen，Wu，& Miller，2016；Wu et al.，2011；Bond et al.，2004）。然而，中国文化所强调的动态价值系统不能解释为何西方的非大学生群体也有较强的正义动机。

（二）自我偏差与情境偏差

针对上述问题，一些正义动机量表的编制者从个人主义文化的"自我参照"视角出发尝试给出解决方案。Dalbert（1999）认为，正义动机或世道正义观可以分为指向他人或世道整体的一般世道正义观（general BJW）和指向自我或个人遭遇的个人世道正义观（personal BJW）。前者，即我们常说的一般世道正义观其实并非自我参照，而是一种相信他人遭遇或整个世道当然合理的观念，如"总的来说人们得到的都是他们应该得到的，我相信从长远来看遭遇不公的人将会得到补偿"，它与受害者指责等反社会态度联系更密切；后者为自我参照，是一种相信自己受到合理对待的观念，如"我相信我得到的通常都是我应该得到的，在我的生活中不公正的事情只是个别现象，而不是常规"，它与个体的压力水平等心理健康指标联系更密切。

研究发现，西方人表达正义动机多从独立的自我参照视角出发，相信自己生活在一个好有好报、恶有恶报的美好世界，而世界整体或他人的生活仍然充满了不幸，甚至苦难（Dalbert, 1999；Lipkus, Dalbert, & Siegler, 1996；Sutton & Douglas, 2005）。中国人表达正义动机却从他人参照或互依视角出发，认为社会整体是一个好有好报、恶有恶报的和谐世界，而自己个人的生活常常是不幸的、需要不断改变的（Wu et al., 2011, 2013）。或者简单来说，西方人的个体观念更多遵循自我参照的原则，他人的生活经历、经验对自己相对不那么重要；而集体主义的中国人会更多受到他人及文化成员的影响，他人的生活经历、经验对自己至关重要（Smith & Mackie, 2016）。然而，中国并不能简单地被认为是一个集体主义社会（Cohen, Wu, & Miller, 2016；杨宜音，2008），也有一些研究发现，中国大学生的个人世道正义观高于一般世道正义观（苏志强等，2012）。

另一些研究者认为，正义动机的强弱主要取决于情境因素——在未成年阶段及毕业走进社会后的生命历程中，正义动机具有重要的心理适应价值（Maes & Schmitt, 2004；Wu et al., 2011）。特别是在逆境生活中，相对稳定的正义动机可以作为心理缓冲和正向激励，如帮助慢性病患者缓解压力（McParland & Knussen, 2010；Park et al., 2008），激励弱势群体努力工作、投资未来（Laurin, Fitzsimons, & Kay, 2011）。此外，世道正义观也是一种认为"既定社会安排合情合理"的合理化策略，对弱势群体的生活逆境起到缓冲剂的作用（Jost & Hunyady, 2002）。特别是在两极转换的思维模式下，如贫穷但诚实、贫穷但快乐，合理化策略可以有效地对弱势群体当前的劣势地位给予心理补偿（Kay & Jost, 2003）。后续研究表明，即便在日常生活中，人们也有这种两极转换、正义补偿的思维倾向（Gaucher, Hafer, Kay, & Davidenko, 2010）；在灾难等极端条件下，人们仍会看到一线希望，从劣势情境中发现阳光的一面（Anderson, Kay, & Fitzsimons, 2010）。

（三）研究问题与假设

正义动机研究的诸多争议可能与取样偏差有关，也可能会受到自我、情境偏差的影响。吴胜涛、韩布新（2013）对正义动机的定义和测量等相关研究进行了文献梳理，但并没有大样本的证据支持。由于问题视角、研究工具和取样的差异，即便都以中国人为被试，以往的研究结果也不一致。针对这些问题，元分析可以对以往研究进行综合分析和评价，得出相对普遍的结论（毛良斌、郑全全，2005）。

接下来，我们基于中国知网，同时考虑中国大学生、非大学生样本，以自我－他人区分的世道正义观量表为测量工具，对不同处境被试的个人世道正义观与一般世道正义观得分进行元分析。我们基于中国知网而未直接检索以中国人为被试的英文论文的原因在于：①采用中国样本的正义动机研究多以中文发表，并被中国知网收录；②我们联系了使用中国样本发表英文论文的作者，得知他们的原始数据都在学位论文中报告过，而后者也被中国知网收录。我们假设：（1）中国人正义动机的自我参照效应不明显，相对于正常生活情境，逆境时中国被试的自我参照效应更弱。（2）总体而言，中国人的正义动机通过他人参照或一般世道正义观来表达，这一动机到成年人时仍不会减弱，与基于西方 WEIRD 样本的结果不同。

二　研究方法

（一）文献搜集

使用中国知网期刊、优秀硕博学位论文两个数据库，对国内 1996 年 1 月至 2016 年 6 月有关一般世道正义观与个人世道正义观的中文文献进行检索，关键词为“个人世道正义观，个人公正观，个人公正世界信念；一般世道正义观，一般公正观，一般公正世界信念”，共搜索到文献 55 篇。然后根据使用本文第一作者修订的 Dalbert（1999）世道正义观量表的申请记录，获取 3 篇博士论文。根据元分析研究文献选取标准，筛选符合要求的实证研究。对于无法获得全文或数据信息呈现不全的文献，主要通过电子邮件与文章作者联系的方式获取。

文献纳入标准：①研究同时测量了一般世道正义观和个人世道正义观，且统一使用 Dalbert 等编制的世道正义观量表；②文献中报告了一般世道正义观和个人世道正义观的皮尔森相关系数，并报告了个人世道正义观和一般世道正义观分别的平均数和标准差；③文献中有明确的施测地点，被试为中国人，样本大小明确；④研究综述，未采用 Dalbert 量表的，或条目、维度使用有误的文献则予以排除。基于以上标准，对文献题目、摘要以及全文阅读后，去除综述文献、重复发表文献。最后，共计有 13 篇文献符合纳入标准，这 13 篇文献共包括 36 个样本，总样本量为 8396。

（二）变量编码

对所有收集到的文献进行特征编码，包括作者信息、发表时间、取样地点、样本量、被试群体特征以及平均数、标准差、相关系数等描述统计指标，具体信息见表 1 和表 2。效应值的产生以单个样本为单位，对每个样本编码一次。如果文献包含多个样本，则相应进行多次编码。

表 1　世道正义观元分析研究基本资料

序号	研究	地区	样本量	被试特征	境遇	被试年龄（M ± SD）
1	蒋奖等，2013	北京	304	低收入者	逆境	23.71 ± 2.94
2	李静，2015	哈尔滨	929	大学生	正常	N/Aª
3	刘长江等，2008；样本 1	辽宁	180	初中生	正常	14.44 ± .34
4	刘长江等，2008；样本 2	辽宁	206	高中生	正常	14.37 ± .47
5	刘长江等，2008；样本 3	辽宁	199	大学生	正常	17.56 ± .59
6	苏志强等，2012；样本 1	重庆	306	大学生	正常	N/Aª
7	苏志强等，2012；样本 2	天津	145	大学生	正常	21.12 ± 1.44
8	苏志强等，2012；样本 3	河南	199	大学生	正常	22.29 ± 1.21
9	苏志强等，2012；样本 4	河南	188	大学生	正常	21.18 ± 3.67
10	苏志强等，2012；样本 5	重庆	234	大学生	正常	20.08 ± 1.07
11	苏志强等，2013	河南	516	高中生	正常	17.35 ± .97
12	孙霁等，2016	贵州	791	服刑人员	逆境	33.50 ± 12.30
13	孙霁等，2015；样本 1	贵州	427	大学生	正常	N/Aª
14	王成康，2012；样本 1	江苏	205	大学生	正常	21.30 ± 2.40
15	魏胜男，2013	山东	269	大学生	正常	N/Aª
16	吴胜涛，2011；研究 1A，样本 1	黑龙江	101	居民	正常	51.79 ± 14.42
17	吴胜涛，2011；研究 1A，样本 2	深圳	59	居民	正常	40.78 ± 13.98
18	吴胜涛，2011；研究 1A，样本 3	浙江	95	居民	正常	37.11 ± 7.78
19	吴胜涛，2011；研究 1A，样本 4	新疆	72	居民	正常	40.48 ± 16.45
20	吴胜涛，2011；研究 1B，样本 1	四川	166	受灾群众	逆境	41.86 ± 9.59
21	吴胜涛，2011；研究 1B，样本 2	四川	131	受灾群众	逆境	40.11 ± 12.43
22	吴胜涛，2011；研究 1C，样本 1	湖北	130	贫困儿童	逆境	12.25 ± .52
23	吴胜涛，2011；研究 1C，样本 2	北京	145	都市儿童	正常	12.84 ± .86

续表

序号	研究	地区	样本量	被试特征	境遇	被试年龄（M ± SD）
24	吴胜涛，2011；研究2A	北京	173	中学生	正常	17.36 ± .49
25	吴胜涛，2011；研究2B	四川	218	受灾群众	逆境	42.17 ± 16.93
26	吴胜涛，2011；研究3A，样本1	北京	199	普通居民	正常	40.16 ± 5.36
27	吴胜涛，2011；研究3A，样本2	山东	295	普通居民	正常	42.52 ± 17.94
28	吴胜涛，2011；研究3A，样本3	上海	124	普通居民	正常	33.87 ± 12.81
29	吴胜涛，2011；研究3A，样本4	浙江	169	农民工	逆境	24.37 ± 6.19
30	吴胜涛，2011；研究3A，样本5	银川	117	普通居民	正常	33.13 ± 13.75
31	吴胜涛，2011；研究3A，样本6	湖北	171	普通居民	正常	40.88 ± 6.16
32	殷晓菲等，2009	辽宁	97	少年犯	逆境	N/A[a]
33	朱泓玥，2013；研究1	河南	170	大学生	正常	N/A[a]
34	朱泓玥，2013；研究2	河南	169	大学生	正常	N/A[a]
35	祝卓宏等，2010；样本1	四川	270	受灾群众	逆境	37.73 ± 8.47
36	祝卓宏等，2010；样本2	四川	227	受灾群众	逆境	32.93 ± 10.31

注：a 文章未报告。

（三）效应量计算

效应量又称效果值（effect size），在本研究中计算效应量所依据的统计指标有相关系数（r）和标准平均差（standardized mean difference，d）。对效应量 r 的计算，采用 CMA 2.2（comprehensive meta analysis 2.2）专业版软件进行数据处理与分析。输入每个独立样本的相关系数和样本量，该软件能计算出 r 值、通过 Fisher's Z 转化的 r 值、95% 的置信水平、p 值等相关统计量。对效应量 d 的计算，通过 Mean（personal BJW）－ Mean（general BJW）＝Mean（P－G），计算出每个样本中 Mean（P－G）的值。再通过两个配对样本平均值差的标准误的公式（如下）：

$$s_{Emean} = s_{(\bar{x}_1 - \bar{x}_2)} = \sqrt{\frac{(s_1^2 + s_2^2 - 2r_{12}s_1s_2)}{N}}$$

$$s_{D_{mean}} = s_{Emean} / \sqrt{N}$$

计算出每个配对均值差样本的 SD 值，在 CMA2.2 中输入平均数差值 Mean（P－G）、平均数差值的标准差（SD of difference）、样本量和相关系数，该软件能计算出效应量标准均值差（standardized difference in means）。

表 2　世道正义观元分析基本统计指标

序号	研究	平均数 ± 标准差		均值差	差值标准差	r
		个人世道正义观	一般世道正义观			
1	蒋奖等，2013	4.13 ± 1.36	4.01 ± 1.27	.12	1.21	.58
2	李静，2015	4.35 ± .90	4.25 ± .99	.10	.71	.72
3	刘长江等，2008；样本 1	4.11 ± .94	4.47 ± .86	－ .36	.80	.61
4	刘长江等，2008；样本 2	3.99 ± .80	4.05 ± .93	－ .06	.72	.66
5	刘长江等，2008；样本 3	4.00 ± .67	4.04 ± .71	－ .04	.70	.49
6	苏志强等，2012；样本 1	4.02 ± .78	3.88 ± .82	.14	.63	.69
7	苏志强等，2012；样本 2	4.32 ± .73	4.04 ± .86	.28	.65	.67
8	苏志强等，2012；样本 3	3.90 ± .76	4.10 ± .79	－ .20	.62	.68
9	苏志强等，2012；样本 4	3.94 ± .70	3.95 ± .77	－ .01	.65	.61
10	苏志强等，2012；样本 5	3.86 ± .77	3.80 ± .89	.06	.68	.67
11	苏志强等，2013	3.82 ± .81	4.03 ± .76	－ .21	.69	.61
12	孙霁等，2016	3.55 ± 1.04	3.49 ± 1.06	.06	.68	.59
13	孙霁等，2015；样本 1	3.63 ± .82	3.96 ± .85	－ .33	.95	.67
14	王成康，2012；样本 1	3.94 ± .76	3.89 ± .83	.05	.67	.65
15	魏胜男，2013	4.14 ± .81	4.38 ± .87	－ .24	.76	.59
16	吴胜涛，2011；研究 1A，样本 1	4.09 ± .93	4.32 ± 1.04	－ .23	.85	.63
17	吴胜涛，2011；研究 1A，样本 2	3.76 ± .94	3.97 ± .97	－ .21	.78	.67
18	吴胜涛，2011；研究 1A，样本 3	3.73 ± .90	3.73 ± 1.01	.00	.75	.70
19	吴胜涛，2011；研究 1A，样本 4	3.83 ± .94	4.22 ± .95	－ .39	.83	.62
20	吴胜涛，2011；研究 1B，样本 1	3.28 ± 1.08	3.97 ± 1.13	－ .69	.92	.66
21	吴胜涛，2011；研究 1B，样本 2	3.86 ± .83	4.14 ± .98	－ .28	.77	.65
22	吴胜涛，2011；研究 1C，样本 1	3.69 ± .92	4.20 ± .91	－ .51	.67	.73
23	吴胜涛，2011；研究 1C，样本 2	4.36 ± 1.06	4.43 ± 1.02	－ .07	.93	.60
24	吴胜涛，2011；研究 2A	3.90 ± .95	4.28 ± 1.12	－ .38	.78	.66
25	吴胜涛，2011；研究 2B	3.92 ± .95	4.22 ± .93	－ .30	.89	.55
26	吴胜涛，2011；研究 3A，样本 1	3.94 ± .94	4.42 ± .92	－ .48	.83	.60
27	吴胜涛，2011；研究 3A，样本 2	3.92 ± .94	4.20 ± .90	－ .29	.84	.58
28	吴胜涛，2011；研究 3A，样本 3	3.28 ± .69	3.58 ± .99	－ .31	.90	.48

续表

序号	研究	平均数 ± 标准差		均值差	差值标准差	r
		个人世道正义观	一般世道正义观			
29	吴胜涛, 2011; 研究 3A, 样本 4	3.33 ± .82	3.83 ± .92	- .51	.85	.52
30	吴胜涛, 2011; 研究 3A, 样本 5	3.48 ± .85	3.83 ± .92	- .35	.92	.46
31	吴胜涛, 2011; 研究 3A, 样本 6	3.91 ± .86	4.37 ± 1.00	- .46	.81	.63
32	殷晓菲等, 2009	3.33 ± .75	3.54 ± .91	- .21	.73	.63
33	朱泓玥, 2013; 研究 1	3.75 ± .68	3.89 ± .74	- .14	.55	.71
34	朱泓玥, 2013; 研究 2	3.89 ± .73	3.86 ± .75	.03	.52	.75
35	祝卓宏等, 2010; 样本 1	3.69 ± .96	3.90 ± 1.05	- .21	.67	.78
36	祝卓宏等, 2010; 样本 2	3.69 ± .98	4.10 ± 1.02	- .41	.86	.63

注: 表格中个人世道正义观和一般世道正义观的测量工具皆为 Dalbert (1999) 世道正义观量表, 其中个人世道正义观七道题, 一般世道正义观六道题。

三 研究结果

(一) 个人世道正义观与一般世道正义观的相关结果

研究中共有 36 个独立样本的效应值满足元分析标准, 总被试数为 8396 人。由表 3 可知, 个人世道正义观和一般世道正义观的相关系数为 0.64, Fisher's Z 值为 0.75, 95% 置信区间为 [0.71, 0.80], 这说明个人世道正义观与一般世道正义观有高的正相关, 而且这一相关系数由偶然因素导致的可能性非常小。同时, 采用 Rosenthal 提出的失安全系数 (failsafe N, Nfs) 对出版偏倚进行了检查。Nfs 表示要使统计显著的相关系数变得不再显著所需的阴性独立样本个数。本研究的 Nfs 为 40053, 数值非常大, 说明研究结果受到出版偏倚影响的可能性非常小。在个人世道正义观和一般世道正义观的相关关系中, 人生境遇 ($Q = 0.01$, $p = 0.98$)、年龄/生命历程 ($Q = 3.55$, $p = 0.17$) 两个变量均不会起到显著的调节作用。

表 3 个人世道正义观和一般世道正义观相关系数的元分析

研究数	样本量	r	Fisher's Z	95% CI	异质性 Q	I - squared	失安全系数
36	8396	.64	.75	.71 ~ .80	115.04	69.58	40053

（二）个人世道正义观与一般世道正义观的标准平均差结果

1. 异质性检验

如表4，检验结果显示异质性指数 Q 值达到显著水平，这意味着个人世道正义观和一般世道正义观的差异可能存在显著的调节变量。I – squared 值为94.34，这显示由效应值的真实差异造成的变异量能占到总变异的94.34%，由随机误差导致的变异量能占到总变异的5.66%。Higgins 等（2003）认为，I – squared 在25%以下表示低异质性，在75%以上表示高异质性，在两者之间表示中异质性。由此可见，本研究中的36个样本具有高度异质性，需要综合考虑研究内、研究间的变异，适合采用随机效应模型分析法。

表4　个人世道正义观与一般世道正义观效应值异质性检验结果（Q 统计）

模型	研究数	Q 值	异质性 df（Q）	p	I – squared	Tau Squared	SE	方差	Tau
随机模型	36	618.38	35	<.001	94.34	.05	.02	<.001	.23

2. 个人世道正义观与一般世道正义观差值的整体效应值检验

如图1所示，元分析的36个样本总的差值效应量 d 值为 – 0.20（$p <$ 0.05），说明个人世道正义观标准平均差显著小于一般世道正义观标准平均差，均值差异显著，但效应量较小。中国被试的正义动机并未出现自我参照效应；相反，指向他人或社会整体的一般世道正义观得分更高，出现了微弱但显著的他人参照效应。

3. 个人世道正义观与一般世道正义观差值的调节效应检验

由于本元分析的效应值具有高异质性，故个人世道正义观和一般世道正义观均值差异可能存在调节变量。我们分别以被试的人生境遇、年龄/生命历程为调节变量，进行调节效应检验。据表5可知，在全部36个研究中，人生境遇的调节效应达到边缘显著水平，$Q = 5.17$，$p = 0.08$；除去服刑被试的样本后，人生境遇的调节效应显著，$Q = 4.67$，$p = 0.03$。这可能是服刑被试受到了不确定因素的干扰，如自身资深警惕性较高、管教监控等，从而增加了随机误差。总体而言，相对于正常情境样本，逆境样本的个人世道正义观与一般世道正义观的差值更大，其正义动机的自我参照效应更弱。

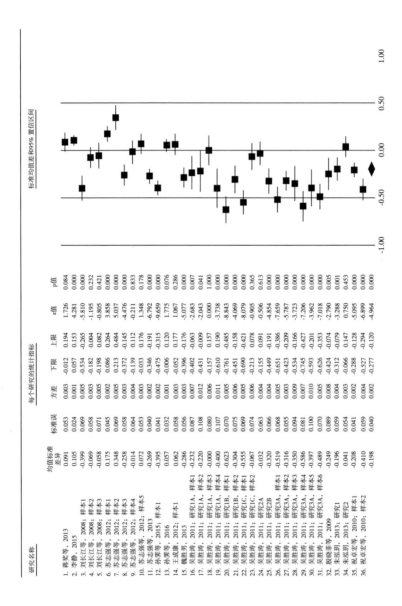

图 1 个人世道正义观和一般世道正义观标准平均差的元分析效果

表 5　人生境遇对个人世道正义观和一般世道正义观均值差的调节效应检验

调节变量	同质性分析			类别名称	独立样本	效应值及95%置信区间			双尾检验	
	Q 组间	df	p			点估计	下限	上限	Z	p
人生境遇（全样本）	5.17	2	.08	正常	26	−.16	−.25	−.07	−3.41	.00
				逆境	8	−.36	−.52	−.20	−4.38	.00
				服刑	2	−.09	−.41	.24	−.52	.60
人生境遇（除去服刑样本）	4.67	1	.03	正常	26	−.16	−.25	−.07	−3.41	.00
				逆境	8	−.36	−.52	−.20	−4.37	.00

据表 6 可知，无论是全样本（Q = 10.48，p = 0.01），还是正常境遇样本（Q = 9.70，p = 0.01），年龄/生命历程对一般世道正义观和个人世道正义观均值差的调节效应都是显著的。具体而言，对未成年样本和非学生样本，个人世道正义观相对一般世道正义观更小，其正义动机的自我参照效应更弱。

表 6　年龄/生命历程对个人世道正义观和一般世道正义观均值差的调节效应检验

调节变量	同质性分析			类别名称	独立样本	效应值及95%置信区间			双尾检验	
	Q 组间	df	p			点估计	下限	上限	Z	p
生命历程（全样本）	10.48	2	.01	未成年/中学	7	−.23	−.40	−.07	−2.76	.01
				大学大专	12	−.03	−.16	.09	−.54	.59
				社会职业群体	17	−.30	−.41	−.20	−5.53	.00
生命历程（正常境遇）	9.70	2	.01	未成年/中学	5	−.06	−.25	.14	−.57	.57
				大学大专	12	−.03	−.16	.09	−.55	.58
				社会职业群体	9	−.33	−.47	−.18	−4.33	.00

四　结论与讨论

总之，本研究通过对中国样本进行元分析，发现了不同于以往西方的研究结果：①中国人（包括成年人）持有强烈健康的正义动机，但主要通过一般世道正义观来体现，未出现正义动机的自我参照效应；②随着年龄增长，相对于未成年人，大学生的正义动机或一般世道正义观更弱，但社会职业群体的正义动机或一般世道正义观则更强；③相对于正常生活情境，逆境时被试的正义动机更强，自我参照效应更弱。

　　本研究第一次使用多项研究的大样本数据（N = 8396）对非西方背景下的正义动机进行系统分析，与以往采用小样本中国被试得出的结论一致，即中国人持有强烈健康的正义动机，且这一动机到成年后并未减弱（Wu et al. , 2011，2013）。这一结果意味着，不同文化可能有完全不同的价值系统，相对于西方人，非西方文化成员（如中国人）更加肯定现世的合理性，正义动机也具有更加重要的心理适应功能（Cohen，Wu，& Miller，2016；Wu et al. , 2011）。

　　进而，我们还发现中国人的正义动机更多地表现为他人参照，而非自我参照，即个人世道正义观标准平均差显著低于一般世道正义观标准平均差。中国被试所处的集体主义文化环境可以部分地解释这一现象（Markus & Kita-yama，1991）。但更为具体的解释是，身处逆境的个体更加依赖美好（尽管不一定真实）的社会愿景，此时，他人参照的正义动机或一般世道正义观起到了有效的压力缓冲和生活激励作用（Kay & Jost，2003）。这一他人参照和情境效应恰好与中国儒家、道家传统的道德教化不谋而合——既然已经生活在一个"好有好报、恶有恶报"的和谐世界里，那么一个"君子"的幸福就应该寄托在对"天道"的坚信和"反求诸己"的修养上（Fung，1985；Zhang & Veenhoven，2008）。

　　当然，我们不能简单地说，基于中国样本发现的强烈健康的正义动机及其他人的参照效应就反映了一种与西方截然相反的文化价值观。正如以往的研究所示，西方人的正义动机也表现出稳定的年龄效应（Maes & Schmitt，2004）和情境效应（Laurin，Fitzsimons，& Kay，2011），而中国的大学生的正义动机也会表现出自我参照效应（苏志强等，2012）。因此，当我们研究一个涉及人类根本动机的正义问题时，不能仅仅局限于西方的 WEIRD 样本，也不能仅仅局限于中国样本；相反，不同的偏差样本以及与文化偏差相关的自我、情境效应都反映了人类正义动机的某个侧面，这对其他人群或文化都具有重要的参考价值。

参考文献

带 * 为纳入元分析的文献

*蒋奖、王荣、张雯，2013，《"蚁族"群体的公正世界信念与幸福感研究》，《心理发展与教育》第 2 期，第 208～213 页。

*李静，2015，《儿童期虐待与主观幸福感的关系》，硕士学位论文，哈尔滨师范大学。

*刘长江、殷晓菲、赵然，2008，《青少年公正世界信念发展特点研究》，《沈阳师范大

学学报》（社会科学版）第 6 期，第 138 ~ 141 页。

毛良斌、郑全全，2005，《元分析的特点、方法及其应用的现状分析》，《应用心理学》第 4 期，第 354 ~ 359 页。

＊苏志强、张大钧、王鑫强，2012，《公正世界信念量表的修订及在大学生应用的信效度研究》，《中华行为医学与脑科学杂志》第 6 期，第 561 ~ 563 页。

＊苏志强、张大钧、王鑫强，2013，《高中生负性生活事件和主观幸福感：公正世界信念的中介作用分析》，《中国特殊教育》第 3 期，第 73 ~ 78 页。

孙霁、班永飞，2015，《贵州省少数民族大学生公正感知与心理压力》，《安顺学院学报》第 5 期，第 95 ~ 97 页。

＊孙霁、班永飞、杨嵘昌、班伟，2016，《服刑人员攻击行为特征及与公正感知的关系》，《中国健康心理学杂志》第 3 期，第 362 ~ 366 页。

＊王成康，2012，《公正世界信念中的自他重叠》，硕士学位论文，南京大学。

＊魏胜男，2013，《公正感对集群行为倾向的影响：愤怒的中介作用》，硕士学位论文，山东师范大学。

＊吴胜涛，2011，《中国人的一般世道正义观及其心理适应功能》，博士学位论文，中国科学院研究生院。

吴胜涛，2009，《灾区民众的公正观与幸福感及其与非灾区的比较》，《心理科学进展》第 3 期，第 579 ~ 587 页。

吴胜涛、韩布新，2013，《正义动机及其测量》，载王俊秀、杨宜音编《当代中国社会心态研究》，社会科学文献出版社。

杨宜音，2008，《关系化还是类别化：中国人"我们"概念形成的社会心理机制探讨》，《中国社会科学》第 4 期，第 148 ~ 159 页。

＊殷晓菲、潘秀玮、涂有明，2009，《青少年犯罪与公正世界信念的关系研究》，《皖西学院学报》第 2 期，第 138 ~ 141 页。

＊朱泓玥，2013，《利己和公正的博弈：公正敏感性、公正世界信念对分配决策的影响》，硕士学位论文，河南大学。

＊祝卓宏、吴胜涛、李娟、史占彪、王文忠，2010，《地震灾区教师的公正观与满意度》，《中国临床心理学杂志》第 1 期，第 79 ~ 81，84 页。

Anderson, J., Kay, A., & Fitzsimons, G. (2010). In search of the silver lining: The justice motive fosters perceptions of benefits in the later lives of tragedy victims. *Psychological Science*, 21, 1599 – 1604.

Bond, M., Leung, K., Au, A., Tong, K., de Carrasquel, S., Murakami, F., et al. (2004). Culture – level dimensions of social axioms and their correlates across 41 cultures. *Journal of Cross – Cultural Psychology*, 35, 548 – 570.

Callan, M., Ellard, J., & Nicol, J. (2006). The belief in a just world and immanent justice reasoning in adults. *Personality and Social Psychology Bulletin*, 32, 1646 – 1658.

Cohen, A. B., Wu, M. S., & Miller, J. (2016). Religion and Culture: Individualism and Collectivism in the East and West. *Journal of Cross – Cultural Psychology*, 47, 1236 – 1249.

Dalbert, C. (1999). The world is more just for me than generally: About the personal belief in a just world scale's validity. *Social Justice Research*, 12, 79 – 98.

Dalbert, C. , Montada, L. , & Schmitt, M. (1987) . Glaube an eine gerechte welt als mo-tiv: Vali – dierungskorrelate zweier Skalen (Belief in a just world as motive: Validity cor-relates of two scales) . *Psychologische Beiträge*, 29, 596 – 615.

Fung, Y. – L. (1985) . *Short history of Chinese philosophy.* New York: The Free Press.

Furnham, A. (1985) . Just world beliefs in an unjust society: A cross cultural comparison. *European Journal of Social Psychology*, 15, 363 – 366.

Furnham, A. (1993) . Just world beliefs in twelve societies. *The Journal of Social Psychology*, 133, 317 – 329.

Furnham, A. (2003) . Belief in a just world: Research progress over the past decade. *Person-ality and Individual Differences*, 34, 795 – 817.

Gaucher, D. , Hafer, C. , Kay, A. , & Davidenko, N. (2010) . Compensatory rationaliza-tions and the resolution of everyday undeserved outcomes. *Personality and Social Psychology Bulletin*, 36, 109 – 118.

Hamlin, J. K. , Wynn, K. , Bloom, P. , & Mahajan, N. (2011) . How infants and tod-dlers reach to antisocial others. *Proceedings of the National Academy of Sciences*, USA, 108, 19931 – 19936.

Henrich, J. , Heine, S. J. , & Norenzayan, A. (2010) . Most people are not WEIRD. *Na-ture*, 466, p. 29.

Jost, J. , & Hunyady, O. (2002) . The psychology of system justification and the palliative function of ideology. *European Review of Social Psychology*, 13, 111 – 153.

Kay, A. , & Jost, J. (2003) . Complementary justice: Effects of "poor but happy" and "poor but honest" stereotype exemplars on system justification and implicit activation of the justice motive. *Journal of Personality and Social Psychology*, 85, 823 – 837.

Laurin, K. , Fitzsimons, G. , & Kay, A. (2011) . Social disadvantage and the self-regulatory function of justice beliefs. *Journal of Personality and Social Psychology*, 100, 149 – 171.

Lerner, M. J. (1977) . The justice motive: Some hypotheses as to its origins and forms. *Journal of Personality*, 45, 1 – 52.

Lerner, M. J. (1980) . *The Belief in a Just World: A Fundamental Delusion.* New York and London: Plenum Press.

Lerner, M. J. (2003) . The justice motive: Where social psychologists found it, how they lost it, and why they may not find it again. *Personality and Social Psychology Review*, 7, 388 – 399.

Lerner, M. J. , & Miller, D. T. (1978) . Just world research and the attribution process: Looking back and ahead. *Psychological Bulletin*, 85, 1030 – 1051.

Lipkus, I. M. , Dalbert, C. , & Siegler, I. C. (1996) . The importance of distinguishing the belief in a just world for self versus for others: Implications for psychological well – be-ing. *Personality & Social Psychology Bulletin*, 22, 666 – 677.

Markus, H. , & Kitayama, S. (1991) . Culture and the self: Implications for cognition, e-motion, and motivation. *Psychological Review*, 98, 224 – 253.

Maes, J. , & Schmitt, M. (2004) . Transformation of the justice motive? Belief in a just world and its correlates in different age groups. In C. Dalbert & H. Sallay (Eds.), *The Justice Motive in Adoles-*

cence and Young Adulthood: Origins and Consequences (*pp.* 64 – 82) . London: Routledge.

McParland, J. , & Knussen, C. (2010) . Just world beliefs moderate the relationship of pain intensity and disability with psychological distress in chronic pain support group members. *European Journal of Pain*, 14, 71 – 76.

Oppenheimer, L. (2006) . The belief in a just world and subjective perceptions of society: A developmental perspective. *Journal of Adolescence*, 29, 655 – 669.

Park, C. , Edmondson, D. , Fenster, J. , & Blank, T. (2008) . Meaning making and psychological adjustment following cancer: The mediating roles of growth, life meaning, and restored just – world beliefs. *Journal of Consulting and Clinical Psychology*, 76, 863 – 875.

Rawls, J. (1971) . *A Theory of Justice*. Cambridge, MA: Harvard University Press.

Smith, E. R. , Mackie, D. M. (2016) . Representation and incorporation of close others' responses: The rICOR model of social influence. *Personality and Social Psychology Review*, 20, 311 – 331.

Sutton, R. , & Douglas, K. (2005) . Justice for all, or just for me? More evidence of the importance of the self – other distinction in just – world beliefs. *Personality and Individual Differences*, 39, 637 – 645.

Sutton, R. , & Winnard, E. (2007) . Looking ahead through lenses of justice: The relevance of just – world beliefs to intentions and confidence in the future. *British Journal of Social Psychology*, 46, 649 – 666.

Wu, M. S. , Sutton, R. M. , Yan, X. , Zhou, C. , Chen, Y. , Zhu, Z. , & Han, B. (2013) . Time frame and justice motive: Future perspective moderates the adaptive function of general belief in a just world. *PLoS ONE*, 8, e80668.

Wu, M. S. , Yan, X. , Zhou, C. , Chen, Y. , Li, J. , Zhu, Z. , & Han, B. (2011) . General belief in a just world and resilience: Evidence from a collectivistic culture. *European Journal of Personality*, 25, 431 – 442.

Zhang, G. , & Veenhoven, R. (2008) . Ancient Chinese philosophical advice: Can it help us find happiness today? *Journal of Happiness Studies*, 9, 1 – 19.

Sample Bias, Self-reference, and Context Effects in Justice Motive Research: A Meta-analysis of Belief in a Just World among Chinese

Wu Shengtao, Pan Xiaojia, Wang Ping, Gabriel Nudelman, Li Huijie

Abstract: Previous research, on basis of Western, educated, industrialized, rich, and democratic (WEIRD) participants, often revealed a weird profile of human nature. Taking justice motive as an example, the independent and self-refereed Western findings show that individuals hold a higher personal over general belief in a just world (BJW, in which good people get rewarded and bad people get punished), while the interdependent and other-refereed Chinese hold a higher general over personal BJW. However, more and more scholars realized that these previous studies suffering from sample bias, self bias, or context bias. Using the meta-analytic technique, the current study compared the personal and general BJW (s) through 36 Chinese samples ($n = 8396$). The results showed that the personal BJW was positively related to general BJW ($r = .64$, *Fisher' s Z* $= .75$), and personal BJW was significantly lower than general BJW, with a small effect size ($d = .20$). Further moderation analyses exhibited that the standard difference in mean scores of personal and general BJW (s) was bigger in the non-college (US. College) samples and under the disadvantaged (US. ordinary) contexts. Taken together, the results show a low self-reference and high context effect of justice motive among Chinese, which offers new insights into the field of justice motive where the pattern in alternative cultures remains unclear.

Key Words：general belief in a just world；personal belief in a just world；meta-analysis；age；context；chinese

（责任编辑：佟英磊）

中国社会心理学评论 第 11 辑

第 179～197 页

文化视角下的腐败心理研究：
概念、指标和测量[*]

谭旭运 梁 媛 顾子贝[**]

摘 要： 近年来，腐败心理与行为正在逐渐成为多学科共同关注的前沿问题。文化视角的腐败心理研究引起了越来越多的学者的关注。本文力图从腐败现象的概念、指标和测量工具的发展演变三个方面梳理文化与腐败的相关研究成果。腐败的定义繁多，一般理解为一种滥用公共权力谋取私利的行为。由于腐败行为的隐蔽性，目前难以在研究中直接观测腐败行为，往往通过一些替代性指标来揭示腐败，比如腐败感知与腐败容忍度、腐败经验、腐败意向以及行为模拟等。在测量工具方面，自陈量表、情景测试等方法在不同腐败指标的测量中得到了广泛的应用。博弈范式和大数据方法可以为未来文化视角下的腐败研究提供新的视角和测量手段。

关键词： 腐败 集体主义 自我报告 情景实验 博弈 大数据

世界银行指出，近年来腐败的蔓延，已经成为威胁全球社会稳定与经济发展的头号公敌（Aguilera & Vadera，2008）。腐败破坏市场经济体制改

---

[*] 本文是中国博士后科学基金面上项目（2015M581258）阶段性成果。

[**] 通信作者：谭旭运，心理学博士，中国社会科学院社会学研究所博士后，e-mail：tanxuyun@mail.bnu.edu.cn；梁媛，北京师范大学心理学院；顾子贝，北京师范大学心理学院。

革成果，损坏国家和政府形象，破坏社会信任，降低政府部门的工作效率和成效，影响外资引入和投资，导致更多的社会不公，拉大贫富差距等（Morris & Klesner, 2010；Pellegrini, 2011；Rothstein & Uslaner, 2005；Voliotis, 2011；魏德安，2014）。在中国，腐败几乎已经涉及了各个行业和领域，严重威胁社会的稳定和发展，已成为我国转型期所面临的诸多社会问题中的一个非常突出的问题。为了应对腐败，联合国发布了《反腐败公约》，各国政府也在采取各种措施应对腐败问题。然而腐败心理与行为的本质和机制既有跨文化的一致性，也与相关国家和地区的文化特异性有着密切的关系。因此，从文化视角解读腐败心理与行为对于揭示腐败现象本质和反腐败实践具有重要意义。本文力图通过梳理文化视角下的腐败心理与行为的相关研究成果，解析研究者对腐败行为的界定、腐败心理与行为研究的主要测量指标以及测量工具和方法等，并在此基础上初步分析了使用博弈范式和大数据技术来研究文化与腐败的关系的可行性和具体方法。

一　腐败的界定

关于腐败的定义，在学界一直存在争论，《韦氏字典》把腐败定义为"为谋求不当利益而违反职权规定的行为"（Bayley, 1966）。Von Alemann（2004）则从 5 个方面来理解腐败：社会堕落、越轨行为、利益交换、可测量的感知体系、阴暗政治。此外，也有研究者认为绝大多数的腐败定义都是基于分配公平提出的。从其他角度来看，腐败还可以定义为公共权力的持有者违背非歧视原则获取私利的行为（Kurer, 2005）。目前学者们普遍认可世界银行对于腐败的界定，认为腐败是一种滥用公共权力来谋求个人私利的现象（Kaufmann, Kraay, and Mastruzzi, 2005）。类似的还有透明国际组织把腐败定义为"错用委托权力来谋求个人私利"等。

而在中国的文化背景中，腐败的界定似乎更加复杂。国内很多研究腐败现象的学者倾向于采用前述国际普遍接受的观点来解读腐败，另外一些学者则更加关注中国的腐败现象的特异性。他们认为，为个人私利而滥用权力的行为并不能全面概括中国的腐败现象。传统的儒家文化、裙带关系文化、过渡性的市场经济制度等，都是造成中国腐败行为特异性的原因。首先，在中国，腐败者并不仅仅局限于政府和国有企业、事业单位中的公务人员，而应是所有参与公共利益相关的公务活动的人员。其次，腐败行为也不仅仅是经济腐败，还包括一切损害公共利益的纪律腐败、作风腐败等。我国刑法中界定的腐败行为包括滥用职权、玩忽职守、挪用公款、受贿、行贿、巨额财产来源不明、集体私分国有资产、渎职等。由此可见，对腐败的理解绝不仅仅局限于经济层面。最后，中国的腐败行为的发生很多时候也并非是为了个人的私利。比如裙带关系、偏袒、任人唯亲等现象的发生，往往被认为是掌权者服务于家庭或者宗亲的理所应当的"礼节性"行为，与其个人私利可能并无紧密关系。因此，在中国文化下界定腐败，不能局限于"为了个人私利"，还应包含"有意或无意地损害公共利益"的行为。因此，基于以上分析，研究者们提出了一些更加适合中国文化背景的腐败定义，比如"公务人员为了个人私利而牺牲公共利益，或者是对公共利益和价值造成有意、无意损害的，所有不为公众所接受的不当行为"（Cameron, Chaudhuri, Erkal, and Gangadharan, 2009）。

二　腐败现象的测量指标

由于腐败行为的隐蔽性，目前难以在研究中直接观测腐败行为，往往通过一些替代性指标来揭示腐败。目前，在心理学、社会学等领域，主要使用的腐败测量指标包括腐败感知、腐败容忍度、腐败经验、腐败意向以及行为模拟等。

腐败感知（corruption perception）指人们对腐败特征和腐败程度的主观看法和评价（Lambsdorff, 2007）。多数从宏观层面描述腐败现实或是探讨腐败影响因素的研究都以腐败感知为测量指标，比如透明国际每年发布的清廉指数（Corruption Perception Index, CPI）和贿赂感知指数（Bribery Perception Index, BPI）（Lambsdorff, 2007），世界银行发布的全球治理指数（Worldwide Governance Indicators, WGI）（Kaufmann et al., 2005）等。这些指标为研究者研究跨国、跨文化的因素提供了可靠依据。比如，基于对多个国家 CPI 指数的分析，研究者们发现多数集体主义文化的国家的腐败感知指数高于个体主义文化的国家。与腐败感知类似的概念是腐败意识（awareness of corruption）。一些研究者认为腐败意识与腐败感知等同，二者具有相同的含义。但也有些研究者认为腐败感知更强调对腐败普遍性、严重程度的判断，而腐败意识更加侧重个体对腐败内容的界定，即对某一种行为是否属于腐败的主观判断（Sööt & Rootalu, 2012）。

需要注意的是，越来越多的研究者发现，由于主观感知容易受到太多个体因素、文化因素等的影响，腐败感知很多时候并不能准确反映一个国家或地区的腐败现实，民众的腐败感知与其自身的腐败意愿或实际行为之间的关系也并不密切（Garciagavilanes, Quercia, and Jaimes, 2013; Kesebir &

Kesebir，2012）。例如，León，Araña，and de León（2013）发现用 CPI 测量腐败时有一定的偏差，像西班牙和智利这样实际腐败水平几乎一致的国家，人们对其国家的腐败水平也会有不同的感知。因此，在研究过程中，不能简单地依据腐败感知推论真实客观的腐败现实。当然，腐败感知的研究对社会经济的稳定和发展依然有着重要的价值。腐败感知本身也是一种文化规则，会对社会经济的发展和个人的行为产生诸多影响。不论腐败的客观现实如何，腐败感知越高，民众对其政府及其他社会成员的信任程度往往越低，政治参与行为越少，经济投资意愿也越低，进而影响社会经济的发展（Acerbi，Lampos，Garnett，and Bentley，2013；Chang & Chu，2006）

腐败容忍度（Tolerance or Acceptance of corruption）指民众对于腐败行为的耐受性和接纳程度。Truex（2011）研究了尼泊尔民众对不同类型腐败的容忍度，发现民众对巨额受贿的容忍度很低，但对小额腐败、送礼和袒护等腐败行为的容忍度则比较高。Greenfield（2013）调查了俄国民众对警察群体的腐败容忍度，发现民众认为低收入、官僚制度和外界压力是腐败行为产生的重要因素，同时他们认为家族关系、朋友关系、责任意识等是影响自己腐败容忍度的重要变量。无论送礼、袒护，还是关系和责任，都与集体主义文化密切相关，这似乎又从另一个角度支持集体主义文化与腐败的正相关关系。另外，也有研究者使用了矛盾态度（ambivalent attitude）作为腐败态度的测量指标，认为受到文化等多种因素的影响，人们可能会对腐败行为表现出对立的、矛盾的情绪和认知判断。Grossmann 和 Varnum（2015）提出，对于那些没有涉及个体自身利益的腐败行为，人们往往会予以谴责，但当涉及相关利益时，腐败则很容易作为一种有效手段为个体所认可。

腐败经验是腐败行为研究的另一项重要指标，强调个体在工作生活中亲身接触、体验到的腐败现象的频率。腐败经验与腐败感知的关系一直是有争议的话题，争议集中在关于腐败的调查究竟是基于感知还是基于腐败经验。腐败经验经常与腐败感知正相关（Olken，2009），但研究者一般认为，基于经验的调查对于测量小规模的腐败有更高的可信度，而腐败感知对于测量大宗腐败的广泛程度更合适。有些情况下，当体验的腐败水平更高时，人们对于腐败有更高的容忍度、更高的支持性感知；当体验到政府着力解决腐败问题时，人们对腐败会有高警觉和更加消极的感知。

腐败意向指人们想要利用地位和权力为自己和他人谋取私利的意图和倾向（Sardžoska & Tang，2012）。研究者们往往采用腐败行为情景和博弈范式等测量人们的腐败意向，从而更准确地预测腐败行为（Alatas，Cameron, Chaudhuri, Erkal, and Gangadharan, 2009；Li, Triandis, and Yu, 2006；Mazar & Aggarwal, 2011）。Triandis、Carnevale 和 Gelfand 等人（2001）最早使用情景实验的方法探讨了文化与腐败的关系，发现个体主义水平与腐败意向负相关，集体主义水平与腐败意向正相关。Li 等人（2006）发现，虽然从国家层面分析，新加坡这一集体主义国家的腐败程度很低，但从民众的个体层面来看，集体主义水平依然可以正向预测腐败意向。Mazar 和 Aggarwal（2011）同样使用情景实验的方法，从国家和个体层面验证了集体主义水平与腐败的正相关，并发现了责任感在其中的中介作用。

三　腐败指标的测量

为了实现对前述各种不同的腐败指标的客观化测量，研究者们运用各种方法，编制了多种测量工具，如 Likert 式自陈量表、语义区分量表、情景实验等。本节力图通过对以往研究成果的梳理，呈现尽可能丰富的腐败测量手段，为后续进一步实证性地研究文化与腐败心理行为的关系，提供参考和工具支持。

（一）腐败感知的测量

对腐败感知的测量，无论是国家层面还是个体层面的研究，绝大多数研究者都采用了编制自我报告问卷和量表的方式。透明国际组织从1995年开始每年公布腐败感知指数（CPI），用以测量民众关于腐败水平的一般感知；从1999年开始公布贿赂感知指数（BPI），用以基于民众经验测量民众对跨国公司进行出口贸易时的不正当贿赂交易的感知。BPI 调查采用 Likert 量表，让被试评估国家腐败频率和程度，例如"这个国家的公司领导经常贿赂吗？"。世界银行腐败控制指数（World Bank's Control of Corruption，WBCC）用来测量国家的治理水平。该指数更强调商业环境下的腐败含义，有时也测量不同类的腐败水平。国际国家风险指导腐败指数（International Country Risk Guide，ICRG），旨在用国际专家的判断来评估国家的风险，它可以提供自1984年起用于纵向定量分析的腐败数据（Halim，2008）。长期的实证研究结果表明这些指数对腐败感知的测量均有很高的信度、效度。

研究者们采用腐败感知指数等工具，进行了大量的国家层面的研究，在集体主义与腐败的关系上，发现了并不一致的结果（黄桢炜、刘力、谭旭运等，2014），部分结果详见表1。另外，研究发现单独控制国内生产总值（GDP）或霍夫斯坦德的其他文化维度时，集体主义会正向预测贿赂感知，但同时控制 GDP 和霍夫斯坦德的其他文化维度时，集体主义对贿赂感知的作用不显著（Mazar & Aggarwal, 2011；Sanyal & Guvenli, 2013）。这些结果表明集体主义与贿赂的关系并不稳定，更容易受到其他因素的影响。

表 1 腐败感知指数对集体主义的回归分析

文献来源	国家数	CPI 数据年份	集体主义数据年份	额外变量控制	回归系数
Husted（1999）	36	1996	1997	GDP，政府规模	不显著
Robertson and Watson（2004）	43	1999，2000	1991	GNP，外资规模	不显著
Davis and Ruhe（2003）	42	2000	1980	GDP，政府规模等	- 0.299 *
Zheng. Ghoul, Guedhami and Kwok（2013）	39	2000 *	2001	GDP，政府规模等	0.023 ***
Gonzalez - Trejo（2007）	67	2004	2005	无	- 0.439 **
Cheung and chan（2008）	56	2002，2005	2001	GDP，入学率	不显著
Akbar and Vujic（2014）	55	2003，2006	2003，2006	GDP，外资、政府规模	- 6.56 *
Yeganch（2014）	68	2001～2010	2013	GNI	- 0.133 +

注：GDP 为国内生产总值，GNP 为国民生产总值，GNI 为国民收入总值。
该研究采用世界银行（World Bank）的银行腐败感知指数，分数越高代表越腐败。因而该研究的回归系数方向与采用透明国际腐败感知指数（分数越高代表越清廉）的研究相反。
* 表示在 0.05 水平上显著，** 表示在 0.01 水平上显著，*** 表示在 0.001 水平上显著。

另外，在一些综合性的国际调查项目中，也同样测量了民众的腐败感知。比如盖洛普世界民意调查（The Gallup World Poll, GWP）自 2006 年开始每年或每两年对超过 150 个国家进行调查，代表了世界 95% 以上的成人群体。其中，测量腐败的题目是："腐败在你们国家的政府中普遍存在吗？"综合社会调查（General Social Survey）中涉及腐败感知的测量题目共有 5 个："当今世界：（1 - 基本上是好的，5 - 是堕落腐化的）"、"在当今社会，想要平步青云，就不得不腐败"、"你觉得你们国家的公共机构中，腐败有多普遍？"、"在你看来，你们国家的高级干部中有多少会有腐败行为？"和"在你看来，你们国家的政府官员有多少会有腐败行为？"。

除了这些大型社会调查外，一些研究者也结合特定的社会文化背景，编制腐败感知的测量问卷。Tan、Liu、Huang、Zhao 和 Zheng（2016）用 5 道题目测量腐败感知，并探究了社会支配取向、权威主义、精英意识等对腐败感知的影响。具体题目是"腐败现象从古至今始终存在"、"现实中在凡是有机会腐败的人员中，绝大多数人都有腐败行为"、"现在社会上的腐败非常普遍，几乎涉及各个行业"、"中国现在的社会腐败问题非常严重"和"腐败习气已侵入大学校园，并越来越严重"。Song 和 Cheng（2012）用 11 道题测量了中国不同省市居民的腐败感知，研究了中国不同地区亚文化特征与腐败感知的关系，并揭示了中国反腐系统的弱点。

研究者常使用腐败意识作为探讨民众对腐败行为界限判断的测量指标，因为它更能解读人们对什么是腐败行为的理解，而不侧重对腐败严重程度的判断。Sööt 和 Rootalu（2012）编制了 4 道题目来测量民众的腐败意识，要求被试判断这些行为在多大程度上属于腐败："官员在提供服务后接受礼物""官员接受钱或礼物作为袒护一个人或者加快完成事物的回报""商人赠送政党一些捐款以回报他们支持性的决定""组织的采购员从自己儿子（或其他亲密的朋友或亲戚）的公司里为办公室购买电脑"，该研究发现文化因素是影响人们腐败意识的重要因素，各国当地文化中的传统生活方式是个体对腐败行为公正化评价的重要依据（Gopinath，2008）。

（二）腐败态度的测量

以往研究发现，文化与腐败接纳存在密切关系。在不同文化背景下，民众的腐败接纳程度存在显著差异，而且对不同类型的腐败行为的容忍、接纳程度的差异更明显。世界价值观调查使用 1 道题目测量了人们对腐败的接纳程度："你在多大程度上接纳有些人会利用职务之便接受贿赂"（Inglehart，2000）。王哲、孟天广和顾昕（2016）通过对 2014 年世界价值观调查数据的分析，发现民众腐败容忍度与一个国家（或地区）的特定结构性因素有关。具体而言，一个国家（或地区）的经济不平等不仅提高了民众腐败容忍度的绝对水平，而且增大了个体腐败容忍度的相对差异。这就导致民众对腐败问题的价值观呈现异质性，极有可能不利于反腐败。Truex（2011）自编了有 14 道题目的腐败态度量表，测量尼泊尔民众对 7 个维度的腐败现象的接纳度，结果发现民众对小型腐败、私权腐败、非现金腐败、应得性腐败（比如给医生塞红包以保障手术效果）的接纳程度更高。

另外，研究者认为，由于腐败行为自身的复杂性，人们对于各种不同类型的腐败现象的态度往往与各国政府所呼吁的"零容忍"不同，而是常常表现出种种矛盾的态度，比如卷入者和旁观者对同一腐败行为的看法可能完全不同，个体对腐败行为的内隐和外显态度往往不同等，而且矛盾程度和特点还存在文化的差异（Grossmann & Varnum，2015；魏德安，2014）。目前还没有可以直接测量民众腐败矛盾态度的工具，但是对于其他行为的矛盾态度的测量工具（比如酗酒等）也许可以为我们未来探究民众矛盾的腐败态度及其文化差异提供参考。Jonas、Broemer 和 Diehl（2000）对 12 个不同主题行为的矛盾态度进行了实证研究，提出从认知、情感和认知／情感三个角度直接或间接测量矛盾态度。其中认知冲突的直接测量题目是"我对 X 存在矛盾的看法"，选择项是"非常不符合—非常符合"的 Likert 式 7 点量表，间接测量题目是"我对 X 的看法是"，选项是"非常不积极—非常积极"的 Likert 式 7 点量表。Priester 和 Petty（1996）则采用语义区分量表测量的方法，选择"冲突的"、"混合的"和"模糊的"等 3 个项目分别对 7 个不同方面（如合法堕胎、你的母亲、从众行为等）的矛盾态度进行了测量，选项采用从 0（一点都没感觉冲突／完全站同一边／一点也不模糊）至 10（感觉到最强烈的冲突／完全混合／极为模糊）的 11 点计分方法。

（三）　腐败经验的测量

在全球性的大调查中，腐败经验是除腐败感知之外的另一个常用测量指标。它的测量方法相对比较简单，研究者基本上使用了 Likert 式的自我报告问卷的方法。比如一般社会调查用 1 道题目："在过去五年里，你或者你的亲朋好友在办事时经常被暗示或直接要求给好处或红包"（Davis & Smith，1991）。盖洛普世界民意调查中，同样也使用 1 道题目："过去的 12 个月里，你有被要求行贿的经历吗？"。Clausen、Kraay 和 Nyiri（2011）使用盖洛普数据，分析发现腐败经验与民众对公共机构的信心有显著的负相关，而且这种关系不存在文化差异。联合国开展的国际犯罪受害人调查（International Crime Victims Survey）中，使用的腐败经验的测量题目是"在过去的几年中，你国家的政府官员，如海关、警察或检察官有没有试图让你通过行贿来办事的情况？"Donchev 和 Ujhelyi（2014）使用该题目测量腐败经验，并探讨其与腐败感知之间的关系，结果发现真实的腐败经验对自我报告的腐败感知有很弱的预测作用。另外，Wu 和 Zhu（2015）探讨了腐败经验对中国人生活满意度的影响，其中腐败经验的测量题目是

"你或者你认识的人近年来是否有过腐败的经历"，结果发现当外部客观环境腐败程度较低时，腐败经验会降低个体的生活满意度；当外部环境腐败程度较高时，腐败经验对生活满意度无影响。

（四）腐败意向的测量

腐败意向的测量主要采用的是自我报告问卷和虚拟情景两种方法。问卷方面，比较典型的是跨文化商业腐败量表（Intercultural Business Corruptibility Scale，IBCS），该量表包含 14 道题目，如"若我有求于某人，如果知道他所在的文化接受行贿，我会通过贿赂他获得好处"和"我不会因为经济利益而违背职业道德"等。Leong 和 Lin（2009）使用该量表来测量跨文化商业领域中腐败意向的个体差异，发现跨文化特征中的社会积极性（social initiatives）和认知灵活性均与腐败意向紧密相关。

相比于问卷法，情境法测量腐败意向可以很好地规避隐蔽性带来的问题，让被试设身处地在具体情境中判断做出腐败行为的可能性概率。Triandis 等人（2001）曾设计了组织背景中的腐败情境，即在为了组织利益的情况下，个体有多大可能性做出腐败行为。研究要求被试设想自己作为情境主人公，在阅读完情境后，回答在这种情况下是否从事腐败行为的问题。具体情境为："你作为 X 公司的首席谈判者，在与 Z 公司竞争一份与 Y 公司合作的订单合同。Z 公司的生产效率比你所在的 X 公司高 10%，而 Y 公司也很想尽快、如期得到产品。这时，除了你们公司内部人员，没有人确切地知道 X 公司的产量是多少，并且逾期交货对工厂来说是正常现象。如果你能为公司赢得这笔订单，公司可以找到逾期交货的理由。你知道，如果在谈判时夸大公司的生产效率，你们将有很大的胜算赢得订单。此外，与通常一样，公司有相当于订单价值 15% 的公关费用，可以用来给 Y 公司的首席谈判人送礼物，这样可以增加成功拿到合同的可能性。"然后让被试评价，"大多数首席谈判者面对同样情境时有多大可能会给 Y 公司首席谈判人买礼物""你有多大可能性会给其买礼物""大多数谈判者面对此情境会将自己的生产率夸大多少""你会夸大多少"等。结果发现，在国家文化层面的分析上，集体主义正向预测腐败行为，因为帮助组织获利为腐败找了很好的借口；在国家内的个体层面的分析上，垂直个体主义也能预测欺骗行为，因为竞争性的个体为了获得胜利的结果愿意付出各种代价，以至于忽视欺骗行为的不道德性。

由于 Triandis 等人（2001）等使用的宏观文化指标的不足，Li 等人（2006）提出如果在个体层面分析文化与腐败或者欺骗的关系，可能会有不同结果。他们使用了以上情境，并编制了一个与之平行的在家庭背景下的情境测量腐败意向，即个体有多大可能为了家庭成员的利益去腐败，进而在个体水平上分析文化导向与腐败的关系。具体情境为："想象你有一个弟弟想要出国留学。他申请了一个慈善组织提供的海外留学全额奖学金。这个慈善组织根据申请者做志愿服务的小时数来评选奖学金获得者，志愿服务的时间最多的申请者将得到奖学金。现有你弟弟的一个竞争者B，也想出国留学，并且比你弟弟的志愿服务时间少10小时。你是学校志愿者协会的资深工作者，可以帮助你弟弟写一份志愿服务时间的证明，并且没有别人知道你弟弟的确切的服务时间。这样可以帮助你弟弟有更大的可能性申请到出国的奖学金。"然后回答问题：关于服务时间，大部分人面对此情景有多大可能性会撒谎、你有多大可能性撒谎、多数人会选择夸大几小时的志愿服务时间、你会夸大几小时等。研究结果发现，个体在家庭情境下的欺骗行为要显著多于组织情境，表明家庭与家人的情境对个体来说有更高的自我卷入。结果还发现，在组织情境中，垂直集体主义和欺骗行为正相关，而在家庭情境中，欺骗与个体主义正相关。

另一个被广泛使用的行贿情境是Mazar和Aggarwal（2011）编制的销售代理为获取国际订单的情境。销售代理考虑是否为了获取订单给潜在国际客户行贿来获取竞争胜利赢得订单，行贿数额是个人将获得提成的1/5。结果表明，国家文化中表现出的集体主义能够正向预测行贿，并且感知到对行为的责任在其中起中介作用。

四　文化视角下腐败测量的新进展

为了尽可能准确测量腐败心理，并进而解释文化对腐败心理和行为的具体影响，研究者编制了多元化的测量工具，采用了多种不同的测量指标。但总体来看，测量方式基本都还是自我报告的形式，基本没有腐败行为的直接测量。为了解决自我报告式的量表和普通情境测量腐败心理的弊端，研究者逐渐尝试借鉴其他领域的一些研究方法和技术。比如采用博弈范式测量腐败行为，采用大数据技术分析民众的文化心理等。这些方法，可以为未来的文化与腐败关系研究提供新的视角。

（一）基于博弈理论的实验室模拟范式

用实验室的博弈范式来研究腐败行为，其优势在于，实验室情境中的腐败行为更真实，腐败行为在实验室可以直接被观察；在情境中能很好地分离无关变量，易操纵，有助于发现因果关系；容易测量不同的反腐措施和方法，使之不受环境中其他因素的干扰；实验室研究的可重复性强，结果稳定。缺点是外部效度得不到很好的验证，尤其在国家水平的推断方面，更难推至别的国家。

Abbink、Irlenbusch 和 Renner（2002）利用互动的腐败博弈范式，试图揭示腐败的三个基本特征对行贿行为的影响：互惠关系、对公众产生负面影响、一旦被发现会有高惩罚。研究加入了被发现的风险等因素，更加模拟真实腐败与监督机制。

Abbink 等人（2002）在研究的基础情境中设置了两个角色：行贿者和受贿者。行贿者的选择是：行贿还是不行贿，如果行贿则需要额外扣除 2 个单位的交易费（不可退还）。受贿者选择接受还是拒绝收到的钱。如果拒绝，则资金不发生交易，除了手续费。如果同意接受，那么还有两个决策要选择：X 和 Y。Y 对行贿者更有利，X 则对受贿者本身更有利。研究者设置了 3 个条件研究腐败的本质：①行贿者和受贿者之间的互惠关系，②对公众有负面损害的效果，③一旦发现会有严重惩罚（条件设置有 0.3% 的概率会惩罚）。第一个处理条件有 30 轮博弈，并作为其他条件下的对照组，后两种条件分别设置了相应的情况。结果表明，互惠可以帮助形成行受贿的关系；但不管对社会是否存在负面影响，个体腐败行为水平没有显著差异；当有被发现并受到惩罚的可能时，行贿和受贿的腐败行为显著降低，但这个过程中人们往往低估被发现的可能。

Abbink 和 Hennig – Schmidt（2006）在实验室实验中，将腐败情景对于民众的损害等用具体的语言描绘出来，如"一个公司准备建一座对环境有污染的工厂，向政府有关部门申请，并给相关公务员有一定个人的好处费"。用以上具体的、负面的语言描述，明确表明腐败是一种负面的行为，以探讨这样的语言提示是否能减少行贿受贿行为。结果表明，行贿、受贿的均值有减少趋势，但没有达到显著水平。说明此范式测量的腐败趋势很稳定，对呈现时描述的框架效应并不敏感。此后也有其他研究者在 Abbink（2002）探究范式的基础上，引入了第三方——委托人（principle）专门来处理腐败相关的代理关系，使得腐败的博弈研究更加深入。

Cameron 等人（2009）发展了实验室研究范式来探究跨文化腐败的差异。研究者对个体做出腐败行为的意向以及其他人对于腐败容忍的意愿很感兴趣。研究者开发了只进行一轮的、三个角色、三阶段的博弈范式，包括公司、官员和民众。第一阶段，公司可以选择是否向官员行贿；第二阶段，官员可以选择接受或拒绝。如果接受，有两个后果：公司将获得很大利益，但民众利益受损。最后阶段，也是区别于前人互惠博弈范式的地方，即其他民众有权选择是否惩罚政府。当然惩罚政府的民众自己也会受到一定比例的损失。基于理性假设，民众应该选择不惩罚，但是前人研究都表明人们愿意牺牲自己的钱去惩罚那些错误的违反道德原则的互惠行为。

研究者对四个国家（澳大利亚、印度尼西亚、新加坡、印度）的腐败情况进行跨国比较，试图探讨是否在有更高腐败水平的社会中人们会表现出更多的贿赂行为和更少的惩罚，随着对民众和社会福利危害的增加是否会改变贿赂和惩罚。但结果并没有出现系统性的变化，推测可能是国家之间最近制度的变化导致，并提出研究可以关注文化的其他维度对腐败的影响（Cameron et al., 2009）。例如，有研究基于此范式发现，印度尼西亚公务员比印度尼西亚的学生有显著较低的腐败容忍度。推断原因是对公务员来说，腐败意味着更高的社会代价，而学生仅仅依照道德来推理。

Barr、Lindelow 和 Serneels（2009）基于此研究范式发现损害外部第三方的利益对行贿和受贿有显著减少，但框架效应并没有得到验证。Barr 和 Serra（2010）的研究也基于此范式，但略有不同：行贿和受贿对社会的负面影响在此研究中表现为对 5 个人的影响（所谓的"社会中的其他人"），而不仅是一个人；在此研究中，社会中的其他人很被动，他们不能卷入腐败，也不能惩罚腐败行为。结果发现：来自于高腐败国家的个体持有更多的腐败相关的社会规则及关于腐败的期待，并且会去做出服从这些规则的行为。但去了别的国家后，随着时间的改变和对别的国家文化的适应，他们会更新关于社会规则的观念，更加社会化，服从新的社会中的规则。也就是说，在不同国家中，关于腐败的社会文化是有跨文化差异的，并且随着对文化的适应，关于腐败所持的价值观和文化规则会逐渐改变。

Fischbacher（2007）尝试利用实验经济学的方法分析社会贿赂现象。他们利用 z‑Tree 软件开发基于局域网的实验平台，然后招募受试者参加群体交互行为实验，最后对数据分析得到更有现实指导意义的结论，如：惩罚对贿赂行为有较大的震慑作用；固定匹配情况下公职人员与普通民众之间更容易达成行贿受贿的默契，说明公职人员的轮岗制度是防治腐败的有效途径等。

Armantier 和 Boly（2014）设计了一个类似于现场实验的情境，即评分者给别人的拼写找错误、打分的任务，被评分者给评分者行贿以要求少报错误的方法来研究行贿和受贿行为。这相当于给个体提供了很好的腐败机会。设置了三个条件：有额外奖励、有惩罚、额外奖励＋惩罚。结果表明在额外奖励＋惩罚条件下，受贿水平最高。

此外，针对不同类型的腐败，研究者设计了不同的研究范式。如 Azfar 和 Nelson Jr.（2007）引入多阶段的、8 人角色的博弈范式，来研究贪污行为，即关注官员为自己的私利转移公共资源的过程，因此不包括行贿者角色。Barr 等人（2009）发现当监察者经选举产生、当总经理行为容易被观察时，腐败会减少。监察者报酬多时会更加警觉。Barr、Lindelow 和 Serneels（2004）将情境设置在医疗卫生背景下，测量了该领域的腐败情况。Büchner、Freytag、González 和 Güth（2008）设计两个角色间采购竞拍的情境来研究腐败行为。

（二）大数据分析技术在腐败测量中的应用

随着物联网、云计算、社交网络、社会媒体的快速发展，大数据时代已经到来。2014 年，美国社会学界举办新计算社会学研讨会，首次提出"新计算社会学"的概念。社会计算作为一种新的计算范式，在收集和分析数据的广度、深度以及规模上都产生着巨大的影响。这种综合运用当代计算机和互联网及其他高新技术与大数据分析手段的研究方法体系，将会越来越受到学者们的关注，并将有可能成为未来社会科学研究的主流。基于社交网络平台的文本分析和利用 Books Ngram Viewer 平台的图书词频分析是当前文化与社会心理学研究者们比较关注的两大分析方法。他们可以为未来在文化视角下的腐败心理与行为研究领域提供新的视角。

社交网络平台越来越成为民众表达自己思想观点的重要渠道。近几年，研究者尝试使用大数据技术分析社交网络中的文化心理现象。比如 Men 和 Tsai（2012）试图使用内容分析法研究中国和美国的流行社交网站（人人网与 Facebook）上各 43 家公司的主页所反映的文化价值观，包括高—低语境、权力距离与个体—集体主义。结果发现，中国人人网上的公司主页内容更多反映了互赖、受欢迎、高社会地位等价值观，美国 Facebook 上的公司主页则更多强调个体性与享乐主义。Garciagavilanes 等人（2013）对 30 个国家，234 万 Twitter 用户的主页进行分析，发现用户在 Twitter 上的表现受到文化的影响。具体来说，生活节奏越快的国家，用户活动的可预测性越低；个体主义程度越高的国家，用户提到他人的推文（Tweets）越少；权力距离越大的国家，Twitter 上用户的权力（如受欢迎程度）越可能不平衡。Uz（2014）、Uz 和 Hadi（2014）使用 10 种不同语言的 Google Book Ngram 人称代词数据及语言层面的个体主义得分来研究语言层面的个体主义与人称代词使用的关系。结果发现，语言第一人称单数代词使用反映了该语言文化中的个体主义水平。由此可见，通过对个体社交网络平台中的文字、符号、图片等的内容分析，可以更真实地了解个体的价值观念、行为态度等。而大规模数据的整合分析，更能够真实有效地反映文化群体的特点，了解他们的腐败态度和行为意愿。因此，未来针对平台中涉及的相关话题的内容分析，可以帮助我们更好地揭示特点文化类型群体的腐败心理行为。

Books Ngram Viewer 平台可以图示形式显示和对比被查询词在 1800 ~ 2000 年的图书中的词频，包括英、法、德、俄、西、汉六种文字。这就使得我们可以通过对词语的频次分析，了解过去 200 年间，文化变迁与民众心态变化之间的关系。Kesebir 和 Kesebir（2012）使用 Google Ngram Viewer 考察了美国图书中 1900 年到 2000 年之间与道德特质和美德概念相关词的变化趋势，发现 10 个一般的道德词（如 virtue，decency）和 50 个具体的道德词（如 honesty，patience）中大多数词的出现频率都呈下降趋势，与年代成负相关。他们推论道德概念相关词频率下降和文化中个体主义的逐年升高有关。Acerbi 等人（2013）通过 6 类情绪词在最近 1 个世纪的英式英语和美式英语中的出现频率，发现不同类型情绪词的峰值出现在不同的历史时期，美式和英式英语中情绪词使用都有所减少。Greenfield（2013）将时间跨度扩大到 1800 年至 2000 年，将集体主义及其相关词也加入分析，结果发现，集体主义相关词频率下降，个人主义相关词频率上升。他将上述结果与美国人口普查中的居住地数据联系起来，认为这个结果支持了人口城市化进程对文化的影响，符合以往理论对人类发展的预测。Grossmann 和 Varnum（2015）使用 8 个国家层面的文化主义指标（图书中的个体主义主题频率、婴儿名字的独特性、独生子女家庭比例、单代家庭的比例、独居成年人与老人比例、家庭规模、离婚率）研究美国 20 世纪的文化变迁，得到了一致的个体主义上升结果。当前的文化与腐败关系研究，基本属于横断研究。国家层面的档案分析，也往往局限在几年或十几年的时间范围内。Books Ngram Viewer 则可以帮助我们在更长的时间范围内，了解文化变迁与腐败心理的关系。

五　结论

综合以上分析，研究者们使用不同的腐败指标，如腐败感知、腐败容忍度、腐败经历和腐败意向等，对文化与腐败心理行为之间的关系进行了系统的研究。多元化的测量工具和技术手段，为文化视角下的腐败心理行为的实证研究提供更丰富的技术支持。博弈范式和大数据技术的出现，也为未来的相关研究提供了新的视角。鉴于腐败行为自身的复杂性，不同测量工具的特点和优劣也存在很大差异，目前关于文化与腐败心理之间的具体关系结果并不一致，未来研究者还需要综合使用不同测量工具，更深入系统地解析文化因素与各个不同腐败指标之间的关系及其作用机制。

参考文献

黄桢炜、刘力、谭旭运、郑雯雯、张冀琦，2014，《集体主义与贿赂》，《心理科学进展》第 12 期，第 1944~1952 页。

王哲、孟天广、顾昕，2016，《经济不平等与民众的腐败容忍度：基于多层次模型的跨国分析》，《经济社会体制比较》第 2 期，第 89~103 页。

魏德安，2014，《双重悖论》，中信出版社。

Abbink, K. & Hennig – Schmidt, H. (2006). Neutral versus loaded instructions in a bribery experiment. *Experimental Economics*, 9 (2): 103 – 121.

Abbink, K., Irlenbusch, B., & Renner, E. (2002). An experimental bribery game. *Journal of Law, Economics, and Organization*, 18 (2): 428 – 454.

Acerbi, A., Lampos, V., Garnett, P., and Bentley, R. A. (2013). *The Expression of Emotions in 20th Century Books* (Vol. 8).

Aguilera, R. V. & Vadera, A. K. (2008). The dark side of authority: Antecedents, mechanisms, and outcomes of organizational corruption. *Journal of Business Ethics*, 77 (4): 431 – 449.

Alatas, V., Cameron, L., Chaudhuri, A., Erkal, N., and Gangadharan, L. (2009). Gender, culture, and corruption: Insights from an experimental analysis. *Southern Economic Journal*, 663 – 680.

Armantier, O. & Boly, A. (2014). On the effects of incentive framing on bribery: evidence from an experiment in Burkina Faso. *Economics of Governance*, 15 (1): 1 – 15.

Azfar, O. & Nelson Jr, W. R. (2007). Transparency, wages, and the separation of powers: An experimental analysis of corruption. *Public Choice*, 130 (3): 471 – 493.

Büchner, S., Freytag, A., González, L. G., and Güth, W. (2008). Bribery and public procurement: an experimental study. *Public Choice*, 137 (1): 103 – 117.

Barr, A., Lindelow, M., and Serneels, P. (2009). Corruption in Public Service delivery: an experimental Analysis. *Journal of Economic Behavior & Organization*, 72 (1): 225 – 239.

Barr, A., Lindelow, M., and Serneels, P. M. (2004). To serve the community or oneself: the public servant's dilemma. *World Bank Policy Research Working Paper*, 3187.

Barr, A. & Serra, D. (2010). Corruption and culture: An experimental analysis. *Journal of Public Economics*, 94 (11): 862 – 869.

Bayley, D. H. (1966). The Effects of Corruption in a Developing Nation. *The Western Political Quarterly*, 19 (4): 719 – 732.

Cameron, L., Chaudhuri, A., Erkal, N., and Gangadharan, L. (2009). Propensities to engage in and punish corrupt behavior: Experimental evidence from Australia, India, Indonesia and Singapore. *Journal of Public Economics*, 93 (7 – 8): 843 – 851.

Chang, E. C. & Chu, Y. h. (2006). Corruption and trust: exceptionalism in Asian democracies? *Journal of Politics*, 68 (2): 259 – 271.

Clausen, B., Kraay, A., and Nyiri, Z. (2011). Corruption and Confidence in Public Institutions: Evidence from a Global Survey. *World Bank Economic Review*, 25 (2): 212 – 249.

Davis, J. A. & Smith, T. W. (1991). *The NORC General Social Survey: A User's Guide* (Vol. 1). London: SAGE

Donchev, D. & Ujhelyi, G. (2014). What Do Corruption Indices Measure? *Economics and Politics*, 26 (2): 309 – 331.

Fischbacher, U. (2007). Z – Tree: Zurich toolbox for ready – made economic experiments. *Experimental Economics*, 10 (2): 171 – 178.

Frank, B., Lambsdorff, J. G., and Boehm, F. (2011). Gender and corruption: Lessons from laboratory corruption experiments. *European Journal of Development Research*, 23 (1): 59 – 71.

Garciagavilanes, R., Quercia, D., and Jaimes, A. (2013). *Cultural Dimensions in Twitter: Time, Individualism and Power*. Paper presented at the international conference on weblogs and social media.

Greenfield, P. M. (2013). The Changing Psychology of Culture From 1800 Through 2000. *Psychological Science*, 24 (9): 1722 – 1731.

Grossmann, I., and Varnum, M. E. W. (2015). Social Structure, Infectious Diseases, Disasters, Secularism, and Cultural Change in America. *Psychological Science*, 26 (3): 311 – 324.

Halim, N. (2008). Testing Alternative Theories of Bureaucratic Corruption in Less Developed Countries. *Social Science Quarterly*, 89 (1): 236 – 257.

Inglehart, R. (2000). *Codebook for World Values Survey*. Ann Arbor: Institute for Social Research.

Jonas, K., Broemer, P., and Diehl, M. (2000). Attitudinal ambivalence. In W. Stroebe & M. Hewstone (Eds.), *European Review of Social Psychology* (Vol. 11, pp. 35 – 74). London: Wiley.

Kaufmann, D., Kraay, A., and Mastruzzi, M. (2005). Governance matters IV: governance indicators for 1996 – 2004. *World Bank Policy Research Working Paper* (3630).

Kesebir, P. & Kesebir, S. (2012). The Cultural Salience of Moral Character and Virtue Declined in Twentieth Century America. *The Journal of Positive Psychology*.

Ko, K. & Weng, C. (2011). Critical Review of Conceptual Definitions of Chinese Corruption: a formal – legal perspective. *Journal of Contemporary China*, 20 （70）: 359 – 378.

Kurer, O. （2005）. Corruption: An alternative approach to its definition and measurement. *Political Studies*, 53 （1）: 222 – 239.

Lambsdorff, J. G. （2007）. The methodology of the corruption perceptions index 2007: Transparency International and University of Passau.

León, C. J., Araña, J. E., and de León, J. （2013）. Correcting for scale perception bias in measuring corruption: an application to chile and spain. *Social Indicators Research*, 114 （3）: 997 – 995.

Leong, C. – H. & Lin, W. （2009）. "Show Me the Money!" Construct and Predictive Validation of the Intercultural Business Corruptibility Scale （IBCS）. In C. – H. Leong & J. W. Berry （Eds.）, *Intercultural Relations in Asia*. Singapore: World Scientific.

Li, S., Triandis, H. C., and Yu, Y. （2006）. Cultural orientation and corruption. *Ethics & Behavior*, 16 （3）: 199 – 215.

Mazar, N., & Aggarwal, P. （2011）. Greasing the Palm Can Collectivism Promote Bribery? *Psychological Science*, 22 （7）: 843 – 848.

Men, L. R. & Tsai, W. S. （2012）. How companies cultivate relationships with publics on social network sites: Evidence from China and the United States. *Public Relations Review*, 38 （5）: 723 – 730.

Morris, S. D. & Klesner, J. L. （2010）. Corruption and trust: Theoretical considerations and evidence from Mexico. *Comparative Political Studies*, 43 （10）: 1258 – 1285.

Olken, B. A. （2009）. Corruption perceptions vs. corruption reality. *Journal of Public Economics*, 93 （7）: 950 – 964.

Pellegrini, L. （2011）. The Effect of Corruption on Growth and its Transmission Channels *Corruption, Development and the Environment* （pp. 53 – 74）. Netherlands: Springer.

Priester & Petty, R. E. （1996）. The gradual threshold model of ambivalence: relating the positive and negative bases of attitudes to subjective ambivalence. *Journal of Personality and Social Psychology*, 71 （3）: 431.

Rothstein, B. & Uslaner, E. M. （2005）. All for all: Equality, corruption, and social trust. *World Politics*, 58 （01）: 41 – 72.

Sööt, M. L. & Rootalu, K. （2012）. Institutional trust and opinions of corruption. *Public Administration and Development*, 32 （1）: 82 – 95.

Sanyal, R. N. & Guvenli, T. （2013）. The propensity to bribe in international business: the relevance of cultural variables. *Cross Cultural Management: An International Journal*, 16 （3）: 287 – 300.

Sardžoska, E. G. & Tang, T. L. – P. （2012）. Work – related behavioral intentions in Macedonia: Coping strategies, work environment, love of money, job satisfaction, and demographic variables. *Journal of Business Ethics*, 108 （3）: 373 – 391.

Song, X. & Cheng, W. （2012）. Perception of corruption in 36 major Chinese cities: Based on survey of 1, 642 experts. *Social Indicators Research*, 109 （2）: 211 – 221.

Tan, X., Liu, L., Huang, Z., Zhao, X., and Zheng, W. （2016）. The Dampening

Effect of Social Dominance Orientation on Awareness of Corruption: Moral Outrage as a Mediator. *Social Indicators Research*, 125: 89 – 102.

Triandis, H. C., Carnevale, P. J., Gelfand, M. J., Robert, C., Wasti, S. A., Probst, T. M., Chen, X. P. (2001). Culture and Deception in Business Negotiations: A Multilevel Analysis. *International Journal of Cross Cultural Management*, 1 (1): 73 – 90.

Truex, R. (2011). Corruption, attitudes, and education: Survey evidence from Nepal. *World Development*, 39 (7): 1133 – 1142.

Uz, M. E. & Hadi, M. N. S. (2014). Optimal design of semi active control for adjacent buildings connected by mr damper based on integrated fuzzy logic and multi – objective genetic algorithm. *Engineering Structures*, 69: 135 – 148.

Voliotis, S. (2011). Abuse of ministerial authority, systemic perjury, and obstruction of justice: Corruption in the shadows of organizational practice. *Journal of Business Ethics*, 102 (4): 537 – 562.

Von Alemann, U. (2004). The unknown depths of political theory: The case for a multidimensional concept of corruption. *Crime, Law and Social Change*, 42 (1): 25 – 34.

Wu, Y. & Zhu, J. (2015). When Are People Unhappy? Corruption Experience, Environment, and Life Satisfaction in Mainland China. *Journal of Happiness Studies*.

The Definitions, Indicators and Measures of Corruption: A Cultural Perspective

Tan Xuyun, Liang Yuan, Gu Zibei

Abstract: For the past few years, corruption has become one of most critical forefront issues, and more and more psychologists have drawn their attention to research on culture and corruption. The present article attempts to review the definitions, indicators and measures of corruption from the perspective of culture. There are several definitions of corruption. "Misuse of the public power" is generally accepted. Because of the concealment of corruption, some proxy indicators were often employed to reflect and represent corruption reality, such as corruption perception, corruption experience, attitudes towards corruption, corrupt intention, and so on. Various self-report measures and scenarios were developed to explore the relationship between culture and corruption indicators. The game theory and big data technology are two potential orientation to interpret culture and corruption.

Key Words：corruption；collectivism；self report；scenario；experiment；game theory；big data

（责任编辑：隋嘉滨）

《中国社会心理学评论》投稿须知

《中国社会心理学评论》是由中国社会科学院社会学研究所主办的学术集刊。本集刊继承华人社会心理学者百年以来的传统，以"研究和认识生活在中国文化中的人们的社会心理，发现和揭示民族文化和社会心理的相互建构过程及特性，最终服务社会，贡献人类"为目的，发表有关华人、华人社会、华人文化的社会心理学原创性研究成果，以展示华人社会心理学研究的多重视角及最新进展。

本集刊自 2005 年开始出版第一辑，每年一辑。从 2014 年开始每年出版两辑，分别于 4 月中旬和 10 月中旬出版。

为进一步办好《中国社会心理学评论》，本集刊编辑部热诚欢迎国内外学者投稿。

一、本集刊欢迎社会心理学各领域与华人、华人社会、华人文化有关的中文学术论文、调查报告等；不刊登时评和国内外已公开发表的文章。

二、投稿文章应包括：中英文题目、中英文作者信息、中英文摘要和关键词（3～5 个）、正文和参考文献。

中文摘要控制在 500 字以内，英文摘要不超过 300 个单词。

正文中标题层次格式：一级标题用"一"，居中；二级标题用"（一）"；三级标题用"1"。尽量不要超过三级标题。

凡采他人成说，务必加注说明。在引文后加括号注明作者、出版年，详细文献出处作为参考文献列于文后。文献按作者姓氏的第一个字母依 A－Z 顺序分中、外文两部分排列，中文文献在前，外文文献在后。

中文文献以作者、出版年、书（或文章）名、出版地、出版单位（或期刊名）排序。

例：

费孝通，1948，《乡土中国》，北京：三联书店。

杨中芳、林升栋，2012，《中庸实践思维体系构念图的建构效度研究》，《社会学研究》第 4 期，第 167～186 页。

外文文献采用 APA 格式。

例：

Bond, M. H.（Ed.）（2010）. *The Oxford handbook of Chinese psychology*. New York, NY: Oxford University Press.

Hong, Y. Y., Morris, M. W., Chiu, C. Y., & Benet-Martinez, V.（2000）. Multicultural minds: A dynamic constructivist approach to culture and cognition. *American Psychologist*, 55, 709 – 720.

统计符号、图表等其他格式均参照 APA 格式。

三、来稿以不超过 15000 字为宜，以电子邮件方式投稿。为了方便联系，请注明联系电话。

四、本集刊取舍稿件重在学术水平，为此将实行匿名评审稿件制度。本集刊发表的稿件均为作者的研究成果，不代表编辑部的意见。凡涉及国内外版权问题，均遵照《中华人民共和国版权法》和有关国际法规执行。本集刊刊登的所有文章，未经授权，一律不得转载、摘发、翻译，一经发现，将追究法律责任。

五、随着信息网络化的迅猛发展，本集刊拟数字化出版。为此，本集刊郑重声明：如有不愿意数字化出版者，请在来稿时注明，否则视为默许。

六、请勿一稿多投，如出现重复投稿，本集刊将采取严厉措施。本集刊概不退稿，请作者保留底稿。投稿后 6 个月内如没有收到录用或退稿通知，请自行处理。本集刊不收版面费。来稿一经刊用即奉当期刊物两册。

中国社会心理学评论编辑部

主编：杨宜音

主办：中国社会科学院社会学研究所

联系电话：86 - 10 - 85195562

投稿邮箱：ChineseSPR@ 126. com

邮寄地址：北京市东城区建国门内大街 5 号中国社会科学院社会学研究所中国社会心理学评论编辑部，邮编 100732

图书在版编目（CIP）数据

中国社会心理学评论. 第 11 辑／杨宜音主编. —— 北
京：社会科学文献出版社，2016. 12
ISBN 978 - 7 - 5097 - 9999 - 4

Ⅰ. ①中… Ⅱ. ①杨… Ⅲ. ①社会心理学 - 研究 - 中
国 - 文集 Ⅳ. ①C912. 6 - 53

中国版本图书馆 CIP 数据核字（2016）第 282702 号

中国社会心理学评论 第 11 辑

主　　编／杨宜音
本辑特约主编／童辉杰

出 版 人／谢寿光
项目统筹／佟英磊　杨桂凤
责任编辑／佟英磊 等

出　　版／社会科学文献出版社·社会学编辑部（010）59367159
　　　　　地址：北京市北三环中路甲 29 号院华龙大厦　邮编：100029
　　　　　网址：www. ssap. com. cn
发　　行／市场营销中心（010）59367081　59367018
印　　装／三河市东方印刷有限公司

规　　格／开本：787mm × 1092mm　1/16
　　　　　印张：13　字数：239 千字
版　　次／2016 年 12 月第 1 版　2016 年 12 月第 1 次印刷
书　　号／ISBN 978 - 7 - 5097 - 9999 - 4
定　　价／59. 00 元

本书如有印装质量问题，请与读者服务中心（010 - 59367028）联系